궁궐

왕실의 역사를 거닐다

궁궐 1

송용진 글 · 사진

지식프레임

들어가는 말

《쏭내관의 재미있는 궁궐 기행》이 나온 지 벌써 10년이 넘었다. 그동안 이 책을 통해 궁궐과 우리 역사에 관심을 갖게 되었다는 독자들을 많이 만났다. 저자로서 매우 감사한 일이다.

지난 10년간 우리 궁궐은 많은 변화를 거쳤다. 일제에 의해 훼철된 많은 전각이 복원 사업을 통해 우리 곁으로 돌아왔다. 또 궁궐을 향한 사람들의 인식 또한 고리타분한 과거의 유산에서 문화의 중심지이자 미래 세대에 물려줄 소중한 유산으로 바뀌고 있다.

이런 시대적 변환기를 맞아 지난 수년간 궁궐에 관련된 새로운 자료를 찾고 정리하는 시간을 가졌다. 매일 《조선왕조실록》에 파묻혀 살다시피 하며 새로운 집필 작업에 몰두했다. 또 시간이 날 때마다 궁궐 속 멋진 화각을 찾아 셔터를 눌렀다. 그 결과물로 이 책을 여러분께 선보인다. 이 책은 전작인 《쏭내관의 재미있는 궁궐 기행》보다 더욱 다양한 사료를 통해 한층 깊이 있는 시선으로 궁궐과 역사를 바라보고자 했다.

우선 이 책은 실제 궁궐 답사의 동선에 따라 서술되었다. 읽다 보면 마치 쏭내관과 함께 궁궐을 답사하는 듯한 느낌을 받게 될 것이다. 어쩌면 읽는 도중에도 참지 못한 채 궁궐 답사에 나서는 독자들이 있을지 모르겠다.

"(중략) 건청궁의 정문으로 나오면 그림 같은 풍광이 나타난다. 높은 담으로 둘러싸인 다른 전각들과 다르게 탁 트인 시원함을 느낄 수 있는 이곳은 향원정香遠亭이다. 특히 파란 하늘 아래 물에 비친 향원정의 모습은 사람들의 발걸음을 멈추게 만든다. 향원정의 시작은 세조 때로 거슬러 올라간다. (하략)"

또한 모든 내용은 철저히 실록을 바탕으로 기술되었다. 실제 궁궐 속에서 역사의 주인공들이 나누었던 대화를 현대의 감성에 맞춰 각색해 서술했다. 어려운 한자와 용어를 풀어내어 마치 바로 옆에서 세종이, 연산군이, 정조가 이야기하듯 한 구절한 구절 생동감을 더했다.

"(중략) 희정당은 임진왜란 이후에도 많은 왕들의 편전으로 사용되었다. 정식 편전인 선정전이 마루만 있는 것에 반해 희정당은 온돌과 마루가 같이 있기 때문이다.
특히 사신 접대를 희정당에서 하는 경우가 많았는데 숙종 때는 이런 일도 있었다. 사신이 오면 왕은 맨발로라도 도성 밖에 나가 사신을 맞이하는 것이 사대의 예인데, 하필 숙종이 몸이 좋지 않아 나가지 못한 것이다. 그럼에도 숙종은 관대를 갖추고 이곳 희정당에 서 사신을 맞을 준비를 했다. 그러나 신하들은 이런 숙종의 모습을 보고 희정당 온돌방에서 더 심하게 아픈 척 누워서 사신을 맞으라고 제안한다.

> 임금이 칙사를 희정당에서 접견하였다. 처음에 임금이 관대(冠帶)를 갖추고 당실을 통하여 나와 앉았었다. 원접사(조선 시대 중국 사신을 맞아들이던 관원)가 아뢰기를, "주상께서 만약 이와 같이 하시면 칙사들이 반드시 성상의 병이 심하지 않은 것이라 의심하고 도성 밖에서 맞이하지 않았던 일에 크게 노할 것입니다. 그러니 방 안에서 이불을 덮어쓰고 그들을 만나 보소서." 하였다. 임금이 드디어 방 안에 들어가서 옆에 침구를 두고 칙사들을 만나보았다. - 숙종실록(1685)

희정당 온돌방에서 이불을 뒤집어쓰고 누워 있는 숙종의 모습을 상상하면 웃음이 난다. 그러나 한편으로는 중국 사신의 눈치를 이리 보는가 하는 안타까운 마음이 들기도 한다. 여하튼 이처럼 희정당은 왕이 거처하면서 공식 업무를 보는 편전의 역할을 했다. (하략)"

무엇보다 이 책을 쓴 저자로서의 가장 큰 자부심은 작품 같은 궁궐 사진과 방대한 양의 자료들이다. 이 책에 싣기 위해 찍은 수천 장의 사진을 한 장 한 장 신중하게 골라 넣었다. 또한 본문의 내용을 뒷받침할 많은 사진 자료들도 간추려 담았다. 책 한 권을 읽는다는 것은 한 사람의 열정을 읽는 것이기에 이 책을 읽는 독자라면 누구나 느낄 수 있을 것이다. 저자인 쏭내관이 궁궐에 얼마나 미쳐 있는지 말이다.

이전 책에서도 넣었던 프롤로그를 인용해 이 글을 마무리하고자 한다.

"궁궐은 과거를 돌아보는 문이며 미래를 내다보는 창입니다. 저는 여러분들이 우리 궁궐을 통해 우리의 소중한 문화유산을 재해석할 수 있는 기회를 가졌으면 좋겠습니다."

2020년 12월 쏭내관
송용진

목차

2 경복궁

경복궁의 역사 43

3 창덕궁

창덕궁의 역사 153

4 창경궁

창경궁의 역사 271

5 경희궁

경희궁의 역사

6 덕수궁

덕수궁의 역사

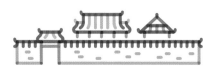

왕실의 역사를 거닐다

1
입궐을
준비하며

궁궐은 어떤 곳인가

궁궐을 한자로 풀어보면 집 궁宮, 망루 궐闕이다. 여기서 궁은 궁전宮殿, 궁실宮室 같은 왕과 그 가족들이 살던 건물을 말하며, 궐은 건물을 둘러싼 망루가 있는 높은 담, 즉 궁성宮城을 뜻한다. 다시 정리하면 높은 담으로 둘러싸인 웅장한 건물들이 있는 공간이 궁궐이다. 궁궐은 좁게 보면 임금과 왕실 가족들이 사는 집이지만 넓게 보면 지금의 모든 국가 기관이 모여 있는 중앙 권력의 상징과도 같은 곳이다.

궁궐은 궁(宮)과 궐(闕)을 합친 용어이다.

궁궐은 왕실 가족들은 물론이고 그들을 보좌하는 궁인들, 궐 안 관청에서 일하는 관리까지 무려 천 명 이상의 사람들이 활동했던 공간이다. 그러니 그 규모가 어느 정도였을까? 추측건대 궁궐 신축은 웬만한 소도시 건설에 버금가는 대형 국책 사업이었을 것이다.

1395년 태조실록의 내용을 보면 궁궐이란 곳은 정말 장대하고 장엄하고 호사스러운 모습일 듯하다. 그러나 실제 궁궐에 가서 주위를 둘러보면 '이곳이 과연 왕이 살았던 곳인가?' 싶을 정도로 그 규모가 소박하다. 생각보다 규모가 작게 느껴지는 이유는 조선의 통치 철학인 '검약儉約'에서 찾을 수 있다. 궁궐이 화려해질수록 백성의 삶은 고단해진다. 바로 이 점을 조선의 국왕들은 가장 경계했던 것이다. 물론 화려한 궁궐에 집착했던 연산군과 광해군 같은 왕도 있었다. 그러나 그들은 결국 쫓겨나는 신세가 되었다. 지붕의 기와 한 장도 모두 백성의 피땀으로 만드는 것이니 어쩌면 조선 궁궐의 품격은 겉모습이 아닌 군주의 애민 정신에서 기인하는지도 모르겠다.

궁궐의 구조

조선 궁궐은 일반적으로 고대 중국의 궁궐 건축을 따랐다. 주나라의 관제를 기록한 책인 《주례周禮》에 따르면 '좌묘우사左廟右社' 즉 궁궐을 중심으로 왼쪽에는左 종묘가廟, 오른쪽에는右 사직

궁실의 제도는 임금이 거처하는 전(殿)이 있어야 하고, 백관들이 집무하는 방이 있어야 하므로, 크고 작은 건물의 수가 1천보다 적지 않을 것이요, 수만 명의 공장(工匠)과 졸도(卒徒)를 써야 될 것이온데 (하략)
– 태조실록(1395)

(중략) 궁원의 제도가 사치하면 백성을 수고롭게 하고 재정을 손상시키는 지경에 이르게 될 것이고 누추하면 조정의 위엄을 보여줄 수 없게 될 것이다. 검소하면서도 누추한 지경에 이르지 않고 화려하면서도 사치스러운 데 이르지 않도록 하는 것이 아름다운 것이다.
– 조선경국전(1471)

경복궁을 통해 본 궁궐의 구조(19세기 말 경복궁 모형)

단이社 있어야 한다. 종묘는 역대 임금의 신위神位(죽은 사람의 영혼이 의지하는 자리)가 모셔진 왕실 사당이고, 사직단은 임금이 백성을 위해 토지의 신인 사社와 곡식의 신인 직稷에게 제사를 지내던 제단이다. 다시 말해 종묘는 왕실, 사직은 백성의 상징으로 '종묘사직'은 왕조 자체를 의미하기도 한다.

또한 궁궐 내 전각은 '전조후침前朝後寢'의 예법을 따라 배치되어 있다. 앞쪽은前 임금이 신하를 만나는朝 공적 공간인 외전外殿으로 정전, 편전 등이 위치하며, 뒤쪽은後 임금이 잠을 자는寢 사적 공간인 내전內殿과 후원後苑 영역이 자리한다.

명당수와 금천교

궁궐은 보통 뒤에 산이 있고 앞쪽으로는 물이 흐르는 배산임수背山臨水 지형에 위치한다. 북악산의 응봉 자락에 위치한 창덕궁은 산에서 흐르는 물을 궁궐 내로 관통시켰다. 이렇듯 모든 궁궐은 정문을 지나면 개천인 금천禁川이 나오는데 여기서의 금禁은 한문으로 '금지하다' 이외에 대궐이란 뜻을 내포하고 있다.

—
경복궁(景福宮) 성 서쪽 모퉁이를 파고 명당(明堂) 물을 금천(禁川)으로 끌어들이라고 명하였다.
– 태종실록(1411)

외전 영역

외전外殿은 '전조후침'의 '전조', 즉 임금이 정치 활동을 하는 공적 공간을 일컫는다. 외전의 중심은 단연 정전正殿이다. 정전에서는 즉위식, 사신의 접견, 정례 조회 등 국가의 공식 행사가 거행된다. 경복궁의 근정전, 창덕궁의 인정전, 창경궁의 명정전, 경희궁의 숭정전, 덕수궁의 중화전이 이에 속한다.

정전이 국가의 공식 행사가 행해지는 곳이라면 편전便殿은 국왕의 정식 집무 공간이다. 오늘날 청와대 집무실 정도라 할 수 있다. 편전에서 임금은 신하들과 국정을 살피고 때로는 유교의 경서를 토론하기도 했다. 경복궁의 사정전, 창덕궁의 선정전, 창경궁의 문정전, 경희궁의 자정전이 대표적인 편전 건물이다.

지금의 청와대 대통령 집

—
임금이 서대문 밖으로 행차하시어 청 사신을 맞이하고 창덕궁 인정전에서 접견하였다.
– 인조실록(1649)

—
임금이 편전인 선정전에 나아가 경연관 전원을 불러들여 유교 경서에 대해 논했는데, 원상인, 김질, 윤자운 등이 입시(入侍)하였다.
– 성종실록(1473)

경복궁의 정전 근정전

승정원에 전교하기를, "궐내(闕內)의 각사(各司)로서 불을 둔 곳에서 밤으로 공사(公事) 때문이 아니고서 등(燈)을 켜는 자는 모두 과죄(科罪)하게 하라." 하였다.

― 문종실록(1451)

대비전(大妃殿)에서 대전(大殿)을 위하여 잔치를 베풀었다.

― 성종실록(1493)

중궁전(中宮殿)의 탄신일이어서 2품 이상의 관원과 육조에서 문안하였다.

― 영조실록(1736)

무실 주위에는 비서실, 경호실, 행정관실 등 관련 부서들이 모여 있다. 모두 대통령의 국정 수행을 보좌하는 기관이다. 조선시대 역시 편전과 가까운 곳에 관련 부서들이 모두 모여 있었는데, 예를 들어 왕의 비서실인 승정원, 자문 기관인 홍문관, 각종 자료들을 보관하는 규장각, 경호를 담당하는 호위청 등의 부서들이 국정을 도왔다. 이 부서들이 위치한 영역을 궐내각사闕內各司라 부른다. 궐내각사란 글자 그대로 궁궐 내闕內에 있는 각사, 즉 각각各의 관청司이란 뜻이다.

내전 영역

내전內殿은 '전조후침'의 '후침'에 해당한다. 외전의 중심이 정전이라면 내전의 중심은 임금의 침전인 대전大殿이다. 경복궁의 강녕전, 덕수궁의 함녕전 등이 대표적인 대전 건물이다. 대전 주변에는 왕비의 침전인 중궁전이 있다.

중궁전中宮殿은 이름대로 궁궐 한가운데中 위치한 궁전이다. 사극史劇에서 흔히 듣는 중전마마는 중궁전에 사는 마마를 줄여 부르는 말이다. 이렇듯 조선시대에는 왕비나 대비를 지칭할 때 이들이 사는 궁전명으로 대신하는 경우가 많았다. 경복궁의 교태전, 창덕궁의 대조전, 창경궁의 통명전 등이 왕비의 거처인 중궁전이다. 이외에도 내전 영역에는 대비, 후궁, 왕자, 공주 등 왕실 가족들은 물론이고 이들을 수발드는 궁인들의 처소까지 많은 건물이 모여 있었다.

동궁 영역

동궁東宮은 동쪽의 궁전이란 뜻으로 세자의 거처다. 이미 떠올라 있는 태양이 왕이라면 세자는 앞으로 떠오를 태양이다. 태양은 동쪽에서 떠오르기 때문에 궁궐 내 동쪽에 위치한 궁전에는 세자가 산다.

동궁전을 내전 영역이 아닌 별도의 영역으로 구분하는 이유는 다음 왕이 될 동궁전을 중심으로 관련 관청들이 모여 있기 때문이다. 대표적인 기관으로는 세자를 호위하는 세자익위사世子翊衛司, 제왕 수업을 담당하는 세자시강원世子侍講院 등이 있다. 왕조 국가에서 세자의 능력은 국가의 흥망성쇠가 걸린 중요한 요소다. 그러다 보니 특히 세자시강원은 가장 많은 관심을 받는 부서였다. 세자를 보필하는 이들은 미래 권력과 다름없기 때문이다. 세자의 사부는 당대 최고의 학자들로 포진되며, 특히 유교 경전을 지도하는 벼슬아치들인 빈객賓客을 따로 두어

시강원의 사부(師傅)와 빈객(賓客) 등이 왕세자로 하여금 선행을 가르치는 글을 겸해 읽도록 청하니, 그대로 따랐다.
– 세조실록(1466)

〈문효세자보양청계병(文孝世子輔養廳契屛)〉(1784년, 국립중앙박물관)
문효세자가 세자의 교육을 담당하는 보양관과 인사를 하는 상견례 장면

세자 교육에 매진하게 했다.

후원 영역

내전의 뒤쪽으로는 후원後苑 영역이 있다. 글자 그대로 뒤쪽에 있는 정원이다. 궁궐 내 흐르는 개천이 금천禁川이듯 후원은 금원禁苑 또는 북쪽의 정원이라 하여 북원北苑이라 부르기도 했다. 임금은 보통 궁궐에서 태어나 궁궐에서 생을 마감한다. 행여나 궐외 행차라도 하게 되면 비용과 시간이 만만치 않았기 때문에 외출 자체가 쉽지 않아 인생 대부분의 시간을 궁궐에서 보내야 했다. 그러니 궐 안 생활이 얼마나 답답했겠는가! 그래서 궁궐에는 반드시 후원 영역이 있다.

물론 후원이 왕실 가족들의 휴식 공간으로 사용된 것만은 아니다. 때로는 왕이 직접 군사 훈련을 지휘하는 장소로 활용되었고, 때로는 작은 논을 만들어 왕이 직접 한 해 농사를 가늠하기도 했다. 현재 창덕궁, 창경궁의 후원이 가장 잘 보존되어 있으며 경복궁의 후원 자리에는 청와대가 자리 잡고 있다.

궁궐의 건축

궁궐은 당대 최고의 건축물을 볼 수 있는 야외 전시장이다. 무심코 보면 다 비슷해 보이지만 자세히 살펴보면 건물 곳곳에 다양한 이야기들이 숨어 있다.

임금이 후원의 임정(林亭)에서 사신들에게 잔치를 베풀었다.
– 태종실록(1401)

임금이 후원에서 몸소 금군(禁軍)을 사열하였는데, 장수에게 명하여 이를 통솔케 하였다.
– 세조실록(1457)

임금께서 농사가 힘든 일임을 알고자 후원에다 작은 논을 개간하였다. 여러 신하를 돌아보시며 이르기를, '농사는 나라의 근본이 되고 음식은 백성의 하늘이 되니, 내가 감히 농사짓는 일을 버리겠는가? 경들과 더불어 하늘의 명을 받들어 그 뜻을 백성에게 알릴 뿐이다.' 하니, 여러 신하가 함께 머리를 조아렸다.
– 세조실록(1459)

정면 3간, 측면 3간으로 지어진 창경궁 문정전

궁궐의 규모

오늘날의 건물 규모는 제곱미터 또는 평 등의 단위로 계산되지만 조선시대 궁궐 건물은 기둥의 개수로 규모를 계산했다. 정확히 말하면 기둥과 기둥 사이를 간間이라고 하는데, 바로 이 간의 수를 통해 건물의 규모를 파악한 것이다. 예를 들어 어느 건물의 정면이 3간, 측면이 3간이라면 이 두 숫자를 곱한 9간이 그 건물의 규모가 된다. 1395년의 태조실록에는 경복궁이 처음 만들어졌을 때의 규모가 간략히 설명되어 있다.

새 궁궐의 규모는 내전, 외전, 그 밖의 건물을 합하여 무릇 390여 간이다.
– 태조실록(1395)

손오공이 지키는 궁궐 건물

궁궐 건물의 지붕에는 잡상雜像이라 불리는 수호신들이 있다. 잡상은 '잡다한 물상'이란 뜻으로 추녀마루 위에 일렬로 서 있는 여러 가지 짐승 모양의 기와를 말한다. 그 모습이 사람 같기

궁궐의 수호신 잡상. 왼쪽부터 삼장법사, 손오공, 저팔계, 사오정 (국립고궁박물관)

도 하고, 도깨비나 짐승 같기도 하다. 이들 대부분은 중국의 고전 소설 《서유기西遊記》의 주인공들, 토지의 신과 관계가 있다. 앞쪽에 자리 잡은 '대당사부'는 삼장법사이고 그 뒤로는 손오공, 저팔계, 사오정 순이다.

중국 자금성의 잡상은 형태가 매우 뚜렷하고 인상이 강한 반면, 조선의 잡상은 약간 우스꽝스러운 느낌이 들기도 한다. 언뜻 그 모습을 보고 있으면 '과연 이들이 근엄한 궁궐의 전각들을 지킬 수 있을까?' 하는 의문마저 든다. 그러나 보면 볼수록 친근함 뒤의 위엄이 느껴진다. 보는 순간 외모와 크기에 놀라는 중국의 것과는 확실히 다른 매력이 있다. 지금도 이들은 수백 년 조선의 궁궐을 든든히 지키고 있다.

새와의 전쟁, 부시

조선시대에도 새의 배설물은 건물 관리의 골칫덩어리였다. 위생적으로도, 시각적으로도 좋지 않기 때문이다. 게다가 궁궐 건물에는 새가 앉기 좋은 구조물들이 많다. 그래서 주요 건물의 처마 밑에는 오지창을 설치하거나, 쇠 그물인 부시罘罳로 덮어 새의 접근 자체를 방지했다.

건물의 이름과 편액

자식에 대한 부모의 바람이 작명作名으로 드러나듯 궁궐의 건물명 역시 만든 이들의 희망을 담고 있다. 경복궁을 설계한 정도전은 임금이 정치를 할 때 문文, 무武, 백관百官 모두를 중시 여

임금이 전교하였다. "(중략) 경회루에 들비둘기가 깃들고 있으므로 더럽혀져서 칠을 다시 해야 하는데, 이 폐단이 끝이 없을 것이다. 그러니 철망(鐵網)을 만들어 둘러친다면 만드는 공력은 쉽지 않겠지만 한번 만든 뒤에는 비둘기가 깃들 수 없을 것이고, 따라서 칠을 해야 하는 비용도 덜 수 있을 것이다. 이 뜻으로 담당자를 불러 당상관에게 물어서 아뢰게 하라." 하였다.
– 중종실록(1520)

잡상

부시

편액

경복궁 자경전의 잡상, 부시, 편액

겨야 한다는 바람을 근정전 동서 누각의 이름인 융문루隆文樓,
융무루隆武樓에 담아 강조했다.

여기서 궁궐 건물의 이름을 적은 현판을 편액扁額이라 한다.
그런데 1475년 성종실록의 기록에 의하면 새로 만들어진 문
에 편액을 만들지 않아 궐에서 숙직하는 사람들이 헤매는 일
이 발생했다. 이렇듯 궐내에는 수백 채의 건물과 문이 있기 때
문에 편액은 건물 관리에 있어 매우 중요한 역할을 했다.

창덕궁의 정전 인정전. 전(殿)은 궁궐 내 서열이 가장 높은 건물이다.

경복궁 내 고종의 서재였던 집옥재(集玉齋)

건물의 지위와 호칭

궁궐은 지엄하신 주상 전하부터 말똥을 치우는 노비까지 모두 함께 생활하는 공간이다. 그러니 궁궐의 건물에도 자연스럽게 서열이 정해진다. 이는 편액의 끝 글자를 보면 어느 정도 유추가 가능한데, 우선 이름의 끝이 큰 집을 뜻하는 전殿이나 당堂이라면 규모가 크고 웅장하며 그에 맞는 품위를 갖춘 건물이다. 당연히 왕을 비롯한 왕실 가족들의 공간으로 사용된다. 경복궁의 대전인 강녕전, 경복궁의 동궁인 자선당 등을 예로 들 수 있다. 참고로 임금의 존칭인 '전하'는 웅장한 건물인 전殿 아래下 있는 사람을 뜻한다.

합閤이나 각閣으로 끝나는 건물은 보통 전이나 당의 부속 건물이거나 그보다는 규모가 작은 단독 건물일 확률이 높다. 경복궁 만경전의 부속 건물인 제수합, 왕실 도서관 격인 규장각 등이 그 예라고 할 수 있다. 조선시대 정1품의 벼슬아치 혹은 자신은 왕이 아니지만 아들이 왕인 사람인 대원군大院君을 부를 때 '합하'라는 칭호를 썼는데, 이는 합閤 아래下 있는 사람이란 의미이다.

마찬가지로 각閣 아래下 있는 사람은 '각하'다. 역시 고위 관료나 왕세손이 이 호칭을 사용했다. 참고로 우리가 '각하'라는 말을 들으면 왕세손보다 대통령의 이미지를 먼저 떠올리게 되는 이유는 일제 강점기를 거치며 '각하'가 최고 통치자의 의미로 사용되었기 때문이다.

다음으로는 재齋와 헌軒으로 끝나는 건물로, 재齋는 왕실 가족

이휘림이 올린 상소의 대략에, "근래 삼가 듣건대, 대원군 합하(閤下)께서 궁궐 밖으로 거처를 옮기시고는 도성에 생각을 두지 않는다기에 온 나라 사람들은 의심하고 불안해하고 있습니다."
– 고종실록(1874)

예조가 아뢰기를, "왕세손의 칭호는 의거할 만한 전례가 없으므로 의리에 따라 정하지 않을 수 없으니, 각하(閣下)라 칭하는 것이 마땅하겠습니다." 하니, 임금이 의논대로 하라고 명하였다.
– 인조실록(1649)

임금께서 흥복헌에 나아가 동래
부사 김선근을 소견하였다.
- 고종실록(1880)

들의 휴식이나 주거 공간 중 규모가 단출한 건물이나 서재書齋 역할을 했던 건물이다. 예를 들어 경복궁 내 고종의 서재였던 집옥재가 있다. 헌軒으로 끝나는 건물 역시 전이나 당의 부속 건물로 활용되는 경우가 많다. 흥복헌은 창덕궁의 침전인 대조전의 부속 건물이다.

마지막으로 루樓와 정亭으로 끝난다면 주로 휴식 전용 공간으로 사용되는 건물이다. 루樓는 주변의 풍광을 즐길 수 있도록 사방으로 트인 2층 건물, 즉 누각을 뜻한다. 가장 대표적인 누각은 단연 경복궁의 경회루다. 한여름 2층 누각에 오르면 에어컨이 필요 없을 정도로 시원하고 풍광 역시 5성급 호텔이 부럽지 않다. 정亭은 단어 그대로 정자를 말한다. 부용정, 태극정, 승재정, 관람정 등이 그것이다. 특히 창덕궁 후원 영역에서는 다양한 모습의 정자를 감상할 수 있다.

지금까지 궁궐 건물의 지위에 대해 살펴보았다. 하지만 이것이 절대 법칙은 아니다. 예를 들어 고종의 비인 명성황후는 중궁전이 아닌 창덕궁 관물헌에서 원자인 순종을 낳았다. 관물헌은 창덕궁의 동궁 영역에 속하는 부속 건물로 지위가 그리 높지 않은 건물이다. 명성황후의 예처럼 궁궐 건물의 서열이나 기능은 시대에 따라 또는 사용자의 지위에 따라 달리하는 것이지 불변의 법칙처럼 정해져 있는 것은 아니다.

영의정 이유원이 아뢰기를, "원자궁의 의젓한 모습을 보고 싶지만 아직 백일인지라 감히 청할 수 없습니다." 하니, 임금께서 하교하기를 "관물헌(觀物軒)에 들어와서 보도록 하라." 하였다.
- 고종실록(1874)

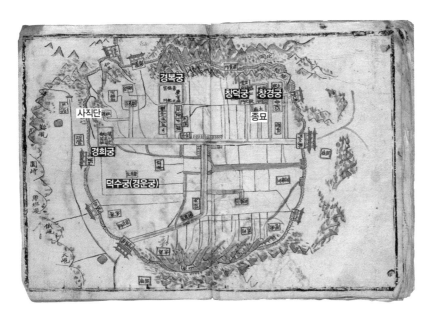

1778년 이후 만들어진 《천하산천도(天下山川圖)》 중 〈한양도(漢陽圖)〉에 그려진 5대 궁궐과 종묘, 사직

궁궐의 역사

서울에는 경복궁, 창덕궁, 창경궁, 경희궁, 덕수궁 총 다섯 개의 궁궐이 남아 있다. 왕은 한 명인데 왜 궁궐은 다섯 곳일까? 지금부터 흥미로운 조선 궁궐의 역사를 살펴보자.

경복궁의 창건

조선을 개국한 태조 이성계는 고려의 마지막 왕인 공양왕에게 옥새玉璽를 받아 수도인 개경의 수창궁에서 즉위했다. 이후 새 왕조의 창건을 주장하는 강경파가 기존의 고려 왕조를 유

태조가 개경의 수창궁에서 왕위에 올랐다. 즉위식 날 왕이 이르기를 "나는 마지못해 왕위에 올랐다. 나라 이름은 이전과 같이 고려라 하고 의전과 법제는 한결같이 고려의 고사에 따를 것이다."
– 태조실록(1392)

지하자는 온건파에 승리하며 결국 고려 왕조는 474년의 역사를 뒤로한 채 사라지고 새 왕조인 조선이 창건되었다.

그와 동시에 태조는 계룡산 인근에 신도新都와 신궁新宮의 건립을 추진했다. 그러니까 지금의 대전, 세종, 계룡시 일대가 조선 왕조의 첫 수도였던 것이다.

이렇게 한창 신궁을 건립하고 있을 무렵 경기도 관찰사 하륜이 계룡의 위치가 너무 남쪽에 있어 도읍으로 적당하지 않다는 상소를 올린다. 지금이야 충청남도 계룡시가 국토의 중심에 위치하지만 분단 이전의 지도를 보면 계룡은 분명 남쪽에 치우쳐 있다. 게다가 고려의 수도였던 개성과의 거리도 꽤 멀었기 때문에 물자 이송 등에서 어려움을 겪을 수밖에 없었다.

결국 수도 이전은 다시 원점에서 시작하게 되었고 몇 군데의 후보 중 최종 낙점은 한양이 되었다. 태조는 계룡산에 건립 중이었던 궁궐 공사의 자재를 모두 한양으로 옮겼다. 지금도 계룡산 인근에는 당시 궁궐 공사의 흔적이 남아 있다.

경기도 관찰사 하륜만 아니었다면 아마도 지금 대한민국의 수도권은 충청도 전역이었을 것이다. 여하튼 이러한 우여곡절 끝에 신궁 공사는 다시 시작되었고, 1395년 정도전의 주도하에 드디어 조선의 첫 번째 궁궐인 경복궁景福宮이 완공되었다.

아직도 계룡산 인근에는 600여 년 전 궁궐 터의 흔적이 남아 있다.

창덕궁의 창건

만약 궐 안에 전염병이 창궐하거나 갑작스러운 화재로 궁궐이 전소된다면 국가의 존립이 위태로워질 수 있다. 때문에 왕조의 수도에는 반드시 보조 궁궐이 있어야 한다.

태조와 정종의 뒤를 이어 왕위에 오른 태종은 경복궁의 규모를 조금씩 늘리는 동시에 경복궁의 동쪽에 보조 궁궐인 창덕궁昌德宮을 창건한다. 임금이 기거하는 궁궐을 법궁法宮, 보조 궁궐을 이궁離宮이라 부르는데, 드디어 1405년 조선 왕조는 법궁과 이궁의 양궐 체제를 완성하게 되었다.

이궁(離宮)의 이름을 창덕궁(昌德宮)이라 하였다.
– 태종실록(1405)

창경궁의 창건

경복궁과 창덕궁, 양궐 체제를 유지했던 조선 왕조는 80여 년 후인 성종 대에 이르러 또 하나의 궁궐인 창경궁昌慶宮을 창건하게 된다. 이유는 늘어나는 왕실 가족 때문이었다. 성종의 할머니, 어머니, 작은어머니까지 세 분의 왕실 어른과 10명이 넘는 성종의 부인, 그 자녀들까지 합하면 이미 궐내 수용 한계를 넘어서는 인원이었다. 결국 성종은 창덕궁 옆 부지에 창경궁의 건립을 명한다.

창경궁은 정전, 편전 등 궁궐의 기본 틀을 갖추어 건립되었으나 독립된 궁궐이라기보다는 이궁인 창덕궁의 내전 영역이 확대된 형태라고 할 수 있다. 실제로 창덕궁과 창경궁은 하나의 울타리 안에 위치해 영역의 구분이 없다.

1484년 창경궁의 완성으로 조선 왕조의 궁궐은 이제 경복

창경궁을 완공하였다. 승지에게 명하여 관련 관청의 당상 및 관리들에게 음식을 대접하도록 하고, 이어 홍문관 관원도 잔치에 참여하도록 명하였으며, 이날 장인과 군인들에게도 음식을 먹였다.
– 성종실록(1484)

일본에서 제작된 채색 판화. 중앙부 상단에 '조선국왕성지도(朝鮮國王城之圖)'라 적혀 있다. (1894년, 국립고궁박물관)

궁, 창덕궁, 창경궁 세 곳이 되었다.

경복궁, 창덕궁, 창경궁의 소실

그러나 200년의 역사를 품은 경복궁, 창덕궁, 창경궁에 최대의 위기가 찾아왔다. 임진왜란이었다. 전쟁 발발 3년 전 일본의 선전 포고에도 불구하고 안일하게 대처했던 조선 조정은 막상 전쟁이 터지자 도성과 궁궐을 버리고 도망치기 바빴다. 이 모습을 본 성난 백성들은 궁궐에 난입해 금은보화를 훔치고 궁궐을 모두 불 질러 버렸다. 하지만 이 사건에는 조금 석연치 않은 부분들이 있다.

우선 이 궁궐 방화 사건은 선조수정실록에 처음 등장한다. 선조수정실록은 임진왜란(1592~1598)이 끝나고 20여 년 후인

도성의 궁성에 불이 났다. 거가(車駕, 임금이 타던 수레)가 떠나려 할 즈음 도성 안의 간악한 백성이 궁성의 창고를 크게 노략하고 불을 질러 흔적을 없앴다. 경복궁, 창덕궁, 창경궁의 세 궁궐이 일시에 모두 타 버렸다. 유도대장이 몇 사람을 참(斬)하여 군중을 경계시켰으나 난민이 떼로 일어나서 금지할 수가 없었다.

– 선조수정실록(1592)

1623년 만들어진 기록이다. 수정실록이란 후대에 일부의 기록을 추가해 다시 만든 실록이다. 만약 이 기록처럼 거가(車駕)가 한양을 떠날 때 즈음 백성들이 불을 냈다면 당연히 1610년에 편찬된 선조실록에도 기록되어 있어야 한다. 하지만 원본인 선조실록에는 피난을 떠나는 당시의 상황만 기록되어 있을 뿐이다. 궁궐이 모두 화염에 휩싸였다는 것은 정말 중대한 사건이다. 그 모습을 사관이 보았다면 단 한 줄이라도 기록했어야 하지만 방화의 기록은 어디에도 없다. 따라서 선조가 피난을 떠나는 순간에는 궁궐이 불타지 않았다는 합리적 의심을 할 수 있다.

물론 워낙 어수선한 상황이었으니 '조정이 한양을 떠난 이후 백성이 빈 궁궐에 들어와 방화했다'라는 반박도 가능하다. 하지만 이 역시도 의심쩍다. 우선 실록이란 당대 왕이 죽은 후 생전 기록들을 정리해 완성하는 기록물이다. 선조실록은 선조가 승하한 뒤인 1610년 편찬되었다. 궁궐 방화 사건이 일어난 1592년으로부터 10년이 훌쩍 넘는 시간이 흐르는 동안 많은 이야기와 소문 등이 있었을 것인데도 불구하고 실록에 궁궐 방화 사건을 적지 않았다는 것은 그 범인을 찾지 못했다는 뜻이 된다. 그런데 1623년 이후 작성된 선조수정실록에 뜬금없이 범인이 등장한다. 방화 사건 30년 후에 말이다.

〈선조대왕실록수정청의궤(宣祖大王實錄修正廳儀軌)〉(1657년) 의궤는 국가 주요 정책을 끝낸 후 모든 과정을 기록한 책이다.

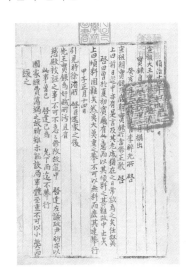

새벽에 상(上, 임금의 높임말)이 창덕궁을 나와 파천을 떠났는데 궁인들은 모두 통곡하면서 걸어서 따라갔으며 (하략)

– 선조실록(1592)

수상한 선조수정실록 1

그럼 이번에는 정치적 관점에서 합리적 의심을 해보자. 임진왜란 당시 왕은 선조, 집권 세력은 서인이었다. 전쟁이 터지자 그들은 무기력하게 도망치기 바빴고 이 모습을 본 민심은 결코 그들에게 호의적이지 않았다. 선조에 이어 왕이 된 광해군 시대의 집권 세력은 북인이었다. 선조실록은 바로 이 북인들에 의해 편찬된다. 평상시 서인과 대립각을 세운 북인이 왜란 중 무능력한 서인들의 모습을 좋게 기록할 리 없었다. 특히 도성을 버리고 도망치는 파천播遷 당일의 기록은 누가 봐도 우왕좌왕하는 모습이었다.

그러니 서인들의 입장에서는 당연히 지우고 싶은 흑역사였을 것이다. 그런데 그런 그들에게 기회가 왔다. 인조반정을 통해 광해군과 북인 세력들을 쫓아내고 다시 집권을 한 것이다. 권력을 잡은 서인들은 곧바로 선조실록의 수정본을 간행했고 30년 전인 1592년의 궁궐 방화범을 특정하기에 이른다. 특히 '간악한 백성', '난민이 떼로 일어나'처럼 매우 부정적인 표현으로 당시 백성들을 묘사하고 있다. 마치 자신들은 열심히 국난을 헤쳐 나가고 있는데 무지한 백성들이 난을 일으켜 궁궐을 불태웠다는 어조다.

인간은 본능적으로 자신의 잘못을 합리화한다. 그래서 역사의 가해자들이 권력을 잡으면 그 가해의 역사는 정당화되기 마련이다. 임진왜란을 방치했던 집권 세력은 자신들의 잘못을 뉘우치지 않았다. 오히려 다시 정권을 잡은 뒤에는 잘못을 합리화하기에 급급했다. 설령 그들의 기록대로 진짜 백성들이 빈 궁궐에 불을 냈다면 그것이 어찌 백성들의 잘못이겠는가! 그런 상황을 자처한 그들의 잘못이지….

수상한 선조수정실록 2

선조수정실록에는 '파천을 떠날 때 즈음 궁궐에 불이 났다'고 적혀 있으나 선조실록에는 '당일 새벽부터 비가 쏟아졌다'라고 기록되어 있다. 심지어 비가 너무 많이 와서 피난 도중 후궁들은 가마를 버리고 말을 탔다는 등 당시의 상황이 자세히 묘사되어 있다. 폭우가 내리는 날에 도성 바로 앞까지 일본군이 몰려오는 상황 속에서 어느 한가한 백성이 수백 채의 궁궐 전각에 불을 지르고 있었겠는가! 그럴 만한 날씨도 아니었고, 그런 배짱이 있는 백성도 없었을 것이다.

수상한 선조수정실록 3

아무리 생각해도 백성들이 불을 질렀다는 이야기에는 무리가 있다. 그럼 도대체 누가 궁궐에 불을 질렀을까? 이 의문에 일부 학자들은 일본 측 기록을 주목한다. 왜란 당시 일본군은 조선 왕을 생포하기 위해 파죽지세로 북진했다. 전쟁 발발 20일 만인 5월 3일, 한강 저지선이 무너졌고 왜장 고니시 유키나가가 이끄는 부대는 한양에 무혈입성했다. 선조가 피난을 떠난 지 3일 만의 일이다.

5월 3일자 《조선정벌기》의 기록만 놓고 보면 5월 3일까지

새벽에 상이 창덕궁 인정전에 나오니 백관들과 인마(人馬) 등이 대궐 뜰을 가득 메웠다. 이날 온종일 비가 쏟아졌다. 상과 동궁은 말을 타고 중전 등은 뚜껑 있는 교자를 탔는데 홍제원에 이르러 비가 심해지자 숙의(후궁의 품계) 이하는 교자를 버리고 말을 탔다.
— 선조실록(1592)

경복궁에 진입했을 때 궁전의 4대 문은 열려 있었다. 궁궐 안으로 들어가니 건물마다 문이 열려 있는데 지키는 자는 없었다. 하지만 화려하고 웅장한 전각들의 모습은 이루 말할 수 없을 정도로 아름다웠다.
— 조선정벌기(1592년 5월 3일)

북산 아래 경복궁이 있는데 돌을 깎아서 사방 벽을 둘렀다. 수많은 전각이 빽빽이 들어차 있는데 일부 전각은 유리 기와로 덮여 있었다. 건물의 천장 사방 벽에는 다양한 색채로 그린 기린, 봉황, 공작, 학, 용, 호랑이 등이 묘사되어 있었다. 계단 한가운데에는 봉황을 새긴 돌이, 그 좌우에는 붉은 학이 새겨진 돌이 깔려 있었다. 그 모습이 너무 아름답고 웅장해서 과연 이곳이 용의 세계인지 신선의 세계인지 보통 사람의 눈으로는 분간할 수 없을 정도다.

– 조선일기(1592년 5월 4일)

—

궁전이 모두 초토화로 바뀌었으니 과연 이곳에 풀 한 포기라도 자랄 수 있을까?

– 서정일기(1592년 5월 7일)

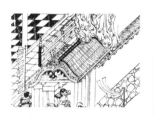

《조선정벌기》에 묘사된 궁궐 방화 장면

궁궐은 불타지 않았다. 분명 선조수정실록의 내용과 대비된다. 당시 일본의 각 부대는 경쟁하듯 선조를 뒤쫓는 상황이었다. 첫 번째 부대가 떠난 후 다음 날인 5월 4일 왜장 가토가 이끄는 두 번째 부대가 한양에 도착했다.

5월 4일자 《조선일기》의 기록 역시 화려한 경복궁의 모습을 보여주고 있다. 이때까지도 궁궐은 불타지 않았던 것이다. 그러나 운명의 5월 7일! 이날 입성한 일본 측 기록인 《서정일기》에는 절망적인 궁궐의 모습이 묘사되어 있다.

도대체 5월 4일에서 7일 사이 한양에 무슨 일이 있었길래 멀쩡했던 궁궐이 초토화되었을까? 일단 5월 3일, 4일까지는 문제가 없다. 설마 일본인들이 없는 궁궐을 묘사하지는 않았을 것이니 말이다. 문제는 5월 4일 한양을 접수한 가토 부대다. '가토 기요마사'는 점령한 지역을 방화로 마무리하는 악명 높은 왜장이었다. 당시 경주의 불국사도 그의 부대가 불태웠다는 기록이 있다.

지금까지의 기록을 조합해 합리적으로 추측하자면 5월 4일 한양에 도착한 가토의 부대가 떠나기 전 종묘와 궁궐을 모두 불태웠고, 5월 7일 한양에 도착한 일본 부대는 바로 그 초토화된 궁궐의 모습을 보게 된 것이다. 게다가 임진왜란 50년 후인 1650년 일본에서 간행된 《조선정벌기》에는 일본군이 조선의 궁궐을 불태우는 장면이 아주 구체적으로 묘사되어 있다. 바로 이러한 점에 비추어 일부 학자들은 왜군의 방화설을 주장한다.

물론 이 학설 역시 일본 측 기록의 신빙성, 시대순 등 여러 문제점이 불거져서 아직은 실록에 나온 '백성에 의한 궁궐 방화설'이 정설로 여겨지고 있다. 하지만 그것이 누구의 소행이든 간에 불타버린 궁궐의 모습은 당시 무능했던 조선 조정의 모습을 그대로 보여주는 사건임에 틀림없다.

경운궁의 창건 및 창덕궁, 창경궁의 중건

선조는 파천 1년 만인 1593년 한양으로 돌아왔지만 이미 궁궐은 모두 재로 변해 있었다. 당황한 조선 조정은 지금의 서울시 중구 정동 일대의 민가民家를 개조해 임시 궁궐인 행궁行宮으로 사용했고, 이곳은 훗날 경운궁慶運宮이라는 이름의 정식 궁궐이 된다.

전쟁이란 발발하기 전에 반드시 그 증후가 있다. 만약 선조가 임진왜란 3년 전의 일본 측 경고를 듣고 대비했다면 200년 역사를 품은 궁궐들은 불타지 않았을 것이다. 아무리 생각해도 아쉬운 순간이 아닐 수 없다. 전쟁이 끝난 뒤 불탄 궁궐의 중건이 시작되었지만, 선조는 그 모습을 보지 못하고 결국 초라한 행궁에서 생을 마감했다. 그의 뒤를 이어 옥좌에 오른 광해군은 우선 불탄 창덕궁과 창경궁의 중건을 서둘렀다.

인경궁, 경희궁의 창건

광해군이 법궁인 경복궁이 아닌 창덕궁, 창경궁부터 중건한 것은 경복궁의 규모가 너무 컸을 뿐 아니라 그 터가 불길하다

—
의주에서 한성으로 돌아오는 임금께서 아침에 벽제역을 출발하여 미륵원에서 낮 수라를 드시고 저녁에 정동의 행궁으로 들어갔다.
– 선조실록(1593)

—
정릉동 행궁 이름을 경운궁으로 고치다.
– 광해군일기(1611)

—
창덕궁, 창경궁 영건청(營建廳)이 공사 때 쓸 목재와 포목(布木) 및 재료의 준비에 대해 아뢰자 임금이 전교하길 "담당하는 자는 반드시 강명, 정직하고 생각이 깊은 사람을 뽑아 보내어 허술하게 처리해서 폐단을 끼치는 일이 없도록 하라." 하였다.
– 광해군일기(1609)

는 소문 때문이었다. 그래서 경복궁을 대신해 경복궁 옆 인왕산 자락에 새로운 궁궐인 인경궁仁慶宮과 경희궁慶熙宮을 건립하기에 이른다.

반세기도 안 되는 시간 동안 무려 4곳의 궁궐을 신축하다니! 궁궐 건축은 엄청난 혈세가 들어가는 국책 사업이다. 태평성대의 왕들도 많은 시간 신하들과 논의하고 조심스럽게 결정하는 것이 궁궐 공사인데 전쟁 직후의 혼란기 동안 여론을 무시한 채 토목 사업에 온 힘을 쏟은 것이다. 이로 인해 민심을 잃은 광해군은 결국 왕위에서 쫓겨나는 신세가 되고 만다. 반정을 통해 왕위에 오른 인조는 광해군이 건축한 인경궁의 모든 전각들을 헐어 다른 궁궐로 옮겨버렸다. 조선의 궁궐이었던 인경궁이 우리에게 생경한 이유는 인조반정 이후 완전히 사라졌기 때문이다.

광해군일기에 나온 인경궁과 경덕궁(훗날 경희궁) 관련 기록(1617년)

경복궁의 중건

임진왜란 이후 경복궁의 중건이 이루어지지 않았기 때문에 창덕궁은 법궁, 경희궁은 이궁의 역할을 수행했다. 창경궁은 창덕궁의 내전 영역 정도로 취급되었고, 경운궁은 옛날 선조 임금이 머물렀던 장소로 오늘날에 비유하면 국보급 문화재로 관리되었다.

다시 정리하면 경복궁은 중건 포기, 창덕궁과 창경궁은 법궁, 경희궁은 이궁, 경운궁은

백악과 경복궁의 실경을 그린
〈백악춘효(白岳春曉)〉(1915년, 국립중앙박물관)

문화재였다. 그렇게 시간이 흐
르다가 1867년 고종 연간에
드디어 빈터였던 경복궁의 중
건 공사가 시작되었다. 권력
을 잡은 고종의 아버지 흥선
대원군은 추락한 왕권 회복의
상징으로 경복궁 중건을 택했
고, 경복궁은 태조 때보다 훨
씬 더 웅장한 모습으로 중건
되었다. 임진왜란 이후 270여
년 만의 일이다.

임금이 호조에 명하여 쌀 50석
과 면포 6동으로 경운궁을 개수
할 것을 명했다. 경운궁은 바로
선조대왕이 쓰던 옛 궁이다.
– 숙종실록(1679)

전교하길 "경복궁은 우리 왕조
에서 수도를 세울 때 맨 처음으
로 지은 법궁이며 조선의 시작이
이 경복궁부터였다. 그러나 불행
하게도 임진왜란에 의하여 불타
버리고 난 다음에 미처 다시 짓
지 못한 관계로 오랫동안 뜻있는
선비들이 이 점을 개탄하였다.
이제 경복궁을 다시 지어 중흥의
큰 업적을 이루리라." 하였다.
– 고종실록(1865)

경운궁에서 덕수궁으로

1868년, 경복궁이 중건되었
으나 그 기쁨은 오래가지 못했
다. 명성황후 시해 사건 이후
조선에 대한 주도권을 쥔 일
본은 고종을 압박했고, 고종은
러시아공사관으로 피난을 가
는 아관파천俄館播遷을 단행했다. 그 후 대한제국을 건립한 고종

—
궁내부 대신 이윤용이, "태황제
궁의 호를 덕수로 의논하여 결정
하였습니다."라고 올리니, 윤허
하였다.
– 순종실록(1907)

은 러시아공사관 인근의 경운궁으로 이어하고, 경운궁은 황궁
의 면모를 갖추게 되었다. 그러나 일제의 압박은 날로 심해졌고
결국 고종은 강제 퇴위를 당하는 수모를 겪고 만다. 당시 친일
파들은 경운궁에 유폐된 고종에게 '덕수德壽'라는 존호를 올렸고
이후 고종이 머물던 경운궁은 덕수궁德壽宮으로 불리게 되었다.

일제 강점기, 궁궐의 수난

1910년 한일병탄 이후 조선 궁궐은 처참하게 짓밟히고 만다.
왕조 국가의 군주는 백성들에게 정신적 지주 같은 존재다. 일제
는 왕의 공간인 궁궐을 파괴해 공원으로 만들었고 왕의 위상을
격하시키는 동시에 조선 백성들에게 일본 천왕의 존재를 각인
시켰다. 법궁인 경복궁에 식민 지배의 상징인 조선 총독부 건물
이 들어섰고 이후 약 90%의 경복궁 전각이 훼철毁撤되었다. 또

—
경복궁 전체 면적 19만 8천
624평(坪) 5합(合) 6작(勺)을 총
독부에 인도하였다.
– 순종실록(1911)

일제 강점기 경복궁 경회루에 걸린 일장기

일제는 경희궁의 전각들을 매각한 뒤 그 터에 학교를 세웠다.

당시 궁궐 수난의 정점은 뭐니 뭐니 해도 창경궁이었다. 일제는 창경궁 안에 벚꽃을 심고 동물원, 식물원, 박물관, 놀이 시설을 만들어 '창경원苑'으로 낮춰 부르고 일반인들에게 개방했다. 우리의 궁궐이 유원지로 전락하는 순간이었다.

그나마 창덕궁은 그 정도로 피해를 입지는 않았다. 그 이유는 순종 황제의 부인인 순정효황후가 창덕궁에서 생활하고 있었기 때문이다. 아무리 잔인한 일제라 해도 황후가 머물렀던 궁궐을 함부로 하지는 못했던 것이다. 그렇다고 원형이 그대로 보존되어 있다 생각하면 오산이다. 창덕궁 역시 원형의 30% 정도만 남아 있을 뿐이다.

바로잡는 역사! 궁궐 복원 프로젝트

일제 강점기와 한국전쟁 등으로 너무나 많은 상처를 입은 우리의 궁궐은 1990년대부터 조금씩 그 모습을 되찾고 있다. 경희궁의 경우 발굴 조사를 통해 정전과 편전 등의 일부 전각을 복원했고, 경복궁은 2030년까지 76%의 전각을 복원할 계획이라고 한다. 10%밖에 남지 않을 정도로 파괴되었던 경복궁이 다시 원형에 가까워진다니 마음이 설렌다.

또 하나의 희소식은 창경궁과 종묘의 연결 공간이 복원된다는 것이다. 원래 조선시대 창경궁, 창덕궁, 종묘는 하나의 담장 안에 있었다. 그러나 일제는 종묘와 궁궐 사이에 도로를 만들어 공간을 분리했다. 그 도로가 지금의 율곡로다. 겉으로는

경희궁의 토지와 건물 전부를 총독부에 인계하였다.
– 순종실록(1911)

박물관, 동물원, 식물원을 지금부터 창경원으로 통칭한다. 그것은 창경궁 내에 있기 때문이다.
– 순종실록(1911)

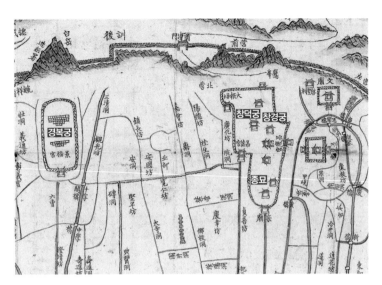

원래 창덕궁, 창경궁, 종묘는 한 울타리였으나 일제는 종묘와 궁궐 사이를 끊어 도로를 만들었다.

도시 정비를 이유로 내세웠지만, 그 속에는 일제의 민족혼 말살 정책이 숨겨져 있었다. 종묘는 역대 임금의 신위가 모셔진 곳으로 조선의 정통성을 상징한다. 그리고 창경궁과 창덕궁은 당대의 왕이 생활을 하는 조선의 현재를 말한다. 일제는 이 둘을 단절함으로써 왕조의 정통성을 끊어버리려 했던 것이다.

물론 하루 수만 대의 차량이 통과하는 율곡로를 이제 와서 막는다는 것은 현실적으로 불가능하기 때문에 문화재청은 터널 형식의 구조를 만들어 상부를 연결하는 방식을 택했다. 이런 복원을 통해 단절되고 망가졌던 우리 궁궐은 하나씩 원래의 모습이 되어 우리 품으로 돌아오고 있다.

일제 강점기 때 끊긴 창경궁과 종묘가 80년 만에 녹지로 연결된다.
서울시는 2일 "일제가 만든 기존 율곡로를 지하화하고, 그 위에 고궁 녹지를 조성하는 공사를 시작했다"고 밝혔다.
– 한국일보(2011)

2
경복궁

1 육조거리 2 서십자각 터 3 해태상
4 광화문 5 사복시 터의 국립고궁박물관
6 흥례문과 회랑 7 영제교 8 유화문과 기별청
9 근정문 10 근정전 11 사정전
12 천추과 만춘전 13 내탕고 14 수정전
15 궐내각사 터 16 영추문 17 경회루 18 흠경각
19 강녕전 20 교태전 21 함원전 22 아미산
23 자미당 터 24 흥복전 25 함화당과 집경당
26 태원전 27 신무문 28 집옥재 29 건청궁
30 항원정 31 선원전 터의 국립민속박물관
32 자경전 33 소주방 34 자선당과 비현각
35 계조당, 춘방, 계방 터 36 건춘문
37 동쪽 궐내각사 터 38 동십자각

경복궁의 역사

조선의 법궁, 경복궁

조선 왕조가 개국한 이후 여러 곳의 후보지 중 한양이 새 수도로 낙점되었다. 당시 한양은 오늘날의 사대문 안쪽을 일컫는다. 1394년 9월 태조는 임시 관청인 도감都監을 설치하고 새로운 궁궐 건립에 박차를 가했다. 15,000명이 넘는 인력이 동원되는 대규모 사업이었다. 그리고 1년 후인 1395년 드디어 새 궁궐이 그 위용을 드러냈다. 궁궐의 이름에는 새 왕조 조선이 품고 있는 통치 철학이 담겨 있어야 한다. 이에 태조는 측근 정도전에게 그 임무를 맡겼다.

정도전은 고대 중국의 유교 경전인 《시경詩經》을 인용해 경복궁이란 이름을 지었다. 창업한 나라의 첫 궁궐의 이름을 지었으니 정도전 개인에게는 이보다 더한 영광이 없었을 것이다. 이는 그에 대한 태조의 신뢰를 보여주는 대목이기도 하다. 하지만 책사 정도전은 궁궐의 이름을 짓는 데에 그치지 않고 궁궐을 대하는 임금의 도리 또한 냉철하게 조언했다. 웅장한 궁

판삼사사 정도전이 올리길 "신이 살펴보건대, 궁궐이란 것은 임금이 정사하는 곳이요, 사방에서 우러러보는 곳입니다. 그 제도를 장엄하게 하여 존엄성을 보이게 하고, 그 명칭을 아름답게 하여 보고 감동되게 하여야 합니다. 전하께서 신 정도전에게 분부하시기를, '마땅히 궁전의 이름을 빨리 지어서 나라와 더불어 한없이 아름답게 하라.' 하셨으므로, 신이 분부를 받자와 삼가 손을 모으고 머리를 조아려 《시경(詩經)》 주아(周雅)에 있는 '이미 술에 취하고 이미 덕에 배부르니 군자는 영원토록 그대의 크나큰 복을 모시리라'라는 시를 외우고, 새 궁궐을 경복궁(景福宮)이라고 이름 짓기를 청하오니, 전하와 자손께서 만년 태평의 업을 누리시옵소서."
– 태조실록(1395)

궐은 결국 백성들의 노력으로 만들어지는 것이니 궁궐에서 생활함에 매 순간 그들의 노고를 잊지 말라는 뜻이다.

1395년 완공된 경복궁은 1년이라는 짧은 공사 기간 동안 지어져 애초에는 규모가 그리 크지 않았다. 또한 국초의 정치적 혼란으로 인하여 경복궁은 법궁으로서의 기능을 제대로 이행하지 못했다. 태조 이후 왕권을 둘러싼 복잡한 정치적 상황으로 수도가 다시 개경으로 옮겨졌기 때문이다. 심지어 3대 임금 태종은 개경의 수창궁에서 즉위하기도 했다. 그 후 한양으로 재천도가 이루어지고, 태종의 아들인 세종이 경복궁 근정전에서 즉위하면서 경복궁은 150여 년 동안 법궁으로서 그 웅장함을 더해갔다.

화마에 휩싸인 경복궁

그러나 1553년 경복궁에 위기가 찾아왔다. 경복궁의 대전인 강녕전을 보수하는 과정에서 불이 나 대화재로 번진 것이다. 이로 인해 근정전, 경회루 등 일부를 제외한 대부분의 전각들이 전소되는 비극을 맞이한다.

대화재는 경복궁 내의 주요 서책은 물론 선대 왕들의 유품들까지 모두 삼켜버렸다. 이는 150년의 역사가 사라지는 엄청난 사건이었다. 그러

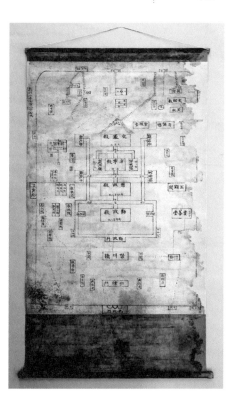

조선 초기 경복궁의 모습을 추정할 수 있는 〈경복궁도(景福宮圖)〉 족자 (17~19세기, 서울역사박물관)

니 당시 임금이었던 명종은 역사에 대죄를 지은 꼴이 되었다. 죽어서 선대왕들의 모습을 어떻게 볼 수 있었겠는가. 1553년 명종실록에는 그가 당시 얼마나 많은 마음고생을 했는지가 고스란히 적혀 있다.

대화재 이후 명종은 누구보다 경복궁 중건에 많은 노력을 기울였고, 그 덕에 경복궁의 전각은 하나둘 제 모습을 되찾게 되었다.

방치된 경복궁

경복궁의 수난은 여기서 끝이 아니었다. 명종에 이어 왕위에 오른 선조 때 임진왜란이 터지고 만 것이다. 순식간에 몰려오는 적을 막기에 조선 조정은 무능력 그 자체였다. 왕은 도성을 버리고 피난길에 올랐고 그러는 사이 경복궁은 모두 불타 버렸다.

폐허가 된 경복궁의 모습이 그려진 겸재 정선의
〈경복궁(慶福宮)〉(1754년, 고려대학교박물관)

약방 제조 윤개, 안현 등이 문안을 드리고 아뢰기를, "진찰한 의관의 말을 들으니 '심맥(心脈)이 자주 뛰는 것 같다'고 합니다. 이는 반드시 재변을 만나 놀라서서 마음에 맺혀 있기 때문일 것입니다. 화재는 이미 지난 일입니다. 진실로 주상께서 지나치게 마음 상하실까 하여 사람들이 몹시 걱정하고 있습니다.(하략)" 하니, 답하기를, "저 참혹한 화재를 생각한다면 어찌 마음이 편할 수 있겠는가." 하였다.
– 명종실록(1553)

이후 아들 광해군에 의해 다른 궁궐은 모두 중건이 되었지만, 이곳 경복궁만은 터가 좋지 않다는 이유로 방치되고 만다. 조선 후기에도 몇 차례 더 중건의 시도가 있었으나 천문학적인 건설 비용 등 반대 여론에 부딪혀 경복궁은 무려 270여 년간 빈터로 남겨지게 되었다.

영조 연간 경복궁 근정전에서 열린 행사를 그린 〈영묘조구궐진작도(英廟朝舊闕進爵圖)〉(1767년, 국립고궁박물관)

중건된 경복궁

오랫동안 방치된 경복궁에 손을 대기 시작한 이는 고종의 아버지 흥선대원군이었다. 세도 정치의 부작용으로 사회적 혼란이 극에 달할 당시 흥선대원군은 가장 먼저 경복궁 중건을 주장했다. 그에게 경복궁 중건은 추락한 왕권을 세우는 상징과도 같았다. 수많은 이들의 반대에도 불구하고 그는 아랑곳없이 공사를 단행했다.

오래전에 '명성황후'라는 드라마가 방영된 적이 있다. 경복궁 중건에 반대하는 목소리를 들으며 극 중의 대원군은 길고 긴 한탄을 쏟아낸다. 비록 작가의 상상력이 가미된 대사지만 당시 흥선대원군이 왜 경복궁 중건에 열정을 쏟았는지 알 수 있는 대목이다. 하지만 경복궁 중건 공사는 현실적으로 쉽지 않았다. 공사 도중 일어난 연이은 화재로 공사는 계속 늦춰지고 비용은 늘어갔다. 특히 고종 3년에 일어난 공사 현장 내 화재로 무려 800여 간이 전소되고 만다.

그러나 흥선대원군은 멈추지 않았다. 재원 마련을 위해 사대부들에게 기부금인 원납전顧納錢을 강요하거나 토지에 세금을 매기는 결두전結頭錢을 징수했다. 심지어 일반 엽전 가격의 100배에 해당하는 화폐인 당백전當百錢을 통용시켜 물가는 폭등했고 그에 따른 민심은 점점 흉흉해졌다.

이런 우여곡절 끝에 고종 4년인 1867년, 마침내 경복궁의 정전인 근정전이 완공되어 그 위용을 드러냈다. 임진왜란 이후 270여 년 만의 일이다. 참고로 당시 다른 전각들은 계속 공

(중략) 영국 공사가 자금성에 서태후를 만나러 갔다고 합니다. 처음에는 마차를 타고 갔어요. 두 번째, 세 번째 대문을 지나자 영국 공사는 속으로 '이놈의 궁궐 크기도 크구나', 6번째 대문을 지나자 내관 한 명이 나오더랍니다. 내관은 공손히 "마차에서 내려 가마에 오르시지요.", "걸어서 가겠네. 걸어서 가.", "걸어서는 못 가시옵니다." 영국 공사를 태운 가마가 7번째, 8번째, 12번째 문을 통과하자 육중한 자금성의 문이 열리더랍니다. 한 번에는 안 되겠구나. 한 번에 집어삼키기에는 너무나 큰 나라가 아닌가! 우리의 궁궐은 어떻습니까. 남대문을 통과하자마자 창덕궁입니다. 궐의 누각이 경회루 정도는 되어야 하지 않겠습니까. 욕심이 지나쳤소이까. 이 정도 욕심은 부려도 될 터인데…….

– 드라마 '명성황후' 중에서

고종 연간에 중건된 경복궁

임금께서 경복궁에 나아가 근정
전에 앉아서 축하를 받고 사면을
반포하였다. 교문에, "왕은 다음
과 같이 말한다. 옛날에 태조는
새로 큰 도읍을 세우고 경복궁이
라는 대궐에서 거처하니, 앞에는
남산이고 뒤에는 삼각산이라 바
로 천지의 중간에 있는 좋은 곳
이었고, 상서로운 징조가 이미
나타나서 백 년 동안에 왕업이
흥성하였고, 그 제도는 후세에
더할 것이 없었다." 하였다.
– 고종실록(1867)

사 중이었고 경복궁 중건 공사는 사실상 고종 9년에 접어들면
서 모두 끝이 났다. 태조 연간 창건 당시 380여 간에 불과했던
경복궁이 궐내 건물만 300여 채, 도합 7,000간이 넘는 대규모
의 궁궐로 재탄생한 것이다.

유린된 경복궁

하지만 이런 영광도 그리 오래가지 못했다. 일제 강점기 일
본인들은 경복궁을 철저히 유린했다. 경복궁은 일제의 조선
침략을 정당화하려는 각종 행사의 장소로 쓰였고, 행사를 개
최할 때마다 전각들은 하나둘 헐려나갔다. 그 자리에는 미술
관, 야외 음악당, 총독 관저 등의 건물이 들어섰다. 경복궁 훼
손의 절정은 1929년에 열린 '조선 박람회'였다. 총독부는 축

산 장려 정책의 일환으로 이 행사를 기획했고 이를 위해 경복궁의 궐내각사 영역에 돼지우리를 만드는 만행을 저질렀다. 법궁인 경복궁이 돼지 똥 냄새가 진동하는 축사가 된 것이다. 이렇듯 불과 반세기도 안 되는 기간 동안 90%의 전각이 사라졌고, 조선의 법궁은 철저히 공원화되고 만다.

다시 태어난 조선의 법궁, 경복궁

다행히 1990년대 들어 역사 바로잡기의 일환으로 경복궁 복원 사업이 시작되었다. 일단 1차 복원 사업(1990~2010년)으로 광화문, 흥례문, 영제교 등 약 25%의 건물이 제 모습을 찾

일제는 여러 행사를 개최한다는 이유로 대부분의 경복궁 전각들을 훼철하는 만행을 저지른다.

궁능유적본부는 경복궁 계조당 복원 사업에 앞으로 2022년까지 3년간 총 82억 원을 투입하여 왕세자의 공간인 동궁 권역의 기본 궁제를 복원할 계획이다. 특히, 이번 계조당 복원은 수제 전통 한식 기와와 철물, 소나무 등 전통 재료와 '손으로 하는 가공(인력 가공)' 등 전통 방식으로 복원할 계획이다.

– 문화재청 보고서(2020)

았다. 지금은 2차 복원 사업이 총 5단계로 나뉘어 진행 중이다. 1단계는 궁중생활권역 복원으로 얼마 전인 2020년 완공되었고, 2단계(2019~2028년)는 동궁 영역, 3단계(2026~2034년)는 궐내각사 영역, 4단계(2031~2042년)는 선원전 등 궁중의례권역, 그리고 5단계(2040~2045년)는 동·서십자각 등 궁중방어권역이 복원될 예정이다.

경복궁은 앞으로도 20여 년 이상 복원 사업이 진행될 것이다. 부디 복원된 경복궁의 모습을 하루빨리 볼 수 있기를 바랄 뿐이다.

광화문 완공식 (2010년)

육조거리

경복궁 답사는 광화문 앞 '세종로'에서부터 시작하는 것이 좋다. 조선시대에는 지금의 세종로를 '육조거리'라 불렀다. 그 이유는 행정 조직인 의정부와 이조, 형조, 예조, 호조, 병조, 공조의 육조六曹가 모두 이곳에 모여 있었기 때문이다. 태조는 경복궁 창건과 동시에 광화문 앞쪽으로 육조거리를 조성했다.

경복궁 광화문 남쪽 좌우에는 의정부, 삼군부, 육조, 사헌부 등의 각사 공청이 벌여 있었다.
– **문종실록(1451)**

광화문

육조거리

1800년대 말 광화문 앞 육조거리의 모습

경복궁

예조, 삼군부

광화문

의정부

중추부

사헌부

이조

병조

육
조
거
리

한성부

형조

호조

공조

기로소

경복궁과 육조거리 (19세기 말 경복궁 모형)

　　이처럼 관청들이 모여 있는 영역을 '각사各司'라고 하는데 각
사가 모인 육조거리는 궁궐 밖에 위치하기 때문에 궐외각사闕外
各司라 부른다. 지금 궐외각사는 터만 남은 채 사라졌지만, 간간
이 있는 표석 덕에 간단한 답사는 가능하다. 지금부터 한 곳씩
그 흔적을 찾아보자.

의정부

궐외각사 답사의 시작은 의정부議政府다. 글자 그대로 의논할 의議, 정치 정政, 부서 부府 즉 정치적 문제를 의논하는 부서다. 의정부는 조선시대 최고의 행정 기관으로 오늘날로 치면 총리실 정도가 된다. 우리에게 익숙한 영의정, 우의정, 좌의정 삼정승이 육조의 각종 사안들을 의논한 후 왕에게 보고했다. 이를 '의정부서사제議政府署事制'라 부르는데 여기서의 서사제란 나눌 서署, 일 사事, 제도 제制 즉 왕의 일을 의정부와 나눠서 하는 제도란 뜻이다.

의정부 기능의 강화는 조선을 만든 정도전의 꿈이기도 했다. 그가 꿈꾸는 조선은 사대부의 나라였고 그들의 꿈을 왕을 통해 이루고자 했으니 조선 초 의정부의 권한은 실로 막강했다. 하지만 왕권을 강화하고 싶은 왕들에게 의정부는 그리 탐탁지 않은 기관이었다. 특히 왕권에 집착했던 태종은 의정부서사제를 폐지하고, 육조에서 직접 보고를 받는 '육조직계제六曹直啓制'를 만들기도 했다.

의정부에서 아뢰기를, "평안도의 방어가 가장 긴요하니 외적을 방어하는 준비를 염려하지 않을 수가 없습니다. 지금 봄에 추려서 온 제주의 흠 있는 말 7백 필과 충청, 전라, 경상도 각 목장의 망아지를 가지고 건장한 말로 바꾸어서 평안도로 보내어 말이 없는 군사에게 주어서 전마(戰馬)에 대비하게 하소서." 하니, 그대로 따랐다.
– 문종실록(1450)

광화문 앞에 있었던 의정부 (1900년경)

대사헌 조계생 등이 계하기를, "옛날 선비는 미투리를 신고 책을 끼고 걸어 다니면서도 뜻을 겸손히 하고 학문에 힘썼사오나, 지금은 그렇지 아니하여 생원(生員), 생도(生徒)들이 책을 끼고서 걸어 다니는 것을 수치스럽게 여겨, 모두 말을 타고 종을 시켜 책을 끼고 다니게 하며 아침에 갔다가 저녁에 돌아오니, 청컨대 말을 타고 다니는 것을 금하여 그들이 심지를 억제시키어 학업에 전심하게 하소서." 하니, 임금이 말하기를, "나도 듣건대, 학생들이 종을 거느리고 말을 타고 다닌다 하니 옛날 학자와 다르다. 그러나 법을 세워 말 타는 것을 금한다는 것은 너무 지나친 일이 아니겠는가. 이것도 고례(古例)에는 없는 일이니, 예조(禮曹)에 내려서 의논하게 하라." 하였다.

– 세종실록(1428)

이조, 호조 터

의정부를 지나 지금의 대한민국역사박물관 자리에는 이조吏曹가, KT 광화문지사 자리에는 호조戶曹가 있었다. 이조는 지금 행정안전부의 인사담당부서, 호조는 기획재정부 정도로 이해하면 되겠다.

• 기로소, 피맛골 터 •

현재 미국대사관이 있는 곳은 한성부가 있던 자리다. 한성부(漢城府)는 오늘날의 서울시청에 해당하는 기관이다. 그리고 그 옆 교보문고에는 나이 많은 고위 관료들의 복지를 담당하는 기로소(耆老所)가 있었다.

의정부부터 기로소까지 막강한 행정 기관들이 나란히 서 있으니 이곳을 오가는 고위 관료들이 얼마나 많았겠는가! 매일 아침 말과 가마로 북새통을 이루었을 것이다. 그런데 정승이 지나가면 일반 백성들은 땅바닥에 엎드려 예를 표해야 했다. 절도 한두 번이지, 그러다 보니 백성들은 육조거리를 피해 뒷길로 다니기 시작했고, 사람들이 많아지니 상점, 주점이 생기고 맛집도 생겨났다. 바로 이 골목이 피마(避馬)골, 피맛골이다. 글자 그대로 말(馬)을 피해(避) 다니는 골목이란 뜻이다. 지금은 고층 빌딩이 들어섰지만 불과 몇십 년 전만 해도 이곳은 좁은 골목에 맛집이 즐비한, 역사가 살아 숨 쉬는 공간이었다.

1800년대 말 한성부 관리들

공조, 형조, 병조, 사헌부, 중추부, 삼군부, 예조 터

길을 건너면 나오는 세종문화회관은 옛날에 공조工曹, 형조刑曹, 병조兵曹가 있었던 곳이다. 오늘날로 치면 공조는 국토교통부, 형조는 법무부, 병조는 국방부에 해당한다.

세종문화회관 옆에 있는 세종로공원에는 사헌부司憲府와 중추부中樞府가 있었다. 사헌부는 오늘날 검찰 또는 감사원 정도다. 지금도 검찰청은 일개 행정부의 부서지만 사실상 최고의 권력 기관으로 인식된다. 그 이유는 정보를 이용해 속된 말로 뒤를 캘 수 있는 힘이 있기 때문이다. 조선시대 관원들에게도 사헌부는 공포의 대상이었다. 그 옆의 중추부는 당상관, 그러니까 차관급 이상 중에 소임이 없는 사람들을 소속시켜 대우해주던 전관예우 기관이다.

중추부 옆, 지금의 정부서울청사 자리에는 예조와 더불어 삼군부三軍府가 있었다.

예조는 지금의 문화체육관광부라 할 수 있다. 조선 왕조는 신분제가 엄격한 유교 국가였다. 양반 기득권들은 예禮를 강조함으로써 자신들의 신분을 유지하려 했다. 그러다 보니 예를 다루는 예조의 목소리는 커질 수밖에 없었다.

최고 군사 기관인 삼군부는 원래 조선 후기에는 비변사備邊司가 그 기능을 했다. 비변사는 임진왜란 당시 임시 군사 기관이었으나 이후 행정까지 총괄하는 무소불위의 권력 기관이 되었다. 그러다 보니 그로 인한 폐단도 점점 커져갔다. 이에 흥선대원군은 비변사를 없애고 정치는 의정부, 병권은 삼군부로 나누어 권력을 분산시켰다. 왕권의 상징인 경복궁의 양쪽에 의정부와 삼군부가 나란히 자리한다는 것은 권력 분산의 상징과도 같았다.

서십자각 터

삼군부 터(지금의 정부서울청사)를 지나 국립고궁박물관 방향으로 길을 건너면 '이곳이 서십자각 터였다'라는 작은 표석이 나온다. 경복궁 남쪽의 동서東西 모서리에는 십자각十字閣이라 불리는 망루가 있어 이곳에서 병사들이 경계를 섰다. 여기서 십자각은 위에서 내려다봤을 때 십+자 모양이기 때문에 붙여진 이름이다. 법궁으로서의 경복궁의 장엄함은 정문인 광화문에서 동, 서십자각으로 연결되는 궁성에서 나오는데, 불행하게도 서십자각은 흔적도 없이 사라져버렸다. 일제 강점기 총독부가 전찻길 공사에 방해가 된다는 이유로 철거했기 때문이다.

십자각이 없으니 연결되는 궁성 역시 초라하게 꺾여 있다. 원래는 광화문 복원 사업 때 함께 복원할 계획이었으나 교통문제 등으로 일단 보류되었다고 한다. 빨리 서십자각도 복원

서십자각   광화문   동십자각

정문인 광화문을 중심으로 동서 양쪽에 십자각이 설치된 경복궁 (19세기 말)

전찻길을 연결하려 하는데 현재의 길 모양대로 전찻길을 내려면 길 굽이가 여러 군데가 돼 전차의 운전이 거북할 뿐 아니라 궁성의 서십자각 부분은 길도 좁아 만약 궁장을 그대로 둔다 하면 그 부분 인가(人家)를 철폐해야 할 텐데 이같이 함은 그곳 주민에게 막대한 손해가 있을 뿐만 아니라 경비도 더 드는 까닭으로 궁장을 헐고 서십자각을 철거할 수밖에 없다.

– 동아일보(1923)

서십자각 터 표석. 저 멀리 광화문이 보인다.

되어 온전한 경복궁의 외관을 봤으면 좋겠다. 자, 이제 궁성을
따라 광화문 쪽으로 이동해보자.

헐리기 전 서십자각의 모습(1923년)

서십자각은 사라지고 표석만 남아 있다.

해태상

광화문 바로 앞에는 지금 서울의 상징인 해태상이 있다. 해태(獬豸)는 해치라고도 불리며 부정을 저지른 이들을 물어 죽인다는 상상 속의 동물이다. 그래서 관리들의 부정부패를 감시하는 사헌부 관원들의 흉배에는 해태가 새겨져 있었다. 요즘으로 치면 검찰 마크에 해태가 그려진 것이다. 해태상이 광화문 앞에 있는 이유는 매일 출퇴근 하는 관원들이 해태를 보면서 공무원으로서의 마음가짐을 바로 하라는 뜻이다.

하지만 지금의 해태상은 제자리를 찾지 못하고 있다. 원래의 위치는 지금보다 70여 미터 앞이다. 당시에는 해태상부터 광화문까지의 공간은 왕실 가족을 제외한 어느 누구도 가마나 말을 타고 이동할 수 없었다. 그러니까 옛 관료들은 해태상 앞에서 하마(下馬), 즉 말에서 내린 후 걸어서 입궐해야 했다.

이런 위상을 지녔던 해태상은 광화문 뒤로 총독부 건물이 들어서면서 옮겨지고 만다. 왕권의 위엄을 품었던 해태상이 총독부 건물의 한갓 조형물이 된 것이다. 이렇게 옮겨진 해태상을 보며 당시 많은 이들이 안타까워했다.

광복 이후 경복궁 복원 사업이 진행되면서 해태상을 원래의 자리로 옮기려 했지만 너무 많은 차량들로 인하여 본

전교하기를, "대궐 문에 해태를 세워 한계를 정하니, 이것이 곧 궁궐의 문이 되는 것이다. 조정 신하들은 그 안에서는 말을 탈 수가 없는데, 이것은 노마(路馬, 임금의 수레를 끄는 말)에 공경을 표하는 뜻에서이다. 조금 전에 출궁할 때 보니, 종승인(從陞人)이 그 안에서 말을 타던데 이것이 어찌 도리에 맞겠는가?(하략)" 하였다.
– **고종실록**(1870)

광화문에서 약 70여 미터 앞쪽에 위치했던 해태상 (19세기 말)

비록 제자리를 찾지 못하고 있으나 오늘도 묵묵히 경복궁을 지키고 있는 해태상

의 아니게 지금의 장소인 광화문 바로 앞에 서게 되었다. 아마도 해태상이 원래의 자리를 찾으면 그 역할을 제대로 수행할 수 있을 것이니 대한민국의 청렴 지수도 높아질지 모르겠다.

원래 해태(해치)상이 있던 위치와 지금의 해태상

법궁 경복궁의 정문 광화문

광화문

이제 드디어 광화문이다. 경복궁은 동서남북에 각각 궁성문이 있는데 이 중 광화문은 경복궁의 남문, 즉 정문에 해당한다. 법궁의 정문답게 3개의 아치문 위에 웅장한 누각으로 만들어졌다. 가운데 문은 지존의 문이며 양쪽으로는 세자 이하 신하들이 출입했다. 광화문 아치 천장에는 좌左청룡, 우右백호, 남南주작, 북北현무 중 남쪽을 지키는 신神인 주작이 묘사되어 있다. 또한 지금과 달리 조선 초 광화문의 누각에는 종이 있어 시간을 알렸다고 한다.

이 달에 종묘와 새 궁궐이 준공되었다. 새 궁궐의 남문은 광화문이라 했는데, 상·하층이 있고, 위에 종과 북을 달아서 새벽과 저녁을 알리게 했다.
– 태조실록(1395)

광화문 월대

광화문 같은 궁궐의 정문 앞에는 보통 월대가 세워진다. 월대月臺란 궁궐의 주요 건물 앞에 설치된 넓은 형태의 기단이다. 이곳은 왕과 백성의 소통 공간이었다. 또 평상시에는 일반인의 출입이 금지되어 궁궐 경호 면에서도 중요한 기능을 했다. 고종 연간의 광화문에는 돌 난간이 있는 월대가 있었지만 일제 강점기에 사라져버렸다. 그러나 다행히 최근들어 월대의 복원에 대한 반가운 소식이 들린다. 월대는 궁궐의 위엄을 극대화하는 역할을 한다. 하루빨리 복원된 월대의 모습을 보면 좋겠다.

광화문 앞의 넓은 월대 (1900년대 초)

조선시대 국왕과 백성이 서로 소통하고 화합하던 장소인 월대(月臺)가 복원된다. 그간 경복궁 월대 위로 난 도로 때문에 지금까지 복원이 어려웠지만, 광화문 역사광장 조성의 일환으로 재정비된다. 문화재청은 월대 복원 등을 통해 광화문 역사광장을 조성해 역사성과 민족 자존심을 회복하고 역사문화교육 자원으로 활용할 예정이다.
– 머니투데이(2018)

광화문의 역사

이제 문을 통과해 광화문 석축의 뒤쪽을 바라보자. 석축을 유심히 바라보면 돌의 색깔이 조금씩 다름을 알 수 있다. 아주 누런 돌이 있는가 하면 방금 연마한 듯 깨끗한 돌도 있다. 여기에는 광화문의 기구한 역사가 숨겨져 있다.

1395년 태조 연간 만들어진 광화문은 임진왜란으로 인해 불타버린 후 270여 년간 방치되다 1867년 고종 연간에 다시 중건된다. 당시 웅장한 광화문의 모습은 사진으로 남아 있다. 하지만 이 모습은 오래가지 못했다. 일제 강점기 조선 총독부가 세워지면서 시야를 가린다는 이유로 광화문은 궐 동쪽으로 옮겨지는 수모를 겪는다.

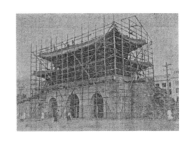

일제에 의해 헐리는 광화문 (1926년)

조선 총독부를 가린다는 이유로 광화문은 동쪽으로 옮겨졌다. (일제 강점기 경복궁 모형, 서울역사박물관)

비극은 여기서 끝나지 않았다. 한국전쟁 때 폭격으로 누각이
파괴되면서 동쪽 광화문은 그 짧은 생을 마감하게 된다. 그 뒤
1968년 박정희 정부가 다시 광화문을 세웠지만 이는 미완의
중건이었다. 목조여야 할 누각 부분을 콘크리트로 만든 후 나
무색 페인트로 칠하는 황당한 복원을 한 것이다. 당시에는 이
것이 신기술이었단다.

　　　이렇듯 1960년대의 광화문은 튼튼
히 다져진 콘크리트 구조물이었다. 게
다가 위치 역시 앞쪽 차로가 넓혀진 관

한국전쟁 당시 폭격으로 누각이 파괴된 광화문

1968년 세워진 콘크리트 광화문. 박정희 대통령의 한글 친필 현판이 인상적이다. (서울역사박물관)

계로 실제 위치보다 14.5미터 뒤에 세워졌다. 그런데 문제는 방향이다. 경복궁의 모든 건물은 일직선으로 같은 방향인 남쪽을 향해 있다. 그런데 광화문 뒤에 세워진 조선 총독부는 그 축이 5.6도 틀어져 있었다. 왜 방향이 어긋났는지에 대해서 항간에는 "일제가 의도적으로 조선 신궁朝鮮神宮(일제 강점기에 세워진 일본 신사)이 있는 남산 방향을 향해 지었기 때문에 각도가 틀어진 것이다"라는 설이 있다. 문제는 콘크리트 광화문을 세울 때 축의 방향을 경복궁 전각에 맞추지 않고 당시 중앙청으로 사용하던 조선 총독부 건물에 맞춘 것이다. 그러다 보니 광화문만 삐딱한 방향이 되어버렸다.

이런 흑역사를 품은 콘크리트 광화문은 반세기 동안 경복궁

14세기(아랫돌) 경복궁 궁장 위에 남겨진 19세기(윗돌) 중건 공사의 흔적

절단된 콘크리트 광화문의 잔해 (서울역사박물관)

의 정문 역할을 하고 있었다. 그러나 가짜 광화문을 법궁의 정문으로 둘 수는 없는 법! 2000년대 들어 콘크리트 광화문이 철거되고 다시 복원 공사에 들어갔다.

그런데 광화문 주변을 발굴하는 과정에서 흥미로운 사실들이 드러났다. 콘크리트 차도를 들어내 땅을 파보니 1867년 고종 연간 광화문과 궁성의 흔적은 물론이고 1395년 조선 초 궁성의 흔적까지 고스란히 발견된 것이다. 연구 결과 고종 연간 중건한 궁성은 태조 연간 창건 당시의 흔적 위에 그대로 올린 것으로 확인되었다.

이 발굴 과정을 통해서 정확한 위치를 파악한 문화재청은 2009년에 전통 방식 그대로 다시 한 번 광화문을 중건하게 된다. 지금의 광화문이 그것이다. 정리하면 광화문은 태조, 고종,

박정희, 이명박 이렇게 네 시대를 거쳐 오늘에 이른 것이다. 그리고 그 흔적은 고스란히 지금의 석축에 남아 있는데, 실제로 현재의 광화문 석축은 복원 과정에서 1395년의 돌, 1867년의 돌, 그리고 2009년의 돌까지 모두 사용했다고 한다. 광화문의 역사가 석축에 모두 담겼다 해도 과언이 아니다.

광화문 아치 천장에는 남쪽의 수호신인 주작이 그려져 있다.

광화문 안뜰

광화문을 뒤로하고 북쪽을 바라보면 광화문과 흥례문 사이에 넓은 뜰이 나온다. 이곳에도 역사적 비밀이 숨겨져 있다. 발굴 과정에서 땅속에 박석薄石의 흔적이 발견된 것이다. 박석은 두께가 얇고 넓은 돌을 말한다. 하지만 고종 연간 경복궁 중건 당시 이곳에 박석을 깔았다는 기록은 어디에도 없다. 이에 연구진들은 조선 초기의 사료를 검토했고 세종 연간 이곳에 박석과 회랑을 설치했다는 기록을 확인한다. 회랑은 건물을 둘러싸고 있는 지붕이 있는 복도를 말한다.

그러니까 세종 연간 흥례문과 광화문 사이의 공간에는 회랑이 설치되었고 바닥에는 박석이 깔렸던 것으로 추정할 수 있다. 그러던 것을 19세기 고종 연간 경복궁을 중건할 때는 이 박석을 흙으로 덮었던 것이다. 그렇다면 발견된 박석들은 모두 어디로 갔을까? 정답은 복토覆土(흙덮기). 경복궁 복원 사업의 기준이 고종 연간으로 정해졌기 때문에 설령 발굴 중 조선 전기 때의 흔적이 나왔다 하더라도 복원 기준에 따라 조사 후 과감하게 복토를 결정한 것이다. 지금도 이곳 땅을 파보면 세종 시대의 박석이 나온다. 아는 사람만 아는 사실이다.

광화문 복원 현장. 조선 전기 광화문 안뜰에는 박석이 깔려 있었다.

경복궁 사복시 터에 세워진 국립고궁박물관

사복시 터의 국립고궁박물관

경복궁에 입장하기 위해 매표하기 전, 잠시 왼쪽의 용성문^用
_{成門}으로 나가보자. 그러면 '국립고궁박물관'이 나온다. 원래 이
곳 박물관이 있던 자리에는 경복궁 내 말이나 가마를 관리하
는 사복시_{司僕寺}가 있었다. 사복시의 한자를 풀어보면 믿을 사_司,
종 복_僕, 관청 시_寺란 뜻이다. 믿을 만한 종이 있는 관청. 임금과
왕실 가족들이 사용하는 말이나 가마는 안전이 매우 중요하니
이를 다루는 이들은 믿음직한 사람들이어야 한다. 그래서 이
단어가 생겨났는지도 모르겠다.

조선시대 공무 수행에 있어 말은 가격도 비쌌거니와 중요한
교통수단이었기 때문에 사복시의 역할은 매우 컸다. 그러다
보니 사복시 관원들의 부정부패는 늘 큰 문제였다.

사복시 제조(提調) 윤호가 아뢰
기를, "요사이 사복시(司僕寺)에
서 병든 말을 받아들이고는 값
을 줄 때에는 품질 좋은 어린 말
의 값으로 보상을 했다고 합니
다. 이는 분명 서로 짜고 부정을
저지른 것이니 피혐하기를 청합
니다." 하니 임금이 전교하기를,
"근일에 말을 나누어 준 곳을 빠
짐없이 글로 써서 아뢰라." 하였
다.
– 성종실록(1491)

사복시 관원들은 말뿐 아니라 때로는 코끼리를 돌보기도 했다. '조선시대에 웬 코끼리?'라고 생각할 수 있지만 사실이다. 태종 때 일본 국왕이 코끼리를 선물한 것이다. 그러나 코끼리는 애완용으로 기르기엔 덩치가 너무 컸고, 1년이면 수백 석의 콩을 먹어치웠다. 그렇다고 일본 국왕의 선물이니 어찌할 방도가 없었다. 그러던 중 사복시 관원이 코끼리에 깔려 죽는 사건이 일어났다. 결국 태종은 코끼리를 전라도 섬으로 귀양 보내고 만다.

이렇게 중요한 역할을 했던 사복시는 1916년 조선 총독부 청사가 지어지며 몽땅 헐려나갔고 이곳은 상당 기간 빈터로 남아 있게 되었다. 문제는 광복 후다. 조선 총독부 건물을 중앙청으로 사용하던 1978년 당시 정권은 중앙청에서 근무하던 공무원들의 복지 시설인 '후생관'을 사복시 터에 지었다. 그 후 후생관 건물은 여러 용도로 사용되다 지금은 국립고궁박물관으로 사용되고 있다.

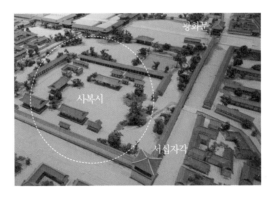

지금의 국립고궁박물관 자리에 있었던 사복시 (19세기 말 경복궁 모형)

흥례문의 회랑은 원래 행각 형태로 이곳에는 관청과 창고 등이 있었다.

흥례문과 회랑

매표를 하고 본격적인 경복궁 답사를 시작해 보자. 중문 격인 흥례문興禮門을 통과하면 가운데에 돌다리가 있고 주변은 모두 회랑 형태의 담으로 둘러싸여 있다. 원래 이곳 담은 회랑이 아닌 행각이었다. 행각은 벽이 있는 실내 공간으로 관청이나 창고로 사용되며, 회랑은 뻥 뚫린 구조다.

우선 흥례문 오른쪽, 그러니까 지금의 경복궁 안내 사무실에는 '결속색結束色'이란 관청이 있었다. 결속結束은 '일을 잘 수습하고 정리하다'라는 뜻으로, 결속색은 임금의 외부 행차 시 구경꾼들의 질서를 잡는 일을 했다. 왼쪽으로는 내병조內兵曹가 위치했다. 내병조는 궁궐 내 병조를 뜻한다. 원래 병조는 지금의 세종로인 육조거리에 있었지만 군 통수권자인 임금이 궐 안에 있기 때문에 궐내에 이렇게 작은 병조를 두었다. 내병조는 주로 임금을 호위하는 군사 훈련 등을 담당했다. 이렇게 여러 관청들이 있던 이곳은 현재 텅 빈 회랑이 되었다. 일제 강점기에 주변의 행각이 모두 헐리고 야외 전시장이 되면서 회랑이 된 것이다.

영제교

이제 가운데 돌다리 쪽으로 시선을 돌려보자. 궁궐의 정문을 통과하면 배산임수에 맞춰 작은 개천인 금천과 금천교가 나온

경복궁의 금천교인 영제교

다. 경복궁의 금천교는 영제교永濟橋라 불렸다.

그런데 세종 때 영제교에 문제가 발생했다. 물이 부족해지면서 자꾸 금천이 말랐던 것이다. 일국의 법궁에 물이 흐르지 않으면 체면이 말이 아니니 결국 세종은 대대적인 보수 공사를 명한다.

지금의 영제교는 고종 연간 만들어진 것으로 경복궁의 영제교 양쪽에는 4마리의 서수瑞獸(상서로운 짐승)가 놓여 있는데, 이들은 모두 금천을 노려보고 있다. 아마 흐르는 물을 통해 궁궐로 침입하는 나쁜 기운을 감시하는 듯 보인다.

그럼 조선 초 영제교의 모습은 어떠했을까? 임진왜란 당시 일본의 종군승從軍僧인 제타쿠가 남긴 기록인 《조선일기》를 통해 경복궁 영제교의 모습을 추측해 볼 수 있다.

그러나 일제 강점기에 경복궁의 주인이 떠나면서 영제교도 폐허가 되었다. 무성한 잡초의 모습에서 주인 잃은 경복궁의 모습이 그대로 겹쳐 보인다.

일제는 결국 조선 총독부 건물을 짓는다는 이유로 영제교와 흥례문 일대를 헐고 영제교의 석재들을 모두 궐 동쪽으로 옮겨버렸다. 영제교 영역에 세워진 조선 총독부 건물은 광복 후에도 대한민국의 정부청사였던 중앙청과 국립중앙박물관으로 사용되었다. 일제 침략의 상징인 총독부

일제 강점기에 폐허가 된 영제교(좌)와 경복궁 동쪽에 버려진 영제교 석물들(우)

영제교를 헐고 세워진 조선총독부 건물은 광복 후 중앙청, 국립중앙박물관 등으로 사용되었다. (서울역사박물관)

건물이 우리 역사의 상징인 중앙박물관이 되었다니 치욕적인 흑역사가 아닐 수 없다.

다행히 1995년 민족정기를 바로잡는다는 기치 아래 총독부 건물이 철거되고 2001년부터 영제교 영역은 복원되었다. 이제 천천히 영제교를 건너며 다리 아래를 바라보자. 안타깝게도 지금의 영제교 아래에는 물이 흐르지 않는다. 언젠가 경복궁이 완전히 복원되면 그때는 분명 맑은 물이 흐를 것이다. 맑은 물에 비친 영제교 서수의 모습을 꼭 보고 싶다.

유화문과 기별청

　영제교를 지나면 비로소 왕의 세계로 들어온 셈이다. 왼쪽으로는 유화문維和門이 보인다. 유화문은 임금이 궐내각사로 행차할 때 사용하는 문이다. 물론 신하들은 바로 옆문을 사용했다.

　유화문 옆에는 기별청奇別廳이 있다. 기별이란 '소식을 전하다'라는 뜻으로 궁궐의 소식지, 즉 '조보朝報'를 만드는 곳이 기별청이다. 이곳에서 발행되는 조보는 전국 각지의 주요 관청에 전해진다. 행정 명령이나 회의 결과 등 조보에는 중요한 정보들이 많이 적혀 있다. 그래서인지 이 조보를 베껴서 파는 사람들이 생겼는데 일부는 이 조보를 중국인들에게 팔기도 했

유화문과 기별청

—
사간원이 아뢰길 "조보를 인출
해 중국 조정으로 넘긴 이들은
단지 생계를 도우려고 한 것에
지나지 않습니다. 지금 연루된
자가 30여 인이 되는데 형이 너
무 과하니 급히 놓아 주도록 명
하소서." 하니 임금이 답하길 "윤
허하지 않는다." 하였다.
– 선조실록(1578)

다. 나라의 대외비對外秘 같은 문서가 복사되어 외국으로 넘어간
다는 사실을 알게 된 선조는 이에 대해 엄벌을 명하는데 당시
임금에게 조언을 하는 언론 기관이었던 사간원은 왕의 명이
너무 과하다며 오히려 선처를 요구하기도 했다. 하지만 선조
의 노여움은 사그라들지 않았다.

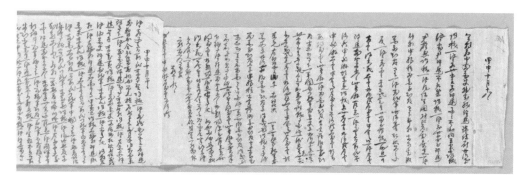

조보(朝報) (1884년, 국립중앙박물관)

근정문과 근정전

—
"근정전에 대하여 말하오면 천
하의 일은 부지런하면 다스려지
고 부지런하지 못하면 폐하게 됨
은 필연한 이치입니다. 작은 일
도 그러하온데 하물며 정치와 같
은 큰일은 어떠하겠사옵니까."
– 태조실록(1395)

기별청을 뒤로하고 영제교로 돌아오면 바로 앞에 정전인 근
정전勤政殿을 지키는 근정문勤政門이 보인다. 근정勤政은 '근면하게
정치를 행한다'라는 뜻으로 아주 묵직한 의미를 가진 작명이
다. 정도전은 임금이 성실하지 않으면 백성들이 피곤해진다는
자신의 주장을 근정전을 통해 펼친 것이다.

근정전의 앞마당, 조정(朝廷)

　이제 근정문을 통과해 근정전의 앞마당으로 들어가보자. 법궁의 정전이 눈앞에 들어온다. 근정전은 즉위식 등의 공식 행사가 치러지는 장소다. 유교 국가인 조선 국왕의 하루는 행사로 시작해 행사로 끝난다고 할 정도로 궐내외 행사가 많다. 민족의 명절인 설에도 왕은 쉬지 못하고 신하들과 함께 이곳 근정전에서 중국 황제가 있는 궁궐을 향해 절을 해야 한다. 이를 망궐례望闕禮(바라볼 망望, 궁궐 궐闕, 예식 예禮)라 하는데 이런 행사가 부지기수로 많다.

임금이 근정전에 나아가 망궐례를 한 후 월대에 나아가 회식을 하였는데 그곳에는 중국인, 일본인, 야인북방민족도 있었다. 끝난 뒤에는 보초 서는 군사들에게도 술을 내려 주었다.
- 세조실록(1459)

근정문에서 보는 근정전

근정전 회랑과 박석

근정전의 앞마당을 조정(朝廷)이라 부른다. 조(朝)는 아침이란 뜻 이외에 '신하가 임금을 뵙다'라는 뜻이 있고, 정(廷)은 마당을 의미한다. 즉 조정은 신하들이 임금을 만나는 앞마당을 뜻한다. 하지만 공간적인 의미보다는 정치적 상황을 뜻하는 의미로 쓰이는 경우가 많다. 예를 들어 "조만간 조정에 피바람이 일 것이오."라면 정치적 상황이 매우 혼란스럽다는 뜻이다.

이제 발길을 근정전이 가장 장엄하게 보이는 장소인 남동쪽 회랑의 모서리 부분으로 옮겨보자. 근정전을 품고 있는 북악산은 그 웅장함을 더한다. 여기서 잠깐 회랑을 살펴보면 근정전의 회랑은 두 개의 기둥이 떠받치고 있다.

하지만 이것이 원래의 모습은 아니다. 고종 연간 제작된 〈근정전진하도(勤政殿陳賀圖)〉를 보면 바깥쪽은 회랑, 안쪽은 관청이나 창고가 있는 행각의 형태였다. 그런데 일제 강점기에 안쪽 행각의 벽체가 헐리며 두 개의 기둥이 있는 회랑으로 바뀐 것이다. 이곳을 야외 전시장으로 사용하기 위함이었다. 실제로 안쪽 기둥을 보면 벽체로 연결된 흔적들이 보인다.

그렇다면 이곳 남동쪽 행각에는 어떤 관청들이 있었을까? 왕실에 문방구를 공급하는 서방색(書房色), 과거시험을 주관하는 관광청(觀光廳), 그리고 곡간인 양미고(糧米庫) 등이 있었다.

〈근정전진하도(勤政殿陳賀圖)〉(1887년, 국립중앙박물관)

근정전 동남쪽 행각. 원래 안쪽 기둥 사이에는 벽이 있어 실내 공간으로 사용되었다.

여기서 관광청의 관광觀光은 여행이 아니라 '영광을 보러 간다', 즉 과거시험을 보러 간다는 뜻이 내포되어 있다.

동쪽 회랑을 보았다면 다시 중앙 쪽으로 돌아가보자. 조정에 깔린 울퉁불퉁한 돌인 박석 위를 걷기가 녹록지 않다. 걷기에는 불편하지만 표면이 울퉁불퉁한 박석은 태양빛을 분산시켜 준다. 만약 한여름 뙤약볕 아래 표면이 매끈한 돌 위에 신하들이 서 있었다면 어땠을까? 아마도 반사된 빛 때문에 눈을 뜨는 것조차 힘들었을 것이다.

어도와 품계석

조정 가운데는 임금의 길인 어도御道가 있고, 어도 양쪽으로는 품계석品階石이 자리 잡고 있다. 품계석은 벼슬의 품계를 표시한 돌로, 행사 때 신하들이 자신의 자리를 찾을 수 있는 표석 역할을 한다. 정면을 바라보고 서쪽은 무인인 무반武班, 동쪽은 문인인 문반文班이 위치하는데, 우리가 잘 아는 양반兩班은 바로 무반과 문반을 합친 말이다.

신하들이 임금에게 문안을 드리는 조참朝參을 할 때면 문무백관들은 모두 근정문 밖에서 대기하다 안내에 따라 조정으로 들어와 자신의 품계에 맞게 정렬한다. 조선시대 문무백관은 벼슬의 높고 낮음에 따라 품계를 정1품에서 종9품까지 총 18등급으로 나누었지만, 근정전 조정의 공간 제약 등으로 12품계석까지만 설치되어 있다.

또 건물 쪽 품계석 주변에서는 정체 모를 쇠고리들을 볼 수 있다. 이 고리의 명칭은 차일遮日 고리다. 차일은 행사 때 햇볕을 가리기 위해 치는 천막으로, 이 고리들은 차일의 끈을 묶는 역할을 한다.

근정전 조정의 차일 고리와 품계석 그리고 어도

• 초기 근정전의 모습 •

태조 때 창건, 임진왜란으로 소실, 그리고 고종 때 중건된 근
정전은 경복궁의 역사와 함께한다. 그러니까 우리가 보고 있는
지금의 건물은 1867년 고종 연간 만들어진 건물이다. 그렇다면
임진왜란 이전의 근정전은 어떠한 모습일까? 문종실록에 의하
면 조선 초 근정전의 지붕은 파란 청기와로 덮여 있었다. 청기와
는 워낙 비싸 정전인 근정전과 편전인 사정전 정도에만 사용된
것으로 보인다.

근정전 난간 보기

근정전 서수

근정전은 두 층의 월대 위에 세워졌다. 월대를 오르는 계단
가운데에는 봉황이 새겨진 답도踏道가 있다. 답도는 임금의 가
마가 지나는 곳이다. 임금은 계단을 오를 때도 가마를 이용했
다고 한다.

상하 월대의 돌난간에는 수호신 상
이 조각되어 있다. 근정전의 모든 방향
을 지키는 사신상(좌청룡, 우백호, 남주작,
북현무), 십이지상(자, 축, 인, 묘, 진, 사, 오,
미, 신, 유, 술, 해) 그리고 근정전의 수호
신 서수(건물을 지키는 상상 속의 동물)까
지, 하나하나 익살스런 표정을 살피다
보면 근정전을 두 바퀴 정도 돌게 된다.

근정전 난간의 석상들

〈근정전정시도(勤政殿庭試圖)〉에는 근정전 월대의 난간이 보이지 않는다. (서울역사박물관)

중국 자금성의 서수는 눈이 마주치면 마치 달려들 것처럼 무서워 보인다. 그에 비해 우리의 수호상들은 그 모습이 너무 친근하다. 혹자는 이런 모습에 우리 선조들의 조각술을 의심한다. 그러나 우리는 세계 최초로 금속활자를 만든 민족이다. 설마 기술이 없었겠는가! 이는 조선 특유의 미학이자 해학이다. 한참을 보아도 부담이 없지만 그 표정 안에는 어딘지 모를 강인함이 있다.

참고로 임진왜란 이전의 근정전에는 돌난간이 없었던 것으로 추정된다. 조선 후기인 1747년에 제작된 〈근정전정시도勤政

근정전 내부 전경.
밖에서는 2층처럼 보이지만 실내는 통층 형식이다.

殿庭試圖)에는 왕이 불탄 근정전 터를 방문해 행사를 하는 장면이 그려져 있는데, 차일이 설치된 근정전 월대에는 분명 난간이 없다.

근정전 내부

근정전은 밖에서 보면 2층 형식의 건물이지만 실제로는 내부가 하나의 공간인 통층이다. 층고가 엄청나게 높다. 근정전을 떠받치는 높은 기둥, 일월오봉도日月五峯圖, 어좌 그리고 천장에 조각된 쌍용까지, 잘 짜인 실내 구조는 신비로운 분위기를 자아낸다.

그런데 근정전 기둥에는 아픈 사연이 있다. 원래 목조 건물은 시간이 지나면 썩기 때문에 주기적으로 수선을 해야 한다. 근정전은 1867년 중건 이래 특별한 수리 없이 일제 강점기, 한국전쟁 등의 풍파를 견뎌냈다. 그러다 보니 여기저기 썩고 뒤틀리는 현상이 일어났고, 결국 2000년도에 들어서 대대적인 보수 공사가 시작되었다. 중건 150년 만이다.

이때 기둥의 교체가 불가피했지만, 국내에는 근정전의 긴 기둥을 만들 나무가 없었다. 일제 강점기에 대부분의 거목이 벌채되었기 때문이다. 결국 문화재청은 근정전을 지탱하는 4개의 고주高柱(주기둥)를 미국산 소나무를 수입해 대체하기로 한다. 법궁의 정전 기둥이 우리 땅에서 자란 우리 나무가 아닌 수입산이라니 매우 슬픈 일이 아닐 수 없다. 부디 시간이 흘러 우리 후손들이 기둥을 교체할 때는 우리의 금강송金剛松을 사용할 수 있으리라 기대한다.

근정전 드므

• 근정전 드므 •

근정전의 내부를 감상한 후 서쪽 계단으로 내려오다 보면 가마솥처럼 보이는 큰 그릇이 하나 있다. 바로 '드므'다. 드므에는 화재를 막는 맑은 방화수(防火水)가 들어 있다. 맑은 방화수지만 실제 불이 났을 때 사용하는 물은 아니다. 목조 건물의 가장 큰 적은 불이고, 불이 제일 무서워하는 것은 물이기 때문에 드므 속 방화수는 불의 귀신이 물에 비친 자신의 모습을 보고 도망친다는 주술적 의미가 크다. 또한 늘 물을 채워 넣음으로써 사람들에게 불조심에 대한 경각심을 일깨워주는 역할도 했다. 대부분의 목조 건물이 연결되어 있는 궁궐 구조상 작은 불도 대형 화재로 이어질 확률이 높기 때문이다. 화재는 주요 문서를 비롯해 왕실의 보물들까지 모두 잿더미로 만들어버린다. 그러다 보니 화재 예방은 조선 왕실의 가장 중요한 쟁점 중 하나였다.

임금이 승정원에 명하기를, "근정전이 높아서 만일 화재가 있다면 순식간에 오르기가 어려울 것이니, 쇠고리를 연결하여 처마 아래로 늘여 놓았다가, 화재가 있으면 이를 잡고 오르내리게 하는 것이 어떠한가. 또 지붕 위는 위험하여 불을 잡으려던 자가 미끄러질 경우 잡을 만한 물건이 없으니, 역시 긴 쇠고리를 만들어서 옥상에 가로 쳐 놓는 것이 어떤가." 하니, 이천 등이 아뢰기를, "성상의 하교가 실로 지당하옵니다." 하므로, 드디어 담당 관청에 명하여 근정전, 경회루, 사정전 등에 사용할 쇠고리를 만들어 바치게 하였다.
– 세종실록(1431)

근정전 서쪽 회랑

이제 근정전의 남서쪽 회랑으로 발길을 옮겨 근정전을 바라보자. 남동쪽에서 바라본 근정전이 시선이 확 트인 장엄한 분위기인데 비해 서쪽에서 바라본 근정전의 모습은 아기자기한 안방 같은 느낌이 든다. 남서쪽 회랑 역시 남동쪽처럼 안쪽은 행각, 즉 실내 공간이었지만 일제 강점기에 야외 전시실로 사용되면서 지금은 모두 뻥 뚫린 회랑으로 남아 있다. 남서쪽 행각에는 호위와 경비를 맡는 친위부대 격인 내삼청內三廳, 왕실의 공식 문서를 작성하는 예문관藝文館, 또 행사 때 사용하는 향을 관리했던 향실香室 등이 있었다고 전해진다.

자, 이제 남서쪽 회랑의 안쪽 기둥과 바깥 기둥 사이에서 근정전을 바라보며 천천히 북쪽으로 걸어보자. 기둥과 기둥 사이로 스쳐 지나가는 근정전의 모습이 마치 역사 다큐멘터리의 한 장면처럼 눈에 들어온다. 근정전의 측면까지 왔다면 다시 한 번 천천히 측면을 훑어보자. 이곳은 초고층 현대식 건물이 아닌 파란 하늘을 배경으로 웅장한 전각을 볼 수 있는 몇 안 되는 장소다.

근정전 서쪽 회랑에는 궐내각사로 나가는 통로가 있다. 이 통로는 근정전 보수 공사를 하면서 대형 차량의 통행을 위해 서쪽 회랑 벽을 뚫어 만든 것이다. 공사가 끝났으니 다시 벽을 막으면 되지만 그사이 숭례문 화재 사건이 일어났다. 문화재의 화재 예방에 대한 국민 여론이 일면서 이 통로는 소방차의 진입을 위한 통로가 되었다. 그리고 평상시에는 관람객을 위한 통로로 사용되고 있다.

근정전 서쪽 행각

서남쪽 회랑에서 바라본 근정전

사정전

근정전 뒤에 있는 사정문思政門을 통과하면 사정전이 나온다. 정전인 근정전이 국가의 공식 행사가 열리는 장소라면 사정전은 임금이 매일 일을 하는 집무실, 즉 편전便殿에 해당한다. 편전인 사정전思政殿을 한자로 풀면 생각 사思, 정치 정政이다. 1395년 태조실록을 보면 정도전은 사정전이란 이름을 지으면서 태조에게 정치에 관해 조언한다. 구구절절 맞는 말이다. 결단 후에는 단호하되 결단 전에는 생각하고, 생각하고, 또 생각해야 하는 것이 지도자의 덕목이다.

사정문에서 바라본 사정전

사정전 내부

이제 계단을 올라 사정전의 내부를 살펴보자. 왠지 우리에게 익숙한 모습이다. 사극에서 임금이 신하들과 정사를 살피는 장면이 바로 이곳 사정전을 그대로 재현한 세트장이기 때문이다. 조선시대의 주요 정책이 모두 이곳에서 결정되고 행해졌으니 그 역사의 현장이 바로 눈앞의 사정전 내부다. 이곳에서 임금은 대소 신료들의 결정을 윤허하고 책임을 묻는다. 물론 최종 책임은 임금의 몫이다. 비가 많이 와도, 가뭄이 들어도 모두 임금 탓이다.

임금은 거의 종일 편전인 사정전에서 시간을 보낸다. 임금의 하루 일과는 상상을 초월한다. 보통은 새벽 4~5시부터 일과가 시작된다. 아침 공부인 조강朝講이 끝나면 바로 국정을 논하는 조참朝參으로 이어진다. 1580년 선조실록의 내용은 약 500년

임금이 사정전에서 연 조강에 나가 《춘추(春秋)》를 진강하였다. 강이 끝나자 유전이 아뢰기를, "소신이 말미를 얻어 양주에 내려가 보니 농사 형편이 매우 염려되었습니다. 5월 이후로 강우량이 부족하여 밭 곡식은 조금 괜찮았지만 논의 벼는 그렇지 못했습니다. 이런 형국이니 상께서 천심을 감동시킬 수 있는 방도를 충분히 행하셔야 합니다. 특히 억울한 옥사를 심리하지 않아서는 안 됩니다. 재앙을 해소하는 방도는 이보다 나은 것이 없습니다." 하였다. 임금이 이르기를, "판서의 말은 좋은 말이다. 과연 농사 형편이 전혀 좋지 않던가? 지금이라도 비가 내리면 소생할 수 있겠는가?" 하니, 대답하기를, "지금은 아직 곡식이 성장하지도 못했고 제초도 안 했으니, 만일 지금 비가 내리지 않으면 가을 수확을 기대할 수 없습니다." 하였다. 상이 영상을 불러 나아오게 하여 이르기를, "근래 억울한 사건이 있는가? 이런 일은 자신이 밝은 뒤에야 살필 수 있는 것인데 나처럼 밝지 못한 사람은 옥사에 대하여 잘 알지 못하니 어떻게 그 시비를 분변하겠는가. 이것이 어려운 점이다." 하였다.

– 선조실록(1580)

사정전 내부

전 사정전 안에서의 임금과 신하들의 대화다. 자연재해 때 하늘을 감동시키기 위해 억울하게 옥살이하는 이가 없어야 한다며 선조에게 고하는 신하들과 이를 답답해하는 임금의 대화는 임금의 자리가 얼마나 가시방석인지를 잘 보여준다.

오후에도 임금은 바쁘다. 오전 공부인 주강晝講이 끝나면 바로 외부 인사들과의 면담이 이어진다. 1483년, 지금의 일본 오키나와 쪽의 류큐 왕국 사신이 경복궁을 방문했는데 이날 임금은 간단한 예를 마치고 사신들을 사정전으로 불러 술과 선물을 내렸다. 오키나와는 일본 본토보다는 대만이나 필리핀과 더 가까운 독립 국가였다. 다만 1800년대 말에 한국처럼 일본에 병합된 이후 한국은 독립했고 류큐는 계속 일본의 영토로 남았다.

저녁에도 임금은 편히 쉴 수가 없다. 편전 또는 침전에서 전국 각지에서 올라온 민원, 즉 상소를 읽는다. 오늘날 현대인과 비교해도 이 정도면 일 중독에 가깝다. 그야말로 밤낮없이 일을 하는 셈이다. 그러고 보면 당시 50살을 못 넘겼다는 임금의 수명이 어느 정도 이해가 된다.

• 사정전 앞 앙부일구 •

사정전을 통해 임금의 근무 시간을 상상해 보았다면 이제 사정전 앞에 있는 해시계 '앙부일구(仰釜日晷)'를 보자. 앙부일구는 우러를 앙(仰), 가마솥 부(釜), 해 일(日), 그림자 구(晷), 즉 '하늘

사정전앞 앙부일구

을 우러러보는 가마솥에 나타난 해의 그림자'라는 뜻이다. 앙부일구는 세종 대에 처음 만들어졌으며 도성 곳곳에 설치해 백성들이 쉽게 시간을 알 수 있게 했다. 해가 없으면 무용지물이지만 물시계인 자격루보다 만들기가 용이하고 설치가 간단했다. 무엇보다 감동적인 점은 한자를 모르는 백성들을 위해 십이지상의 그림을 새겼다는 것이다. 그러나 이 귀중한 보물인 해시계를 볼 줄 아는 현대인들은 별로 없다.

해시계에는 안쪽에 시간이, 바깥 테두리에 계절이 표시되어 있다. 시계와 달력을 합쳐놓은 것이다. 시계 바늘 그림자의 끝을 상하로 보면 축시, 인시, 묘시 등 시간을 알 수 있고, 그림자의 끝을 좌우로 보면 춘분, 추분 등 계절을 알 수 있다. 예를 들어, 그림자 끝을 아래로 내려 보니 오시(午時, 11시 30분~12시 30분)에, 좌우를 보니 입동(立冬)에 걸쳐 있다면, 현재 계절은 겨울, 시간은 대략 12시인 것이다.

처음으로 앙부일구를 설치해 그림자를 관측하였다. 집현전 직제학 김돈이 이름을 짓기를, "구리로 부어서 그릇을 만들었으니 모양이 가마솥과 같고, 그 안에는 시간을 상징하는 신(神)의 몸을 그렸는데 이는 어리석은 백성을 위한 것입니다. 해가 비치면 정확한 시간을 알 수 있으니 길 옆에 설치하여 많은 이들이 볼 수 있게 할 것이옵니다." 하였다.
– 세종실록(1434)

그림자 끝을 상하좌우로 내리면 계절과 시간을 알 수 있다. 사진 속 시간은 오시(대략 12시), 계절은 겨울의 시작인 입동이다.

사정전을 중심으로 서쪽에는 천추전이, 동쪽에는 만춘전이 위치해 있다.

천추전과 만춘전

사정전을 중심으로 동쪽에는 만춘전萬春殿, 서쪽에는 천추전千秋殿이라 불리는 부속 건물이 있다. 편전은 임금이 종일 사무를 보는 공간이고, 또 사정전에는 온돌이 없기 때문에 추운 겨울을 감안하면 이런 보조 건물은 당연히 있어야 한다. 그런데 만춘전에는 슬픈 역사가 있다. 일제 강점기에 박물관 전시실로 사용된 이곳에는 각종 진귀한 보물들이 있었는데, 한국전쟁이 발발하면서 반만년의 소중한 보물이 모두 한 줌의 재로 변해버린 것이다. 볼 때마다 한탄이 절로 나온다.

한국전쟁 당시 파괴된 만춘전의 보물들

내탕고

만춘전과 천추전 맞은편 행각에는 내탕고가 있다. 내탕고內帑庫는 궁궐 내內, 금고 탕帑, 창고 고庫, 즉 궁궐 내 임금의 재산을 보관하는 창고다. 왕조 국가라 해서 국가의 것이 모두 임금의 것이라 생각하면 오산이다. 조선의 임금 역시 개인 재산이 따로 있었다. 내탕고는 왕실의 사유 재산을 관리하는 관청인 내수사內需司에서 관리했는데, 지금의 종로구 내수동은 내수사에서 그 명칭이 유래되었다.

내탕고의 재물은 주로 가뭄 등의 자연재해 때 구휼의 목적으로 사용되거나 신하들의 포상금 등으로 사용되는 경우가 많았다. 물론 연산군처럼 개인의 향락을 위해 사용한 왕도 있었지만, 내탕고는 결국 왕 자신보다는 백성들을 위한 재산이었던 것이다.

사정전 앞의 내탕고는 여러 개의 창고로 나뉘어져 있는데 창고의 호수가 흥미롭다. 지금은 주로 아라비아 숫자를 사용하지만 조선시대에는 천자문으로 순서를 정했다. 임진왜란 때 사용되었던 조선 수군의 총통 이름도 천天자총통, 지地자총통이다. 이렇듯 당시에는 천자문을 숫자

집현전 부제학 신석조가 아뢰기를, "세종께서 친히 난죽(蘭竹)을 그려서 신의 아비에게 내리신 것을 신이 삼가 꾸며서 병풍을 만들어 간직하였습니다. 가만히 생각하건대, 지극한 보배를 사가에 머물러 두는 것이 마땅하지 못하므로, 감히 바칩니다." 하니, 임금이 드디어 내탕고(內帑)에 간직하도록 명하였다.
– 문종실록(1451)

임금의 개인 재산을 보관했던 내탕고 중 첫 번째 창고인 천자고(天字庫)

대용으로 사용했다. 그래서 내탕고의 호수도 천자고天字庫, 지자고地字庫, 현자고玄字庫 등이다.

수정전

—
경복궁 영건도감(營建都監, 궁궐 신축을 총괄하는 관청)에서는 추후에 지은 건물과 문의 이름을 아뢰기를 수정전(修政殿) 안에 있는 행랑 전각의 남쪽 문을 수정문, 봉래문으로, 동쪽문을 동화문으로, 서쪽문을 경숙문으로, 북쪽 문을 융지문으로 명했다.
– 문종실록(1451)

사정전 서쪽 행각으로 나가면 수정전修政殿이 보인다. 수정전의 원래 이름은 그 유명한 집현전集賢殿이었다. 수정전에는 넓은 월대가 있다. 행사의 무대로도 사용되었던 월대가 있다는 것은 이곳이 임금과 관계있는 중요한 건물이란 뜻이다. 지금의 수정전은 건물 한 채만 덩그러니 있지만, 이 정도 규모의 건물에 담과 문이 없다는 것은 말이 되지 않는다.

동서남북으로 각각 문이 있을 정도의 큰 규모였던 수정전은 일제가 전시장으로 사용하면서 담과 문이 헐렸다. 심지어 앞쪽에는 축사畜舍가 세워지기도 했다. 광복 후 축사는 철거되었지만 수정전은 여전히 전시장으로 사용되었다. 지금의 국립민속박물관 격인 한국민속관이 한때 이곳 수정전에 있었다고 한다.

수정전과 월대

경복궁 서쪽의 궐내각사 영역 (19세기 말 경복궁 모형)

궐내각사 터

수정전을 관람한 후 서쪽으로 이동해 보자. 이곳부터는 건
물 자체가 없는 공터다. 일제 강점기에 모두 다 헐렸기 때문
이다. 참고로 지금 궁궐 내 잔디밭은 일제가 건물을 훼철한 뒤
조성한 것이다. 즉 잔디밭이 있다는 것은 과거 이곳에 건물이
있었다는 뜻이다. 원래 전통 한옥 내에는 잔디를 심는 경우가
드물다. 보통 잔디는 무덤에 사용되기 때문이다. 그러니 전통

적 관점에서 보면 궁궐 안 잔디밭은 그리 어울리는 조합이 아니다.

이렇듯 잔디만 있고 건물이 없으니 답사가 불가능해 보이지만, 그래도 옛 기록을 바탕으로 계속 답사를 이어가보자. 광화문 바깥의 의정부와 육조가 중심이 된 관청들이 궐외각사闕外各司라면 이곳 수정전 일대는 궐내각사闕內各司 영역으로 많은 관청들이 있었다.

그럼 어떤 관청들이 이곳에 있었을까? 우선 수정전 남쪽으로는 빈청賓廳과 승정원承政院이 있었다. 빈청은 삼정승의 회의 장소이고, 빈청 앞에 있는 승정원은 오늘날의 비서실에 해당한다. 사극에서 단골로 나오는 "도승지는 들라 하라"의 주인공 도승지가 이곳에서 일을 했다.

수정전 주변의 잔디밭은 궐내각사 영역이었다.

―
임금이 약식으로 탄생일(誕日)의 하례를 받고, 궐내각사에 주찬을 하사하였다.
– 중종실록(1520)

수정전에서 서쪽 궁성문인 영추문 쪽으로 걷다 보면 아주 넓은 잔디밭이 나온다. 이곳은 임금의 수라상을 장만하는 수라간水剌間, 내시들이 일을 하는 내반원內班院과 왕실 가족들의 건강을 담당하는 내의원內醫院 등이 있었다. 드라마 '대장금'을 보면 대전내시와 어의, 그리고 수라상궁이 회의하는 장면이 많이 나오는데 이들 기관 모두가 임금의 건강과 관련된 일을 했기 때문이다.

지금 잔디밭 맞은편에는 화장실이 있다. 이곳은 원래 홍문관弘文館이 있었던 자리다. 홍문관은 왕의 정책 자문 기관으로 정책 결정에 많은 영향을 미치는 권력 기관이었다. 그러나 지금은 모두 사라지고 화장실만 남았다.

영추문

홍문관 자리를 뒤로하고 계속 서쪽으로 걷다 보면 서쪽 궁성문인 영추문迎秋門이 나온다. 서쪽은 계절로 보면 가을이고 서쪽을 지키는 수호신은 백호白戶다. 그래서 이름이 가을秋을 반긴다迎는 '영추'이고, 아치 천장에는 백호가 그려져 있다. 영추문은 위치상 궐내각사와 가까워 주로 문무백관들이 많이 이용했다. 이렇게 많은 이들이 이용하는 출입문이니 궁성과 영추문의 경계도 매우 삼엄했다.

이 영추문도 임진왜란 당시 석루가 불타고 방치되었다가 고

의정부에서 병조의 보고문에 의거하여 아뢰기를, "야간에 경복궁 성 밖을 순찰하는 자들이 순찰을 한 후 방울만 흔들게 하니 그 증거가 남지 않아 심히 불편합니다. 청컨대 이제부터 2시간마다 순찰하고 또 광화문, 건춘문, 영추문, 북성문에 아울러 목패를 두어서 순찰자로 하여금 병조에 바치게 하여 순찰을 했다는 사실을 증명할 근거를 대게 하소서." 하니 그대로 따랐다.
– 단종실록(1452)

영추문 아치 천장에는 서쪽 수호신인 백호가 그려져 있다.

종 연간에 다시 중건되었다. 그러나 일제 강점기에 영추문 밖으로 전차 철로가 깔리면서 그 진동으로 석축 일부가 무너졌고 이후 완전히 철거되고 만다. 지금의 문은 1975년 복원된 것이다. 그러나 1968년의 광화문처럼 콘크리트로 된 미완의 복원이었다. 페인트가 벗겨져 회색 시멘트가 드러난 처마를 보고 있으면 안타까움만 더한다. 하루빨리 제대로 복원되기를 바란다.

일제 강점기에 헐리는 영추문

1975년 복원된 영추문

영추문의 추녀 끝에 페인트가 벗겨져 시멘트가 드러나 있다.

경회루

이제 영추문을 뒤로하고 동북쪽으로 걸음을 옮겨 경회루를 바라보자. 경회루는 국내 현존하는 가장 큰 누각으로 한때는 만 원권 지폐의 모델이기도 했다. 왕실의 휴식 공간 또는 사신이 왔을 때 연회를 베푸는 행사 장소였던 경회루는 1412년 태종 연간 처음 만들어졌다.

1412년 태종실록의 기록을 보고 있으면 왠지 무섭게만 보였던 태종이 살짝 친근하게 느껴진다. 솔직히 중국 사신이 오면 얼마나 자주 온다고 그들을 위해 이 큰 누각을 지었겠는가! 결국은 왕실을 위해 만든 것인데 정말 정치는 핑계의 예술인 듯하다.

태종 이후 경회루는 그 모습이 더욱 화려해졌다. 특히 성종은 경회루 돌기둥에 용이 휘감아 올라가는 듯한 형상을 새겨 넣었는데 보통 임금의 이런 조치는 반드시 역풍을 맞기 마련이다. 1475년 성종실록에서 안팽명의 상소 중 "전하께서 경회루의 화려함을 선대왕 때보다 더하신다면 지금보다 더 화려하게 만들 자손이 없을지 어찌 알겠습니까?"라는 부분에 주목하자. 그의 예언대로 성종의 아들 연산군은 경회루의 돌기둥에 금칠을 하는 등 성종 때와는 비교가 안 될 만큼 화려한 경회루를 만들었다. 이렇게만 보면 경회루가 연회 전용 장소로만 사용된 것 같지만, 사실 경회루는 때로는 정사를 논하는 편전으로, 때로는 과거시험 장소로도 활용되었다.

(중략) 임금께서 말하길 "내가 경회루를 지은 것은 중국 사신에게 잔치하거나 위로하는 장소를 삼고자 한 것이지 내가 놀거나 편안히 하자는 곳이 아니다."
– 태종실록(1412)

예문관 안팽명이 상소하길 "(중략)경회루는 선대왕께서 창건하신 것인데 장차 무너질 형세여서 보수를 하는 일을 그만둘 수 없겠습니다. 그러나 신 등이 경회루의 돌기둥을 보니 꽃과 용(龍)을 새겼고 용마루와 처마도 그 모양이 화려해졌는데 이는 선왕의 옛 제도가 아닌 듯하니, 후세에 보일 수 없습니다. 전하께서 경회루의 화려함을 선대의 제도보다 더하게 하신다면, 지금보다 더하게 할 자손이 없을지 어찌 알겠습니까? 허나 이미 이루어진 일이니 말해보았댔자 이익될 것이 없습니다. 청컨대 빨리 끝내시어 하늘의 꾸중에 응답하소서."
– 성종실록(1475)

임금이 경회루 동편 방에서 도승지 조석문 등을 인견하여 일을 논의하다.
– 세조실록(1457)

경회루와 하향정(경회루 왼쪽)

임금이 근정전에 나가 문과 전시
(文科殿試)에 출제(出題)하고, 이
어 경회루로 나가 무과 전시(武科
殿試)를 거행하였다.
– 중종실록(1526)

동자(童子) 70명과 도마뱀을 모
아서 경회루 연못가에서 비를 빌
었다.
– 세종실록(1425)

경회루

또한 경회루는 제사를 지내는 장소이기도 했다. 조선시대에 가뭄이 심할 때면 임금은 경회루에서 도롱뇽이나 도마뱀을 단지에 담아 놓고 하늘을 향해 제사를 지냈다. 그 이유는 일단 이 동물들이 용과 닮기도 했거니와, 중국에서 한 승려가 도마뱀을 잡아 항아리에 넣고 아이들에게 주문을 외게 했더니 큰 비가 왔다는 이야기가 우리나라에 전해지면서 도마뱀으로 기우제를 행하는 풍습이 생겨났기 때문이다. 실제로 세종대왕은 조금만 가뭄이 들어도 이곳 경회루에서 도마뱀 기우제를 행했는데, 이를 석척기우蜥蜴祈雨라 한다. 여기서 석척은 도마뱀이라는 뜻이다.

지금 우리가 보고 있는 경회루는 1867년 고종 연간 중건된 건물이다. 조선 초 화려한 모습에 비할 수는 없지만 그래도 국내 최고의 누각으로 그 위용을 뽐내고 있다.

경회루 옆에는 하향정이라 불리는 작은 정자가 있다. 하향정은 조선시대가 아닌 광복 이후 만들어졌다. 항간의 소문에 의하면 한국전쟁이 발발하던 날 이승만이 이곳에서 낚시를 하고 있었다고 한다.

경회루의 동쪽 담장을 따라 북쪽으로 가면 경회루 출입문이 나온다. 원래 경회루는 일반인들에게 개방되는 곳이 아니었으나 예약한 사람들에 한해 제한적으로 입장을 허용하고 있다. 많은 이들이 문화재 손상을 걱정하지만 아무리 멋있는 집도 사람 손을 타지 않으면 곰팡이가 피고 퀴퀴한 냄새가 나기 마련이다. 계단을 따라 2층으로 오르면 시원한 바람과 함께 또

경회루 내부에서 바라본 경복궁 전경

다른 경복궁의 전경을 만날 수 있다. 또 경회루 2층은 한 짝씩 떼어내서 천장에 고정하는 분합문이 있어 문을 내려 닫으면 실내 공간으로도 활용이 가능하다.

　참고로 지난 1997년 경회루의 연못에 흙이 너무 쌓여서 준설 작업을 하는 도중 청동으로 만든 용 두 마리가 발견되었다. 1866년 간행된《경회루전도慶會樓全圖》에도 고종 연간 중건을 할 때 화재 예방을 위해 용을 넣었다고 적혀 있다. 용이 불의 기운을 잡아준다고 믿었기 때문이다. 이때 발견된 용은 국립고궁박물관에 가면 직접 볼 수 있다.

경회루 연못 속에서 발굴된 청동 용
(국립고궁박물관)

임금이 경회루에 가서 더위를 피하고 해가 기울어서 환궁하였다.
- 태종실록(1412)

• 경회루 담장 •

경회루의 남쪽에는 잔디밭, 즉 궐내각사 터가 있다. 바로 앞에는 신하들이 열심히 일을 하는 관청들이 있는데 그곳에서 휴식 공간인 경회루가 훤히 보인다. '쉬고 있는 임금이 열심히 일하는 신하들과 눈이라도 마주치면 민망하지 않을까?'라는 생각을 하며 연못 주변의 바닥을 보니 역시나 담의 흔적이 보인다.

조선시대 경회루는 동서남북 모두 높은 담으로 둘러싸여 있었다. 그러나 일제 강점기를 거치면서 대부분의 담이 헐렸다. 일본인들은 이곳을 유원지로 이용했다. 심지어 겨울에는 스케이트장으로 활용했다고 하니 기가 찰 노릇이다.

1970년대까지 경회루는 서울 시민이 애용하는 스케이트장이었다. 물론 지금 스케이트장은 사라졌지만 복원은 여전히 미완으로 남아 있다. 2000년대 들어 동쪽 담은 복원되었으나 안타깝게도 서쪽과 남쪽의 담은 복원되지 않았다. 만약 남서쪽 담장이 복원되면 담에 가려 관람객들이 경회루 자체를 감상할 수 없게 된다. 그래서 부득이 미완의 복원으로 남긴 것이다.

경회루 담장의 흔적. 북쪽과 동쪽 담은 복원되었으나 서쪽과 남쪽 담은 복원되지 않았다.

흠경각

경회루에서 동쪽으로 넘어가면 왕의 침전인 강녕전이 나오는데 가는 도중 오른쪽에 보이는 건물이 흠경각欽敬閣이다. 흠경각은 과학을 사랑한 세종이 장영실에게 명하여 지은 건물로, 안에는 장영실의 발명품이 있었다. 세종이 굳이 자신의 침전인 강녕전과 가까운 곳에 흠경각을 건립한 이유는 아마도 좀 더 가까이 과학 기구를 두고 보기 위함일 것이다.

흠경각(欽敬閣)이 완성되었다. 이는 대호군 장영실이 건설한 것이나 그 규모와 기능은 모두 임금의 결단에서 나온 것이며, 흠경각은 경복궁 침전 곁에 있었다.
– 세종실록(1438)

경복궁의 대전 영역 인근에 위치한 흠경각 (왼쪽은 경회루)

강녕전

흠경각의 바로 오른쪽에는 왕의 침전인 강녕전康寧殿과 부속 건물들이 있다. 조선의 왕과 왕비는 각자의 공간에서 생활했는데, 강녕전의 이름은 유교에서 말하는 다섯 가지의 복 중 몸이 건강하고 마음이 평안하다는 강녕康寧에서 가져왔다.

강녕전의 내부에는 가운데 넓은 마루를 중심으로 양쪽에 쌍둥이 방이 있다. 그러다 보니 상대적으로 방의 규모가 작다. 게다가 주변이 쪽방으로 둘러싸인 우물 정#자 구조라 가운데 실제 거주 공간은 더 작다. 대신 방 안의 가구들은 최소화했다. 이불 등 대부분의 침구는 침전 앞쪽의 창고나 방에 두기 때문에 별다른 물건이 없다. 간혹 사극에서 임금의 침전이 넓고 화려하게 묘사되는데 이는 실제와 전혀 다른 이야기다. 침전 주변 쪽방에서는 상궁 나인들이 24시간 대기한다. 이 정도면 왕은 사생활이 없다고 봐야 한다.

내전의 중심인 침전은 은밀한 곳이다. 궁 밖에서 이곳까지 도달하려면 여러 개의 문을 통과해야 하고 많은 검문을 받는다. 영화에서처럼 자

—
정도전이 올리길 "강녕전에 대하여 말씀드리면,《서경》에서 오복 중에 셋째가 강녕(康寧)입니다. 대체로 임금이 마음을 바르게 하고 덕을 닦아서 황극(皇極)을 세우게 되면, 능히 오복을 향유할 수 있으니, 원컨대 전하께서는 안일한 것을 경계하며 공경하고 두려워하는 마음을 두어서 황극의 복을 누리시면, 성군의 자손이 계승되어 천만 대를 전하리이다. 그래서 연침(燕寢)을 강녕전이라 했습니다."
– 태종실록(1395)

강녕전 내부 우물 정(井)자 구조의 방

강녕전과 부속 건물인 경성전과 연생전. 강녕전은 가운데 큰 마루와 양쪽으로 온돌방이 있고 지붕 위 용마루가 없는 형태의 건물이다.

객이 지붕을 타고 날아다니며 임금을 만나는 장면은 결코 현실에서 일어날 수가 없다. 그런데 이 엄청난 사건이 실제로 강녕전에서 일어났었다. 일반 백성이 강녕전까지 들어와 요령鐃鈴(작은 종)을 훔친 것이다.

이 사건으로 궁궐 호위를 담당하는 병조와 법무부 격인 형조가 발칵 뒤집혔다. 형조는 매우 중대한 범죄라며 당연히 참부대시斬不待時를 주장했다. 참斬은 목을 자른다는 뜻이고 부대시不待時는 시간을 기다리지 않는다는 뜻이다. 원래 조선은 사람의 목숨을 끊는 참형의 경우 자연을 거스르는 일이기 때문에 기氣가 쇠하는 가을, 겨울에 집행했는데 아주 극악한 죄인의 경우

형조에서 아뢰기를, "양인이 강녕전의 요령을 훔친 죄는 법이 참부대시(斬不待時)에 해당됩니다." 하였으나, 임금이 명하여 사형을 감하게 하였다.
– 성종실록(1475)

에는 때를 기다리지 않고 바로 형을 집행했다. 쉽게 말해 즉결 사형이다. 하지만 다행히 성종이 베푼 자비로 범인은 참형을 면했다고 한다.

강녕전은 여타 전각과 달리 지붕 위에 흰색 용마루가 없다. 그래서 아주 시원한 느낌이 든다. 또한 건물 앞쪽에는 수정전처럼 무대 역할을 하는 월대가 있고, 양쪽으로는 보조 건물인 연생전과 경성전, 연길당과 응지당이 있다. 특히 응지당 앞의 우물, 즉 어정御井이 흥미롭다. 지금은 구석에 존재감 없이 있지만, 조선시대에 임금이 마시는 물의 원천은 말 그대로 철통보안이었다. 24시간 감시는 물론 빗물이 들어가지 못하게 지붕도 설치되어 있었다. 실제로 어정에는 모서리 부분에 지붕의 기둥을 끼우는 작은 구멍들이 있다. 또한 강녕전과 주변 부속 전각들을 연결하던 복도각은 1870년대의 잇따른 화재를 수습하고 재건할 당시 화재의 확산을 막기 위해 복원하지 않았다.

이곳 강녕전 역시 일제 강점기의 비극을 비켜 가지는 못했다. 원래 일제는 강녕전 같은 주요 건물을 훼철시킬 계획은 없었다. 그러던 중 1917년 순종 황제가 있던 창덕궁의 내전에 불이 났다. 화재

강녕전 옆 어정(御井)

일제 강점기 창덕궁으로 옮겨지기 전의 강녕전

로 무너진 건물은 당연히 중건해야 하나 총독부는 재정을 아낀다는 이유로 경복궁의 침전을 헐어 창덕궁으로 옮겨버렸다. 따라서 강녕전의 원형을 보고 싶다면 현재 창덕궁의 희정당을 보면 된다.

남은 강녕전 터에는 어김없이 잔디가 심어졌다. 그 후 문화재청은 발굴을 시작했고, 옛 흔적을 찾아 지금의 강녕전으로 복원했다.

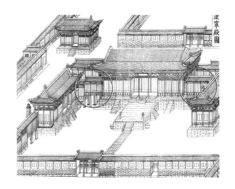

19세기 후반에 그려진 〈강녕전도(康寧殿圖)〉를 보면 강녕전과 부속 건물인 경성전(좌), 연생전(우)이 복도각으로 이어져 있음을 알 수 있다.

교태전

강녕전을 돌아 뒤편에 위치한 교태전交泰殿으로 이동해보자. 교태전은 왕비가 사는 경복궁의 중궁전中宮殿이다. 교태交泰는 중국의 유교 경전인 《주역周易》에서 나온 말이다. 한자를 풀어보면 사귈 교交와 클 태泰로, 여기서 태는 하늘과 땅을 말한다. 즉 교태는 하늘과 땅이 교차하여 편안하다는 뜻으로 해석할 수 있다.

흔히 중전마마 하면 후궁을 질투하고 임금의 사랑을 독차지하려는 인물로 생각하기 쉽다. 하지만 사실 중전마마는 오늘날 여성가족부 장관 같은 공인이다. 후궁부터 상궁, 나인까지 궁궐 내 모든 여성들(내명부)은 물론이고 문무백관의 부인들(외명부)까지 관리해야 한다. 게다가 주관해야 할 연중행사도

경복궁의 중궁전인 교태전

—
중궁전(中宮殿)이 내명부(內命婦)
와 외명부(外命婦)를 거느리고 후
원에서 친잠례(親蠶禮)를 행하였
다.
– 태조실록(1395)

많았는데, 특히 제사를 지내고 친히 누에를 치는 본을 보이는 '친잠례親蠶禮'는 매우 중요한 연례행사였다.

교태전은 경복궁의 가장 깊숙한 중심부에 위치한다. 실제로 광화문부터 시작해 흥례문, 근정문, 사정문, 향오문, 양의문까지 무려 6개의 문을 통과해야 중궁전에 다다를 수 있다.

교태전의 지붕 역시 강녕전처럼 용마루가 없다. 단 교태전은 방이 있는 행각과 연결되어 상궁, 나인들의 이동이 용이하게

교태전 마루에서 보이는 뒷 정원 아미산의 모습

사간원이 아뢰기를, "우리나라는 개국한 이래 대대로 검약을 지키어 궁궐의 제도도 사치를 숭상하지 않음으로써 순박한 풍속을 이루어 왔기 때문에 여염의 사이에 높은 담이나 큰 집이 없었습니다. 이는 모두 선대왕들께서 검소를 숭상한 효험이니 마땅히 준수해서 어기지 말아야 합니다. 이제 교태전의 처마를 보수하기 위해 재목을 마련해서 기한 내에 완성시키려 하는데 신들은 잘 모르겠습니다. 선대왕들은 1백여 년을 이어오면서도 처마를 보수한 일이 없었는데 오늘에 와서 그 제도를 더 넓히는 것은 무엇 때문입니까? 곧 명하여 정지하게 하소서." 하니 임금이 말하길 "교태전의 처마를 보수하는 일은 사치하기 위해 크게 하려는 것이 아니라 비바람이 불 때면 사람들이 발을 붙일 수 없어 부득이 보충하는 것이다. 윤허하지 않는다." 하였다. 오래 아뢰었으나 결국 윤허하지 않았다. ─ 사신은 논한다. 선대왕들의 검소한 덕에 대한 말은 사실이지만 여염의 사이에 과연 높은 담과 큰 집이 없었던가? 지금 대신들이 과연 경국대전의 법도에 따라 그 제도에 넘게 하지 않았던가? 높고 화려한 집들이 동마다 꽉 차서 거리가 휘황한 것이 몇 곳인지 알 수 없는 정도인데 높은 담과 큰 집이 없다고 했으니 옛사람들이 속이지 말라고 한 것과 다르다.

─ 명종실록(1557)

설계되었고, 뒤에는 아담한 정원인 아미산까지 있어 마치 궁궐 안에 하나의 독립된 공간 같은 느낌을 준다.

교태전의 내부는 강녕전과 비슷하다. 가운데 마루가 있고 양쪽으로 온돌방이 있다. 마루의 뒤창을 열면 정원인 아미산이 한눈에 들어온다. 앞마당보다 상대적으로 기온이 낮은 뒷 정원의 기온 차 덕에 교태전의 마루에는 늘 시원한 바람이 분다. 단 규모에 비해 처마의 길이가 조금 짧아 비가 오면 아무래도 불편한 점이 있어 보인다. 실제로 명종 역시 이런 불편함에 교태전 확장 공사를 건의했다. 하지만 사간원의 반대가 심했는데, 사간원은 오늘날로 치면 언론 기관에 속한다.

결국 명종 뜻대로 수리는 할 수 있었지만 한낱 건물의 처마를 조금 늘리는 것도 신하들의 반대가 이 정도니 우리가 생각하는 그런 왕 노릇은 아니었던 듯하다. 그렇다면 왕에게 검소를 주장했던 신하들은 과연 얼마나 검소하게 살았을까? 1557년 실록 속 사관의 말처럼 마치 호화 저택에서 생활하는 언론사 사주가 청와대의 작은 사치를 비판하는 꼴이다.

교태전 역시 강녕전과 비슷하게도 1917년 창덕궁의 침전인 대조전이 소실된 후 창덕궁으로 옮겨져 대조전 건물이 되었다. 지금의 교태전은 1995년에 새로 복원된 건물이다.

함원전

교태전의 서쪽 행각을 통과해 나가면 북쪽으로 함원전이 나온다. 함원전은 세종 때 세운 건물인데 그 쓰임새는 다양했다. 특히 세종의 아들 세조는 이곳에 불상佛像을 두어 궁궐 내 작은 불당佛堂으로 사용했다.

함원전

유교 국가인 조선의 궁궐에 불당이 있는 것을 이상하게 생각할 수도 있지만 사실 왕족 중에 불교 신자는 아주 많았다. 고려시대 불교의 폐단을 비판하며 조선을 건국한 세력도 개인적으로는 대부분 불교 신자였다. 특히 세조의 경우 유교적 가치에 반하는, 조카를 죽이고 왕이 된 인물이다. 그러다 보니 자연스럽게 불교에 의지하게 되었고 이곳 함원전을 아예 불당으로 사용하기에 이른다.

원각사의 백옥 불상이 이루어지니, 함원전에 맞아들여서 점안(불상을 만들거나 그릴 때 최후로 그 눈을 박거나 찍는 일)하는 법회를 베풀었다.
– 세조실록(1446)

아미산

함원전을 지나 나지막한 문을 통과하면 교태전의 뒷 정원인 아미산峨嵋山이 나온다. 아미산은 경회루의 연못을 만들 때 나온 흙을 쌓아 만든 인공 동산이다. 말이 산이지 규모는 작은 동산 정도다. 한 번 궁궐에 시집오면 쉽게 궐 밖을 나갈 수 없는 중전마마의 공간에는 이렇게 계단 형식의 정원인 화계花階가 조

교태전 뒤 작은 정원인 아미산

성되는 경우가 많다. 궐 안 생활이 얼마나 답답했겠는가.

이곳을 화계로 조성한 왕은 세종이다. 화계의 굴뚝은 교태전과 연결되어 있는데 녹색의 정원과 굴뚝의 테라코타 색이 묘하게 잘 어울린다. 아미산에는 중궁전의 후원이라는 공간적 의미뿐 아니라 철학적 의미도 내포되어 있다. 백두산에서 시작된 우리 민족의 정기精氣가 여러 산맥을 타고 북악산까지 내려왔으니, 이제 그 정기를 궁궐 안으로 담아야 한다. 아미산은 백두정기를 궁궐 중심부까지 닿게 하는 연결고리인 셈이다.

자미당터

—
임금이 윤대관(輪對官)을 자미당(紫薇堂)에서 소견하였다.
- 고종실록(1870)

아미산을 지나 교태전의 북문을 통과하면 공터가 나오고, 동쪽으로는 대비전인 자경전이 보인다. 사실 궁궐의 중심에 이런 공터가 있을 리 없다. 이곳은 자미당紫薇堂 터다. 1870년 고종실록에는 고종이 자미당에서 윤대관輪對官(임금에게 정치에 관한 의견을 아뢸 차례가 된 신하)과 의견을 주고받았다는 기록이 있다.

이곳 역시 일제 강점기 때 헐리면서 지금은 넓은 운동장처럼 되어 있다. 단지 ㄱ자 모양의 잔디밭이 이곳이 건물 터였다는 사실을 말해준다. 동쪽으로 대비전이 있는 것으로 보아 자미당은 대비전의

잔디로 뒤덮인 자미당 터

부속 건물이었을 확률이 높다.

흥복전

　자미당 터를 지나 북쪽으로 조금 더 가면 흥복전興福殿이 나온다. 궁궐의 구조상 이곳은 중궁전의 뒤편 후궁 영역인 듯하나 명칭이 전으로 끝나는 것으로 보아, 또 실록에 나온 흥복전의 규모로 보아 자미당과 함께 대비전 영역에 속한 전각이 아니었나 추측할 수 있다. 실제로 이곳은 고종이 편전으로 사용하기도 했고 또 고종을 임금으로 만든 대비였던 신정왕후가 승하한 곳이기도 하다. 1867년 고종실록을 보면 흥복전 영역의 규모를 대략 짐작할 수 있다.

―
영건도감에서, 각 전의 당호와 각 문의 이름을 가지고 아뢰었다. 흥복전의 고주대문(행랑채의 지붕보다 높이 세운 대문)을 수인문으로, 서행각문을 적경문, 숭희문으로, 북행각문을 광순문, 상화문으로, 서행각의 중문을 수다문으로, 중일각문(中—角門, 대문간이 따로 없이 양쪽에 기둥만 하나씩 세우고 문짝을 단 문)을 개이문으로, 동장의 일각문을 협인문, 서정문, 인의문으로, 창차비문(窓差備門)을 시오문으로 한다.
– 고종실록(1867)

일제에 의해 헐리기 전 흥복전의 모습

홍복전 역시 강녕전, 교태전과 함께 1917년 창덕궁 화재 이후 창덕궁으로 옮겨졌다. 하지만 구체적으로 창덕궁의 어느 전각으로 사용되었는지는 알 수 없다. 그렇게 사라진 홍복전 터에 일본인들은 공원을 조성하고 연못을 만들었다. 광복 이후 연못은 사라지고 이곳에도 잔디밭이 조성되었다. 그리고 드디어 발굴의 때가 왔다.

궁궐의 발굴은 마치 타임캡슐을 여는 것과 같다. 조선시대에는 건물의 지하가 없었기 때문에 보통 터를 다지고 그 위에 건물을 올렸다. 그러다 보니 건물 터는 지층地層처럼 과거의 흔적이 고스란히 남아 있는 경우가 많다. 홍복전 터에서도 많은 유물들이 발굴되었는데, 특히 형형색색의 기와 조각들은 연구진들을 놀라게 했다. 고종 연간 중건된 경복궁은 모두 회색 기와다. 그런데 파란색, 노란색, 빨간색 기와가 나온 것이다. 이것은 임진왜란 이전의 경복궁 건물이 지금과는 다르게 다양한 색의 기와 지붕이었다는 추측을 가능케 한다.

이러한 발굴 과정을 통해 홍복전은 세간의 주목을 받으며 2019년 드디어 복원되었다. 특이하게도 지금의 홍복전은 현대식 화장실, 강의실 등의 편의 시설을 갖추고 있다. 즉 복원된 건물을 단순한 과거의 유물이 아닌 현재도 사용할 수 있는 공간으로 활용한다는 것이다. 사실 새

홍복전 터 발굴 과정

조선 전기 경복궁에서 사용된 것으로 추정되는
형형색색의 기와들(홍복전 터 출토 기와류)

로 복원된 전각들은 대부분 겉으로 보여지기만 할 뿐 건물로서의 역할은 하지 않는다. 아무리 수십 수백억 원을 들여 복원을 한들 사람이 살지 않는 건물은 폐가廢家와 다름없다. 그러니 차라리 실제로 사용할 수 있는 건물로 복원하는 것이 더 현명한 판단일지도 모른다.

21세기 우리의 삶은 미래의 역사다. 만약 미래에도 궁궐 해설사가 있다면 관람객들에게 이런 이야기를 할 것이다. "여러분이 보고 계시는 흥복전은 300년 전 일본인들에 의해 사라졌으나 200년 전 우리 선조들의 노력으로 다시 복원됩니다. 보시면 화장실도 있고요. 강의실도 있어요. 아마 200년 전 사람들은 이런 화장실을 사용했던 것 같아요."

일제 강점기에 철거됐다가 최근 복원된 경복궁 흥복전은 내부에 현대식 시설을 갖추고 회의와 강연, 각종 공연 등 행사를 위한 공간으로 활용된다. 문화재청은 2015년부터 예산 174억 원을 투입해 흥복전 건물 4동과 부대시설을 복원하고 내부에 냉난방시설과 조명, 빔 프로젝터 등의 시설과 간이 주방, 화장실 등을 설치했다고 밝혔다. 조선 고종 때인 1867년에 건립된 흥복전은 외국 사신 접견 등 여러 용도로 활용되다가 1917년 화재로 소실된 창덕궁 재건에 자재로 쓸 목적으로 철거됐다.
– KBS(2019)

복원된 흥복전. 단청 칠은 나무가 다 마른 뒤 하게 된다.

함화당과 집경당

흥복전 영역 뒤로 잔디밭을 가로지르면 함화당咸和堂과 집경당絹敬堂이 나온다. 이곳이 어떤 용도로 사용되었는지는 알 수 없으나 위치상 후궁 영역임은 분명하다. 후궁은 임금의 승은을 입은 여인들을 말하는데, 그 지위는 숙원, 소원, 숙용, 소용, 숙의, 소의, 귀인 그리고 빈嬪 순으로 올라간다. 세자의 부인을 세자빈世子嬪이라 부르니 후궁이 빈嬪이 된다는 것은 후궁으로서 최고 지위를 얻는 것과 같다. 빈보다 높은 위치가 바로 중전마마인 왕비妃다.

이곳이 후궁 영역임에도 고종은 함화당을 외국 공사들을 접견하는 편전으로 사용했다. 궁궐 건물은 사용하는 사람에 따라 그 기능을 달리한다. 아무리 후궁 영역이라 할지라도 임금이 일을 하는 곳으로 사용하면 편전이 될 수 있는 것이다.

다행히 이곳은 중건 당시 원형 그대로 남아 있다. 일제가 경복궁 북쪽에 미술관을 지으면서 이 두 건물을 관리소로 사용했고 그 덕분에 살아남은 것이다.

앞서 궁궐의 전각은 대부분 복도각으로 연결되어 있다고 했는데, 함화당과 집경당에서는 바로 이 복도각의 흔적을 확인할 수 있다.

함화당(咸和堂)에 나아가 각국 공사(公使)를 접견하였다.
− 고종실록(1893)

복도각으로 연결된 함화당과 집경당

경복궁 내전 영역 (19세기 말 경복궁 모형)

태원전

　함화당과 집경당을 나와 서쪽의 작은 다리를 건너면 장고醬庫가 있다. 장고는 말 그대로 장독을 보관하는 창고다. 궁궐은 천 명 이상의 사람이 먹고 자는 큰 집이다. 장고를 보면 '궁궐에 사람이 살았다'라는 사실이 실감 난다.

　장고를 지나 경복궁의 서북쪽 끝으로 올라가면 태원전泰元殿이 나온다. 태원전은 건물 앞쪽으로 회랑 형식의 복도각이 설치되어 있다(이런 구조물을 천랑天廊이라고도 부

경복궁 내 장고

임금이 영희전에 나아가 참배하
였다. 임금이 명하여 제1실과 제
3실의 어진을 태원전에 이봉하
고 이어 제사를 행하였다.
- 고종실록(1872)

르지만 보통은 복도각으로 통칭한다). 일반적으로 입구에 복도각
이 설치된 건물은 돌아가신 이를 추모하는 공간일 경우가 많
다. 태원전은 선대왕의 어진御眞을 모시기 위해 고종 연간 만들
어진 건물이다.

조선 왕조는 종종 궁궐 이외의 곳을 특별히 재건축해서 어
진을 모시기도 했다. 그중 한 곳이 바로 영희
전永禧殿이다. 영희전은 세조가 왕이 되기 전에
살았던 사가私家였는데 광해군 이후에는 왕의
어진을 모신 곳으로 사용되었다. 고종은 태
원전을 만들어 영희전의 어진을 옮겨 봉안
했다.

영희전 (촬영년도 미상)

이후 태원전은 대비인 신정왕후와 왕비인
명성황후가 돌아가셨을 때 시신을 모셨던 빈소, 즉 빈전으로
사용되었다. 태원전 주변 부속 건물인 영사재, 공묵재 등은 모
두 장례와 제사 등의 행사에 참여하는 사람들이 지내거나 음
식 등의 준비를 하는 곳이었다.

대행 대왕대비의 시신을 태원전
에 안치하고 빈소를 만들었다.
아울러 제사를 지냈다.
- 고종실록(1890)

이렇게 고종 연간 장례나 제사 관련 장소로 사용되던 태원전
은 지금의 청와대 자리에 총독부 관저가 들어서면서 사라지게
되었다. 그리고 얼마 후 그 터에 일본 군대가 들어왔다. 지엄한
궁궐에 외국 군대가 들어와 훈련을 하다니 비극이 아닐 수 없
다. 태원전의 비극은 광복 이후에도 이어졌다. 군사 쿠데타로
권력을 잡은 박정희 정권이 태원전 터에 수도방위사령부 제30
경비여단을 들이면서 궁궐 안에는 여전히 군인들이 주둔했다.

복도각 형태가 돌출되어 있는 태원전은 빈전이나 혼전으로 사용되었다.

다행히 1990년대 이후 군대가 철수하고 발굴 복원 작업을 통해 태원전은 다시 우리 품으로 돌아왔다. 이곳 태원전은 경복궁 북쪽 구석에 위치해서 평상시에는 관람객이 거의 없다. 그래서 더 한적하고 엄숙하다.

태원전 편액

신무문

태원전에서 나와 좀 더 북쪽으로 걸으면 경복궁의 북문인 신무문神武門이 나온다. 사방신四方神 중 북쪽을 지키는 신은 현무玄武다. 그래서 신무문의 아치 천장에는 용맹한 현무 그림이 그려져 있다.

신무문은 태조 때 만들어졌지만 구체적 이름은 없이 북쪽의 성문, 북성문北城門이라 불렀다. 그러다 성종 대에 들어 그 이름이 신무문으로 정해졌다. 그 뒤 임진왜란 때 불탄 신무문은 270여 년 후인 1867년 고종 연간 중건되어 오늘날까지 잘 보존되고 있다.

하지만 신무문이 우리에게 익숙해진 것은 2000년대 들어서부터이다. 이곳은 청와대 앞이라는 이유로 일반인의 접근을 철저히 금지해왔다. 그러던 것을 2006년 개방하여 지금은 누구든 신무문을 통해 청와대를 볼 수 있게 되었다. 신무문의 개방은 무소불위였던 국가 권력이 국민에게 돌아가는 상징과도 같은 일이었다. 신무문에서 바라보

경복궁의 북문 신무문

신무문에서 보이는 청와대

는 청와대는 어느 때보다 가깝게 느껴진다. 그만큼 국가 권력
이 국민의 품으로 다가왔다는 뜻일 테다.

• 경복궁 후원 •

신무문에서 한 번 더 청와대 쪽을 바라보자. 비록 지금은 경복
궁과 전혀 다른 공간처럼 보이지만 지금의 청와대 영역은 엄연
히 경복궁의 후원 자리이다.

경복궁의 후원은 1395년 창건된 이후 태종 대에 들어 조성된
다. 특히 후원에는 넓은 평지가 있어 휴식 공간을 넘어 군사 훈
련 장소로도 활용되었다. 고종 연간 중건될 때 이곳은 융문당, 융
무당, 경무대 등 200간이 넘는 건물이 있었다. 그러나 일제 강점
기에 후원의 전각들은 사라졌고 그 자리에는 총독부 관저가 들
어섰다. 당시 후원 전각들의 자재는 일본 절을 짓는 데 사용되었
다고 한다.

노루와 사슴을 경복궁 후원에서
길렀다. 광주 목사(廣州牧使)에게
명하여 광대인 장선으로 하여금
그 무리를 거느리고, 생포하여
바치게 한 것이었다.
– 태종실록(1416)

신무문 밖에서 관병식을 행하였
다.
– 고종실록(1896)

지금의 청와대 자리인 경복궁 후원 융문당(1928년)

경무대(景武臺)에 나아가 정시(庭
試)를 행하고 문과(文科)에서는
이호익(李鎬翼) 등 8인을, 무과
(武科)에서는 이규집(李奎集) 등
165인을 뽑았다.
- 고종실록(1871)

광복 이후 총독부 관저는 경무대로 이름을 바꾸고 이승만 대통령이 사용했다. 경무대(景武臺)는 원래 후원 영역 중 과거시험이나 군사 훈련 장소로 활용되던 곳이었다. 4.19 혁명 이후 경무대는 다시 청와대로 이름이 바뀌었다. 그러다가 1990년대 청와대 본관과 관저 등을 신축하고 청와대에 있는 옛 총독부 관저를 철거하여 오늘에 이르렀다. 지금의 청와대 본관은 경복궁의 대전인 강녕전과 부속 건물인 연생전, 경성전을 모티브로 건립된 것이다.

집옥재

신무문 밖으로 나가지 말고 온 길을 다시 돌아 집옥재集玉齋로 향해보자. 지금이야 누구든 집옥재를 볼 수 있지만 1990년대 말까지 집옥재는 감히 쳐다볼 수도 없는 곳이었다. 태원전 영역과 함께 군사 보호 지역으로 지정되어 삼엄한 경계 때문에 철제문을 통해 간신히 볼 수 있는 정도였다. 집옥재의 양쪽에는 팔우정과 협길당이 나란히 있는데 모두 고종 때 창덕궁의 전각을 옮겨온 것이라고 한다.

집옥재는 전통적인 조선 궁궐의 전각 형태는 아니다. 처마도 평행이고 장식도 청나라풍이다. 게다가 유리창까지 있다. 과연 집옥재는 어떤 용도의 건물이었을까? 외형적으로 보면 건물 앞에 월대가 있고 월대에 오르는 계단에는 작은 답도도 있다.

집옥재를 옮겨 짓는 공사를 관련 관청으로 하여금 거행하라고 명하였다.
– **고종실록(1891)**

왼쪽부터 팔우정, 집옥재, 협길당

이는 정전에 준하는 형태이다. 기록을 보면 고종은 이곳을 서재로 사용하면서 동시에 외국 공사를 만나는 편전과 정전으로 사용했다.

고종은 왜 경복궁 앞쪽의 외전 영역을 두고 이곳을 업무 공간으로 사용했을까. 그 이유를 집옥재 영역 옆 고종 내외의 거처였던 건청궁에서 찾아보자.

건청궁

집옥재 영역의 동쪽에는 마치 사대부 집을 연상케 하는 건물이 있다. 고종과 명성황후가 꽤 오랜 기간 거처한 건청궁乾淸宮이다. 그런데 좀 이상한 점이 있다. 경복궁에는 엄연히 대전인 강녕전과 중궁전인 교태전이 있다. 그럼에도 고종 내외는 굳이 이곳을 내전으로 선택한 것이다.

이러한 고종의 행동을 정치적 측면에서 살펴보자. 고종이 건청궁을 건립할 당시는 아버지 흥선대원군의 섭정에서 벗어나 친정親政을 선언한 1873년이다. 물론 '자신이 왕인데 뭐든 할 수 있는 것 아닌가?'라고 생각할 수도 있다. 하지만 고종은 어린 나이에 등극해 사실상 아버지에게 국정의 모든 것을 위임한 상태였다. 게다가 흥선대원군은 정치적 욕망이 컸던 사람이다. 그러다 보니 자연스럽게 아

건청궁 편액

버지와의 정치적 갈등이 생겼고 고종은 결국 대원군의 섭정에서 벗어나 친정을 선언하기에 이르렀다. 그러면서 대원군의 흔적이 있는 대전이 아닌 후원 쪽에 새로운 공간인 건청궁을 짓고 정치적 독립을 시도했다.

고종은 대원군 세력으로부터 정치적 꼬투리를 잡히지 않기 위해 건청궁 건축에 세금이 아닌 임금의 개인 재산인 내탕비를 사용하는 치밀함도 보였다. 1873년 고종실록의 내용처럼 고종은 건청궁을 무난하게, 화려하지 않게 지으려 노력했다. 그래서 형태도 사대부 집의 모양을 따른 것이다.

건청궁은 크게 사랑채 역할을 한 고종의 침전 장안당長安堂과 명성황후의 침전 곤녕합坤寧閤으로 나뉘었고, 뒤쪽으로는 관문당을 지어 선대왕들의 어진과 관련된 자료를 보관하게 했다. 기존의 관련 전각이 있음에도 선대왕의 유품을 건청궁으로 옮기려 한 것은 정치적 독립에 대한 하나의 정통성을 확보하려는 의도로 볼 수 있다. 이렇듯 건청궁이 생활 공간이 되니 자연스럽게 옆 건물인 집옥재는 정전과 편전의 역할을 수행하게 된 것이다.

이후 건청궁의 관문당은 사라지고 그 자리는 러시아 건축가가 설계한 서양식 건물인 관문각이 들어섰으나 나중에 부실 공사로 헐리고 말았다. 현재 남아 있는 자료를 보면 관문각 인근에는 시계탑이 있었던 것으로 추정된다.

좌의정이 건청궁 건립에 대해 아뢰기를, "2,3천 간에 달하는 거대한 궁궐 공사에 쓴 비용은 모두 백성들에게서 나왔습니다. 지금은 그 전보다 곱절 더 절약을 하여야 할 시기이니, 바라건대 전하께서는 깊은 관심을 가지시어 모든 재물의 소비에 대해서 절약하기에 더욱 힘쓰소서." 하니, 하교하기를, "경의 의견이 매우 간절하니 마땅히 마음에 새겨 두도록 하겠다. 그런데 건청궁을 건설하는 데 쓸 비용을 탁지부의 재정에서 쓰지 않고 단지 내탕전만 쓴 것은 또한 나의 될수록 절약하자는 뜻에서였다." 하였다.
– **고종실록**(1873)

임금이 전교하기를, "수정전에 모신 어진과 교명, 책보를 건청궁 관문당에 이봉하되 택일하여 거행하라." 하였다.
– **고종실록**(1875)

건청궁 곤녕합

오른쪽으로 보이는 시계탑은 관문각의 일부이다. (1800년대 말)

건청궁 내 고종의 침전으로 사용했던 장안당

장안당 내부

하지만 고종과 건청궁의 인연은 1896년까지였다. 1895년 건청궁에서 명성황후가 시해되는 을미사변乙未事變이 일어나고 1896년 아관파천俄館播遷이 이루어지면서 건청궁은 경복궁과 함께 방치되고 만다. 그 뒤 일제는 건청궁 일대의 건물들을 모두 헐어버리고 그 터에 조선 총독부 미술관 별관을 지었다. 광복 후에도 일제가 남긴 미술관 건물은 민속박물관으로, 전통공예전시관으로 사용되었다. 일제에 의해 왕비가 시해된 자리에 건립된 일제 건물을 남도 아닌 우리가 박물관으로 사용했으니 이보다 더한 흑역사가 어디 있겠는가. 다행히 건청궁은 2007년에 복원되었지만 일본 정부는 여전히 을미사변을 일개 낭인들의 일탈로 취급하고 있다.

건청궁을 헐고 미술관을 건립하기 전 일본인들이 행한 지진제(地鎭祭) (1935년)

향원정

건청궁의 정문으로 나오면 그림 같은 풍광이 나타난다. 높은 담으로 둘러싸인 다른 전각들과 다르게 탁 트인 시원함을 느낄 수 있는 이곳은 향원정香遠亭이다. 특히 파란 하늘 아래 물에 비친 향원정의 모습은 사람들의 발걸음을 멈추게 만든다.

향원정의 시작은 세조 때로 거슬러 올라간다. 당시 경복궁 북쪽에는 차가운 물이 나오는 샘이 있었는데 이 샘에서 나온

경복궁 후원에 새로운 정자가 준공되었는데 임금이 직접 관계자들에게 술을 하사했다. 이름은 취로정이라고 하고 앞에 못을 파서 연꽃을 심게 하였다.
— 세조실록(1456)

물을 이용해 세조는 연못과 취로정이라는 정자를 만들었다. 400여 년 후 고종은 바로 이 취로정 터에 다시 연못과 정자를 조성해 향원정을 만든 것이다. 지금도 향원정 연못가에는 '열상진원洌上眞源'이라 적힌 우물이 있다. 열상진원은 차고 맑은 물의 근원이란 뜻이다.

향원정 연못가에 있는 '한국의 전기 발상지' 표석

또한 우물 근처에는 우리나라 최초로 전기 발전기가 설치되었다는 내용의 표석이 있다. 유길준 등 미국 사절단은 고종에게 전기 시설에 대해 건의했고 고종은 에디슨 전기회사와 발전 시설 및 전등 시설 관련 계약을 맺는다. 당시 발전기는 향원정 연못의 물을 이용했고 전등은 건청궁과 향원정 일대에 설치되어 불을 밝혔다. 이는 중국, 일본보다 2년이 앞선 아시아 최초의 전기 시설이었다. 촛불이 아닌 전기로 환해진 궁궐의 모습은 말 그대로 천지개벽할 풍광이었다.

그러나 최초에는 늘 부작용이 따라붙는 법이다. 잦은 고장으로 툭하면 전기가 나갔고, 이런 잔고장에 사람들은 불이 건달처럼 들락날락거린다며 '건달불'이라는 별명을 붙이기도 했다. 게다가 밤낮없이 굉음을 내며 돌아가는 발전기의 소음에 궁인들은 잠을 이룰 수가 없었다. 생전 처음 듣는 천둥 소리가 밤새 이어지니 그 고통과 무서움은 상상 이상이었을 것이다. 특히 발전기 때문에 연못 수온이 높아져 물고기가 떼 지어 죽자 나라가 망해간다는 소문이 돌기도 했다.

향원정은 건청궁에서 생활했던 고종 내외가 조성한 연못으로, 건청궁의 작은 후원 역할을 했다. 외전 역할의 집옥재, 내전 역할의 건청궁 그리고 후원 역할의 향원정까지, 이곳은 경복궁 속 작은 궁궐 같은 곳이었다. 구한말 영어 교사였던 길모어(G.W.Gilmore)는 자신의 저서인《서울 풍물지》에 향원정 연못에서 행해진 피겨 스케이팅 시범을 보고 박수를 친 명성황후의 모습을 기록했다.

그러나 향원정 역시 고종이 경복궁을 떠나며 사실상 방치되고 만다. 그래도 다행히 일제는 향원정을 훼손하지는 않았다. 향원정은 이렇게 일제 강점기와 한국전쟁을 버텨주었지만 안타깝게도 향원정의 다리인 취향교醉香橋는 한국전쟁 중 불타버렸다. 그리고 1953년에 복원된 취향교는 원래의 자리가 아닌 반대편 자리에 세워졌다. 남쪽에서 북쪽으로 관람을 하는 동선에 맞춰 전혀 다른 곳에 전혀 다르게 생긴 다리를 임의대로 설치한 것이다.

북쪽인 건청궁 쪽으로 놓여진 취향교 (19세기 말)(좌), 한국전쟁 이후 엉뚱하게 남쪽으로 놓였던 취향교(우)

원래의 북쪽 방향으로 복원된 취향교

  그 뒤로 향원정은 경복궁의 얼굴로 사랑을 받아왔지만 오래된 탓인지 조금씩 기울어져 결국 문화재청은 향원정을 해체하고 보수 작업에 들어갔다. 그 과정에서 향원정의 1층에 특이한 구들이 발견되었다. 보통 구들은 보일러 배관처럼 바닥 전체를 휘감기 마련인데 향원정의 구들은 가장자리 쪽에만 만들어진 구조였다.

  2017년부터 시작된 조사와 보수 공사는 2021년 마무리되어 일반에 공개되었다. 더불어 연결 다리인 취향교 역시 남쪽으로 향했던 가짜를 없애고 원래의 위치인 북쪽에 원래의 모습으로 복원되었다. 이렇게 우리의 궁궐 전각이 하나씩 치료되는 중이다.

향원정

선원전 터에 지어진 국립민속박물관

선원전 터의 국립민속박물관

천천히 향원정 연못을 한 바퀴 돌아 다시 남쪽으로 내려가
면 육중한 국립민속박물관의 모습이 보인다. 대부분의 관람객
이 그 외형에 감탄해 사진을 찍고 가는 곳이다. 지금의 박물관
건물이 세워지기 전, 이곳에는 선원전璿源殿이 있었다. 선원전은
역대 임금의 어진을 봉안함은 물론 기일이나 정월 초하루 같
은 날에 제사를 지내는 궐내 사당 같은 곳이다. 선원이란 말 자
체도 구슬 선璿, 근원 원源으로 구슬의 근원, 즉 왕실이란 뜻이

다. 조선 왕실의 족보 이름도 선원전과 같은 선원록璿源錄이다. 그러니 선원전은 궁궐 내에서 가장 중요하게 여겨진 건물일 수밖에 없다.

경복궁 북쪽 건청궁 일대와 지금의 국립민속박물관 자리인 선원전

선원전의 역사는 태조가 자신의 아내 신의왕후를 위해 만든 사당인 인소전仁昭殿에서 시작되었다. 그 뒤 세종은 종친 등을 관리하던 관청인 종부시宗簿寺가 있던 서쪽 언덕에 선원전을 세웠다. 참고로 당시 종부시는 지금의 국립현대미술관 쪽이고 그곳의 서쪽 등성이 지금의 국립민속박물관 즈음이다.

선원전은 임진왜란 때 불탄 이후 고종 연간 중건되었고 중건과 동시에 창덕궁 선원전에 봉안된 어진들은 경복궁 선원전으로 이봉되었다. 법궁이 다시 섰으니 어진의 이봉은 가장 먼저 해야 할 일이었다. 하지만 아관파천 이후 고종이 덕수궁으로 이어하면서 경복궁 선원전의 어진도 옮겨졌다. 그러면서 경복궁 선원전은 제 기능을 잃은 전각이 되고 만다.

물론 일제가 이를 그냥 둘 리 없었다. 1932년 선원전은 비참하게 헐렸고 그 자재는 남산의 박문사博文寺(이토 히로부미를 추모하기 위해 지은 일본 사찰)로 팔려 갔다. 선대왕의 어진을 모신 선원전은 조선 왕조의 정통성을 상징한다. 그런데 그 선원전의 건물 자

—

의정부에서 아뢰기를, "종부시(宗簿寺) 서쪽 등성이에 선원전(璿源殿)을 세워서 선원록과 선대왕의 어진을 보관하게 하소서." 하니, 그대로 따랐다.
– 세종실록(1437)

—

창덕궁 선원전에 나아가 어진을 배봉하여 경복궁 선원전에 이봉하였다. 이어 작헌례(임금이 몸소 지내던 제례)를 행하였다.
– 고종실록(1868)

훼철되기 전 선원전의 모습(1920년대)

선원전 터에 짓고 있는 박물관 건물 (1970년대 초)

재가 조선을 망하게 한 원흉의 사당 건축을 위해 쓰인 것이다.

화가 날 일은 하나 더 있다. 광복 이후인 1972년 대한민국 정부는 발굴 조사 하나 없이 선원전 터를 파헤쳐 그 자리에 현대식 건물을 세웠다. 지금의 국립민속박물관이다.

국립민속박물관의 모습은 더 가관이다. 조선은 숭유억불崇儒抑佛 정책으로 불교를 배척했다. 하지만 민속박물관의 외형은 누가 봐도 불교 사원을 연상케 한다. 그 이유는 전국의 유명 사찰을 모티브로 만들었기 때문이다. 지붕은 금산사 미륵전, 몸통은 법주사 팔상전, 아래 계단 부분은 불국사의 청운교와 백운교의 것을 모방했다. 그나마 난간만은 경복궁 근정전의 것이다. 그러다 보니 저 멀리서 보면 마치 궁궐 안에 사찰 건물이 있는 형상이다. 다행히 2030년 이후 선원전 영역이 복원될 예정이라고 한다. 복원된 선원전의 모습을 꼭 봤으면 좋겠다.

자경전

선원전 터였던 국립민속박물관을 뒤로하고 계속 남쪽으로 내려오면 자경전慈慶殿이 나온다. 자경전은 경복궁의 대비전이다. 자경慈慶, 이름만 봐도 효심이 넘쳐난다. 어머니 자慈, 경사스러울 경慶, 즉 어머니께서 복을 누린다는 뜻이다. 자경전은 원래 정조가 어머니인 혜경궁 홍씨를 위해 지은 창경궁의 전각 이름이었다.

흥선대원군은 자신의 아들을 양자로 받아주어 왕위에 오르게 해준 신정왕후에 대한 감사의 마음으로 대비전을 짓고 그 이름을 자경전이라 하였다. 본채인 자경전을 중심으로 부속 건물인 자미당, 광복당, 협경당, 복안당까지 그 규모가 대전에 버금간다. 고종과 신정왕후의 특수한 관계가 아니더라도 대비전은 왕실 최고의 어른이 사는 곳이기에 건축에 심혈을 기울인다. 다행히 자경전은 일제 강점기를 무사히 버텼다.

자경전의 특징은 복안당, 협경당 등 부속 건물과 누각인 청연루가 본채와 붙어 있다는 점이다. 건물들이 붙어 있어 이동이 쉽고, 대비가 청연루에서 시원한 여름을 보낼 수 있도록 한 배려다. 또한 자경전 최고의 볼거리는 본채 뒤에 있는 십장생 굴뚝이다 (보물 제810호). 조각된 부조는 하나하나가 무척 의미 있고 해학적이다. 소나무, 구름, 사슴, 거북, 불로초, 학, 해와 달, 바위, 물, 석류, 포도, 연실蓮實 그리고 서수의 모습까지 어머니의 복을 비는 자식의 마음이 그대로 담겨 있다.

십장생 굴뚝을 보고 왼쪽의 샛문을 통해 나오면 자경전의 꽃담이 나온다. 매화, 복숭아, 모란, 석류, 꽃과 나비, 국화, 대나무까지 벽돌을 이용한 다양한 문양에 중간중간 장수와 복을

—
자경당(慈慶堂)이 완성되었다. 임금이 혜경궁(惠慶宮)을 위하여 지었는데, 하교하기를, "소자가 아침저녁 모시는 데 편리하게 하기 위해 이렇게 새로 짓는 것이니 절대로 크고 사치스럽게 하지 말아서 겸약(謙約)하게 하려는 어머니의 뜻을 우러러 본받도록 하라." 하였다.
– 정조실록(1777)

경복궁의 대비전인 자경전과 자경전을 지키는 서수

자경전의 십장생 굴뚝 (보물 제810호)

자경전 서쪽 꽃 담장

상징하는 부조가 조화롭게 새겨져 있다. 여기서 잠시 휴식을 취하며 다시 한 번 꽃담과 자경전의 측면을 바라보자. 이곳은 오후 늦게 보면 좋다. 구도도 구도지만 서쪽의 햇살을 직접 받기 때문에 아주 강렬한 채도의 자경전과 꽃담을 만날 수 있다.

자경전

소주방

자경전 남쪽에는 새로 복원된 소주방燒廚房이 있다. 소주방은 소燒, 즉 불이 있는 규모가 큰 주방이다. 유교 국가 조선의 궁궐에서는 각종 행사가 끊이지 않았고 모든 행사에 빠지지 않는 것이 바로 음식이었다. 신하에게 음식을 대접하는 것이 하나의 덕이며 정치 활동이었기 때문에 조선의 임금은 공신功臣에게 음식을 내려 그들의 노고를 치하했다. 임금이 하사한 음식을 받는다는 것은 자신뿐 아니라 가문의 영광이다. 그러다 보니 궐내 음식을 장만하는 주방의 규모도 클 수밖에 없었다.

경복궁의 소주방은 크게 세 영역으로 나뉘는데 내소주방은 왕실 가족들의 음식을, 외소주방은 행사 때 사용하는 음식을, 그리고 생물방은 각종 음료나 과자 등을 장만하는 곳이다. 이 중 임금의 음식이나 임금의 이름으로 나가는 음식을 장만하는 곳이 바로 수라간水剌間이다.

문무과에 새로 급제한 사람들이 대궐에 들어와 사은(감사의 인사)하므로, 음식을 대접하게 하였다.
– 세종실록(1419)

임금이 서대문 밖으로 거둥(임금의 나들이)하여 농작물을 살펴보고, 농부들에게 음식을 하사하였다.
– 세종실록(1428)

소주방의 우물

경복궁 내전의 중심에 위치한 소주방

—
대왕대비의 탄신이므로 임금이
2품 이상의 종친과 재상 및 승지
등에게 사정전 동쪽 뜰에서 음식
을 대접하였다.
– 예종실록(1469)

—
임금이 명하길 "장맛비가 너무
많이 내리니, 내가 매우 염려하
고 있다. 그 일로 수라상의 음식
가짓수를 줄이고 음악을 중지하
게 하라." 하였다.
– 세조실록(1459)

사실 수라간과 소주방은 거의 같은 의미로 쓰이지만 조금 더 엄밀히 말하자면 수라간은 소주방에서 조리한 음식을 수라 상에 맞춰 차리는, 즉 상차림하는 역할을 했다. 예를 들어 가뭄 이나 장마가 심하면 수라간은 내의원과 대전내시가 속한 내반 원과 상의해 어명을 받들어 수라상에 올릴 음식의 종류와 가 짓수를 정하게 된다.

소주방은 공간적으로 내전의 전각들과 아주 가깝다. 북쪽으 로는 대비전인 자경전이, 서쪽으로는 중궁전인 교태전과 대전 인 강녕전이, 그리고 남쪽으로는 동궁인 자선당이 위치해 있 다. 아무래도 이동을 쉽게 하기 위해서일 것이다.

이곳 소주방은 불과 얼마 전까지 잔디밭이었다. 일제 강점기 에 사라졌다는 뜻이다. 그러던 것을 2004년부터 발굴 조사를 시작해 지금은 고종 연간의 모습으로 복원된 상태다.

경복궁의 동궁 자선당

자선당과 비현각

　소주방 영역의 남쪽이자, 경복궁 전체로 봤을 때 동쪽에는
세자의 생활 공간인 동궁 영역이 있다. 태어나는 순간부터 제
왕으로 키워지는 세자는 철저한 교육을 통해 성장한다. 그러
다 보니 다양한 관청이 세자, 즉 차기 국왕을 보필했다.

　세자의 거처인 자선당資善堂의 내부를 보면 과연 이곳이 일국

일본으로 팔려 간 자선당(1918년)

의 세자가 사는 곳이 맞나 싶을 정도로 협소하다. 사치를 가장 멀리해야 한다는 왕실의 철학은 이미 세자 시절부터 시작되는 것이다. 자선당에 처음 살기 시작한 세자는 세종의 맏아들인 이향(문종)이었고, 마지막 주인은 고종의 아들인 이척(순종)이었다.

자선당은 한이 많은 건물이다. 일제 강점기에 훼철되었을 때 일본인 오쿠라가 자선당의 건축 자재를 일본으로 빼돌려 '조선관'이라는 골동품 전시관을 만들었다. 게다가 사라진 자선당 터에는 총독부 박물관이 들어서기까지 했다.

일본으로 옮겨진 자선당의 비극은 계속되었다. 관동 대지진으로 자선당은 완전히 소실되었고 기단석만 남은 자선당의 유

일제는 자선당, 비현각을 비롯해 동궁 영역의 모든 건물을 허물고 이곳에 총독부 박물관을 지었다. (1915년경)

구는 오쿠라 호텔 정원에 방치되고 만다. 그러다 1995년 한 역사학자의 노력으로 자선당의 기단석은 마침내 경복궁으로 돌아오게 되었다. 경복궁을 떠난 지 80여 년 만의 귀향이었다. 그러나 불에 타고 깨진 돌들은 더 이상 기단석으로서의 기능을 하지 못했고 결국 자선당은 새로운 자재로 복원된다. 정말 기구한 운명이 아닐 수 없다.

자선당에서 동쪽으로 이동하면 세자의 공부방인 비현각丕顯閣이 나온다. 비현각은 원래 편전인 사정전의 작은 부속 건물이었다. 온돌이 있었기 때문에 조선 초 임금들은 이곳에서 저녁 공부인 야대夜對를 하곤 하였다. 이후 비현각은 동궁인 자선당 인근으로 옮겨져 세자의 전각으로 사용되었다.

동궁 영역이니 세자 이야기를 한번 해보자. 세자는 귀가 있

참찬관이 아뢰기를, "야대의 경우는 으레 편한 복장으로 납시어 입직하는 경연관(經筵官)들과 조용히 강론하는 것이니, 술잔도 나누고 친근하게 하는 사이에 더욱 감격하여 각기 진심을 다 밝힐 것입니다. 따라서 사정전보다는 비현각에서 하는 것이 온당할 것 같습니다." 하니, 상이 일렀다. "이 말이 매우 온당하니 아뢴 대로 하라."
– 중종실록(1542)

비현각

어도 들어서는 안 되며 입이 있어도 말해서는 안 된다. 가능하면 정치적 이슈에서 멀어져 때를 기다려야 한다. 만약 어떤 문제에 자신의 의견을 내세우면 세자의 의견을 반대하는 정치 세력과 척을 질 수 있기 때문이다. 언행을 조심하지 않으면 한순간에 정치적 희생양으로 전락하게 되는 것이 세자의 운명이다. 게다가 아침부터 저녁까지 오직 공부만 해야 한다. 이 정도면 우리가 생각하는 그런 왕자의 삶은 절대 아닌 것 같다.

이곳 비현각 역시 자선당처럼 일제 강점기에 헐린 이후 1990년대 말 다시 복원된다. 비현각을 나서기 전 잠깐 주변에서 칙소, 즉 변소를 찾아보자. 왕실 가족들은 이동식 변기를 사용했지만 일반 궁인들은 이런 칙소를 이용했다.

비현각 옆에 위치한 칙소

계조당, 춘방, 계방터

—
왕세자가 조회받을 집을 건춘문 안에다 짓고, 이름을 '계조당'이라 하였다.
- 세종실록(1443)

비현각을 나오면 넓은 잔디밭이 있다. 이곳에는 동궁 부속기관들이 밀집해 있었다. 가장 중요한 건물로는 세자의 교육을 담당했던 춘방春坊(또는 시강원侍講院이라 부름)과 세자의 호위를 담당했던 계방桂坊(또는 익위사翊衛司라 부름) 등이 있다.

또한 궁궐의 정전에 해당하는 계조당繼照堂에서 세자는 임금처럼 조회를 받았다. 계조당을 처음 만든 이는 세종이었다. 계

동궁 영역

궁능유적본부 사무관은 "(중략) 이 중 동궁의 정당이라 할 수 있는 계조당이 복원의 핵심"이라고 말했다. 계조당 복원에는 수제 한식 기와, 철물, 소나무 등 전통 재료와 인력 가공(손으로 하는 가공) 등 전통 방식이 동원된다.
– 경향신문(2020)

조당 역시 다른 건물처럼 일제 강점기 때 사라졌지만 발굴 과정을 거친 이후 2022년까지 복원을 마칠 계획이다.

건춘문

　동궁 영역의 동쪽에는 경복궁의 동쪽 궁성문인 건춘문建春門이 있다. 건춘문은 주로 동궁과 관련된 일을 하는 이들과 내전으로 출입하는 종친들이 사용했다.

　가끔 사극을 보면 편지가 묶인 화살이 궁궐로 날아드는 장면이 나온다. 드라마니까 가능한 일이라고 생각하지만 실제로 그런 일들이 종종 발생하고는 했다. 보통은 궁성문을 향해 쏘

경복궁 동쪽 궁성문인 건춘문

좌승지가 아뢰기를, "건춘문의 수문장이 와서 고하기를 '화살에다 글발을 매어 쏜 것이 건춘문 벽 위에 꽂혔다' 했습니다.(중략)" 하니, 전교하기를, "이는 반드시 익명서로, 간사한 사람이 관원들을 협박하려고 한 짓일 것이다. 분명 그 자는 익명서를 보게 하려 쏜 것이니, 내관과 사관은 건춘문으로 가서 즉각 가져다 소각하도록 하라."(하략)

– 중종실록(1525)

는데 이럴 경우 대부분 보고는 하되 서신은 바로 소각한다. 만약 글을 읽게 되면 이런 일이 계속해서 반복되기 때문이다. 편지를 매단 화살이 궁궐에 꽂히는 장면이 실제로 일어났다니 그저 신기할 따름이다.

이곳 건춘문도 임진왜란 때 불탄 것을 고종 연간에 중건한 것이다. 그래도 다행히 일제 강점기 동안 훼철되지 않고 살아남았다. 아치의 천장에는 동쪽을 지키는 수호신인 청룡이 눈을 부릅뜨고 있다.

건춘문을 지키고 있는 청룡

동쪽 궐내각사 터

건춘문 남쪽에는 넓은 주차장이 있다. 하지만 지금의 주차장 자리에는 본래 다양한 관청들이 있었다. 우선 주차장 화장실 쪽에는 임금의 의복 등을 관리하는 상의원尙衣院과 면류관, 곤룡포를 관리하는 면복각冕服閣 등이 있었다. 임금의 재산을 관리하는 곳이 지금은 화장실로 사용되고 있다니 조금 씁쓸하다.

경복궁 동남쪽 궐내각사. 지금은 주차장으로 바뀌었다. (1800년대 말)

화장실 남쪽에는 궁궐 문의 경비를 담당하는 수문장청守門將廳 그리고 오위도총부五衛都摠府가 있었다. 오위도총부는 오늘날 합동참모본부와 비슷한 기능을 했다. 합참이 각 군의 작전 부대

경복궁 동남쪽 궐내각사 영역

문화부에서 상소하길 "상의원은 전하의 내탕(개인 재산)이므로, 의대와 복식의 물건을 일체 모두 관장하는데, 다만 간사한 소인의 무리로 하여금 맡게 하여 절도 없이 낭비하는 데에 이르니, 이제부터 공정하고 청렴한 선비를 뽑아서 그 일을 감독하게 하소서."
– 정종실록(1399)

오위도총부에서 아뢰기를, "전라도 장성현(長城縣)의 정병(양인인 농민 출신으로 이루어진 부대) 김귀정이 중인 그 아들을 대신 보냈는데도 현감과 절도사가 이를 제대로 살피지 아니하고 보냈으니, 청컨대 그 도의 관찰사로 하여금 그 실상을 조사해서 아뢰게 하소서." 하니, 그대로 따랐다.
– 예종실록(1469)

를 지휘 감독하고 합동 작전을 수행하는 군령 사령부이듯 오위도총부는 오위五衛, 그러니까 5곳의 부대를 지휘 감독하는 관청이라고 할 수 있다. 오위도총부의 수장은 팔도에서 올라오는 군대 관련 상황을 군 통수권자인 임금에게 보고했다. 국토의 방위를 총괄하는 막중한 임무를 수행하는 관청 자리가 지금은 관광버스들의 주차장이 되었다. 안타까운 일이다.

동십자각

주차장을 지나 출입문으로 나가면 도로 건너편에 서 있는 동십자각東十字閣을 볼 수 있다. 십자각十字閣이란 궁성의 양쪽 모

경복궁 동쪽 궁성과 연결되어 있던 동십자각 (1929년)

서리에 세운 망루를 말하는데 궐의 경계를 서는 기능을 한다. 일제 강점기에 서십자각은 사라졌고, 동쪽은 차도를 넓히면서 궁성이 헐리고 십자각만 덩그러니 남았다. 원래는 동십자각을 중심으로 동문인 건춘문 그리고 남문인 광화문이 궁성으로 연결되어 있어야 하지만 지금은 홀로 서 있다. 심지어 동십자각을 경복궁과 관계 없는 건축물로 생각하는 이들도 적지 않다.

지난 2000년대 초 광화문 복원 공사를 할 때 남쪽 궁성도 함께 복원되었지만 동십자각과는 연결하지 못했다. 차량 통행이 너무 제한된다는 이유에서다. 미완의 복원이었다. 좀 더 장기적인 계획으로 하루빨리 동십자각이 경복궁의 일부가 되기를 바란다.

남쪽과 동쪽의 궁성이 헐리며 외딴 섬처럼 남은 지금의 동십자각

궁성이 헐리기 전 동십자각의 모습. 건춘문과 동십자각이 궁성으로 연결되어 있다. (1929년)

신무문
전옥재
태원전
건청궁
향원정
영추문
집경당
경회루
강녕전 교태전
함화당 근정문 홍복전
자경전
근정전
사정전
자선당 소주방
수정전
비현각
영제교
계조당
홍례문
건춘문
광화문
동십자각

일제 강점기 이전 경복궁의 모습과 현존하는 전각들(계조당은 현재 복원 중이며 2022년 완공 예정)

3
창덕궁

1 돈화문로 2 돈화문 3 금호문 4 규장각

5 억석루 6 선원전 7 예문관 8 약방 9 옥당

10 금천교 11 상의원 12 진선문 13 정청

14 배설방과 내병조 15 원역처소

16 상서원과 호위청 17 인정전 18 빈청

19 승정원 터 20 사간원 터 21 선전관청 터

22 선정전 23 희정당 24 대조전과 수라간

25 경훈각 26 집상전 터 27 성정각과 관물헌

28 중희당 터 29 낙선재 30 부용지와 부용정

31 주합루(규장각) 32 서향각과 희우정

33 영화당 34 기오헌 35 연경당

36 관람지 일원 37 옥류천 일원

38 신 선원전 영역

창덕궁의 역사

창덕궁의 창건

창덕궁은 1405년 태종 연간 법궁인 경복궁의 이궁으로 건립되었다. 하지만 창덕궁 역시 경복궁처럼 창건 당시의 규모는 매우 협소했다. 창덕궁을 처음 만든 태종은 전각 하나하나에 많은 심혈을 기울였고, 신하들과 상의하여 이름을 짓기도 했다.

이후 창덕궁의 규모는 세종, 문종으로 이어지며 더욱 커졌다. 규모가 커진다는 것은 그만큼 많은 왕들이 관심을 보였다는 증거이기도 하다. 그래서인지 실제로 조선 전기 왕들은 법궁보다는 이궁인 창덕궁에서 더 많은 시간을 보낸 것으로 기록된다. 늘 규칙에 얽매여 지존으로 살아야 하는 왕들에게는 규격화된 경복궁보다 인간적인 창덕궁에 더 정이 갔을지도 모른다.

임금이 황희에게 이르기를, "이제 창덕궁 동북 모퉁이에 새 정자(亭子)가 이룩되어 권근으로 하여금 이름을 짓게 하였더니, 청녕(淸寧)으로 명명하기를 청하였는데, 대저 하늘이 맑고 땅이 편하다는 뜻을 취한 것이다. 그러나 적당하지 못한 듯하여, 내가 해온(解慍)으로 고치고자 하는데 어떠한가?" 하니, 좌우에서 말하기를, "매우 좋습니다." 하였다. 임금이 웃으며 말하기를, "임금이 말을 내면 신하들이 반드시 이구동성으로 추켜세우는구나." 다시 권근과 의논하여 새 정자의 이름을 해온정이라 명명하였다.
– 태종실록(1406)

창덕궁 창건 당시 만들어진 금천교는 600년이 넘은 지금도 같은 자리를 지키고 있다.

—
도성의 궁성에 불이 났으니 경복
궁, 창덕궁, 창경궁 세 궁궐이 일
시에 모두 불타 버렸다.
– 선조수정실록(1592)

—
임금이 대장 김류와 이귀에게 명
하여 창덕궁 화재 현장에 가서
그 수습을 감독하게 하였다. 대
개 반정하던 날 밤에 호위병이
실화(失火)하여 창덕궁이 연소되
고 광해의 별탕고(別帑庫)가 모두
잿더미가 되었기 때문이다.
– 인조실록(1623)

위기의 창덕궁

그러나 창덕궁의 운명은 오래가지 못했다. 임진왜란이 터진
것이다. 창건 이후 200여 년간 조금씩 늘어난 전각들은 하루
아침에 잿더미가 되었고 동시에 200년의 역사도 사라졌다.

임진왜란 이후인 1609년 선조와 광해군은 가장 먼저 창덕
궁의 중건 공사를 마쳤다. 그러나 창덕궁에 머물렀던 광해군
은 조카인 능양군의 쿠데타, 즉 인조반정으로 쫓겨나고 그 과
정에서 창덕궁의 전각 대부분이 불타고 만다.

시련은 여기서 끝나지 않았다. 불탄 창덕궁은 1년 만에 중건
되었지만 인조반정 과정에서 불만을 품은 이괄 등이 난을 일

으켜 창덕궁은 또다시 화염에 휩싸이고 만다. 화재 이후 인조는 광해군이 창건했던 인경궁 전각을 철거해 그 재목을 창덕궁 중건에 사용했다.

창덕궁 선정전은 인조반정 이후 인경궁의 전각을 사용해 지은 것이다.

인조 이후 정조 대까지 창덕궁과 후원에는 많은 전각과 각종 시설들이 들어섰고 창덕궁은 비로소 제대로 된 궁궐의 모습을 갖추게 되었다. 이렇게 전각의 수가 늘어나면 그만큼 수리할 일도 많아지기 마련이다. 그러나 편전의 서까래 하나를 교체할 때도 왕은 신하들의 동의를 얻어야 한다. 물론 자신이 원하면 얼마든지 추진할 수 있으나 주변의 반대에도 불구하고 독단을 한다는 시선 때문에 그 역시 쉽지 않다.

인조 이후 정조 대까지 약 150여 년 동안 창덕궁은 별다른 큰 사고 없이 법궁으로서의 기능을 다했다. 그러나 일은 정조의 아들 순조 때 터지고 만다. 큰 화재가 발생한 것이다. 대부

인경궁은 광해조에 세웠는데, 갑자년(1624년) 이괄의 난이 일어났을 때 창덕궁이 많이 불타자, 대신들의 청으로 인하여 인경궁을 철거하고 그 재목을 가지고 창덕궁을 수선하였다고 한다.
– 영조실록(1769)

"신들이 삼가 듣건대, 창덕궁 안에서 한창 전각을 수리하는 일이 벌어져 나무와 돌을 실어 나르는 등 자못 큰 공사를 하고 있다 합니다. 이야기하는 자 중에 더러 '거기에 드는 비용은 내탕고(왕의 개인 재산)에서 내다 쓸 것이니 외부(外府)가 걱정할 일이 아니며, 한 달 남짓 일을 하면 끝날 것이니 많은 백성이 수고하지는 않을 것이다.'라고 합니다. 그러나 (중략) 부득이한 일을 제외하고 기타 집을 더 늘리는 등의 일은 모두 즉시 중지하게 하여 검소한 덕을 드러내고 영구한 계획을 생각하소서." 하니, 답하기를, "전각을 수리한 일은 내가 신중히 경계하지 못해서 그런 것이 아니다. 잠깐의 틈을 타 저것을 뜯어다 여기에다 세우게 되었는데 8간의 집으로 이미 들보를 얹었다. 이 밖에 무엇을 더 짓는 일이 있겠는가. 지금 경들의 말을 듣고, 부득이한 일이었지만 마음에 매우 미안하게 여긴다." 하였다.
– 현종실록(1674)

사경(四更, 새벽 1시~3시)에 창덕
궁 대조전과 희정당이 불에 탔
고, 주변 건물까지 연달아 탔다.
대신들을 소견하였는데, 영의정
이 말하기를, "궁중의 화재가 전
후하여 서로 잇달아 일어난 것은
참으로 큰 재변이며 이번의 실화
(失火)는 결코 심상하게 말할 수
없습니다. 높게 쌓은 넓은 집이
결코 잠깐 사이에 불길이 번질
리가 없는 것이고, 이미 숙직하
는 사람이 있었으며, 또 제 시각
에 순찰을 돌았다면 불길을 막을
수 있었을 것이니 끝까지 엄하게
물으셔야 할 것입니다." 하였다.

– 순조실록(1833)

분의 궁궐 화재는 인재人災다. 궁인들이 작은 불씨를 잡지 못해 크게 번지는 경우가 대부분인데 순조 연간의 창덕궁 화재도 마찬가지였다. 사실 목조 건물이 밀집해 있는 궁궐은 늘 화재의 위험에 노출될 수밖에 없다.

불행히도 창덕궁의 화재는 계속되었다. 약 100여 년 후인 1917년에는 내전 영역에서 큰불이 나고 만다. 당시 황실을 관리하고 있던 총독부는 재정 등의 이유로 소실된 건물을 새로 짓는 영건營建을 하지 않고 경복궁의 주요 전각을 헐어 그 자재를 이용해 재건하였다. 우리에겐 슬픈 역사가 아닐 수 없다.

1917년 발생한 창덕궁 내전 화재

창덕궁은 조선의 마지막 황제 순종이 말년을 보낸 궁궐이다. 1920년대는 이미 전기, 전화, 자동차 등이 익숙한 시대였다. 그러다 보니 창덕궁에도 전등, 오븐, 커튼, 상하수도 등의 근대식 설비와 기구 등이 도입되며 궐내 모습도 조금씩 바뀌어갔

근대 문물의 흔적이 남아 있는 희정당 내부

다. 그렇다고 창덕궁의 전각들이 일제 강점기를 온전하게 버틴 것은 아니다. 일제는 순종 황제가 승하한 1926년 이후 대부분의 시설을 헐거나 용도를 변경해버렸다. 다행히 광복 이후 창덕궁도 복원되기 시작했고, 그 덕분에 지난 20여 년간 많은 전각들이 제 모습을 찾고 있는 중이다.

답사 전에 동궐도

본격적인 창덕궁 답사 전에 우리가 꼭 보고 가야 할 작품이 있다. 바로 〈동궐도東闕圖〉이다. 동궐도는 1830년경 순조 연간 도화서 화원들이 경복궁의 동쪽에 위치한 궁궐인 창덕궁과 창경궁을 묘사한 그림이다. 겉보기에는 책의 형태지만 펼치면 높이 2.73미터, 폭 5.84미터에 이르는 대작으로 총 16권의 화첩으로 구성된다.

동궐도는 미술사적으로, 또 고건축사적으로 매우 중요한 내용을 담고 있어 국보 제249호로 지정되어 있다. 우선 미술사적으로 동궐도는 서양의 원근법과 동양의 부감법俯瞰法이 잘 조화된 작품이다. 부감법이란 화가가 위에서 내려다 본 듯 그리는 구도로 대부분의 한국화에 잘 나타난다. 동궐도 역시 마치

고려대학교박물관에 전시된 〈동궐도〉

위에서 궁궐 전체를 내려다보고 있는 듯한 구도이다. 또 서양화에서나 볼 법한 원근법이 적용되어 앞쪽 건물은 크고 뒤쪽 건물은 작게 묘사되어 있다. 고건축사적으로도 동궐도는 조선 후기 궁궐을 연구하는 데 중요한 자료로 취급된다. 전각 하나 하나의 이름은 물론 우물, 항아리, 나무, 과학 기구까지 사람을 빼놓고 궁궐의 모든 것이 다 있는 느낌이다. 당시 도화서 화원들의 섬세함에 감탄하고, 창덕궁의 규모에 또 한 번 감탄하게 된다.

현재 창덕궁의 많은 전각들이 훼철되거나 변형된 상태이기 때문에 당시의 전각들이 자세히 그려진 동궐도는 궁궐 복원에 중요한 자료로 꼽힌다. 가끔 사극에서 동궐도를 병풍으로 만들어 소품으로 사용하는 경우가 있는데, 이는 말도 안 되는 이야기다. 일단 실제 크기가 너무 커 병풍으로 만들 수가 없다. 무엇보다 동궐도는 왕이 사는 창덕궁을 묘사한 작품이다. 오늘날에도 청와대는 보안상 인터넷 지도에도 나타나지 않는데, 하물며 지존의 공간인 창덕궁을 묘사한 동궐도를 병풍으로 만들 수 있었겠는가.

동궐도의 표지에는 천天, 지地, 인人이란 표시가 있다. 아마 당시 같은 그림을 3점 제작한 것으로 보인다. 그러나 지금 남아 있는 동궐도는 2점으로 각각 고려대학교박물관과 동아대학교박물관에 소장되어 있다. 동궐도를 제작한 이유는 정확히 나와 있지 않으나 실록처럼 국가 차원의 기록일 확률이 높다.

창덕궁 가는 길

육조거리가 있던 '세종로'에서부터 경복궁을 살펴보았듯이, 창덕궁 답사 또한 '돈화문로'를 둘러보는 것으로 시작한다. 창덕궁 답사는 종로3가역에서 내려 돈화문을 향해 걷는 길을 추천한다. 과거에 비해 차도가 줄어들고 보행로가 넓어져 천천히 걷기에 좋은 곳이다. 물론 이곳을 걷는 가장 큰 이유는 길 중간중간에 있는 표석 때문이다. 그럼 돈화문로에는 어떤 관청들이 있었는지 살펴보자.

돈화문로. 저 멀리 창덕궁의 정문인 돈화문이 보인다.

종부시 터

가장 먼저 나오는 표석은 '종부시 터'다. 종부시宗簿寺는 조선시대 왕실 족보를 관리하는 관청이다. 종종 우스갯소리로 '가문의 영광이다', '족보에서 이름을 뺀다'라는 말을 쓰곤 하지만 조선시대 왕족과 양반들에게 가문과 족보는 목숨과 바꿀 만큼 중요한 것이었다. 바로 이 왕실 족보를 관리하는 곳이 종부시다. 세조는 조카인 단종의 옥새를 빼앗아 왕이 된 인물이다. 그 과정에서 자신의 동생인 금성대군과 단종을 역모로 몰아 죽이는데, 그런 그가 가장 먼저 한 행동은 다름 아닌 그들의 이름을 왕실 족보에서 삭제하는 것이었다.

통례원 터

다음으로 '통례원 터'라는 표석이 나온다. 통례원通禮院은 조정의 제사나 의식을 전문적으로 맡아보는 예조 소속의 부서이다. 지붕에서 부엉이가 울어도 해괴한 일이라 여겨 제사(해괴제解怪祭)를 지낼 정도였으니, 행사를 진행하는 통례원 관원들은 누구보다도 바빴을 것이다.

비변사 터

통례원 다음으로 볼 수 있는 표석은 '비변사備邊司'다. 중·고등학교 역사 시간에 한 번쯤 들어봤을 비변사는 조선 후기 국가 정책을 논하는 최고의 권력 기관이었다. 사실 조선 전기의 비변사는 군사와 관련된 임시 부서 정도였고 최고 의결 기관은 의정부였다. 그러던 곳이 임진왜란 이후 그 규모가 커지면서 사실상 의정부의 역할까지 겸하게 되었다. 더군다나 조선 말기 외척 세력들이 비변사의 요직을 차지하면서 가장 막강한 권력 기관으로 성장했다.

'외척, 요직, 권력'이라는 단어를 들으니 왠지 비선 실세, 부정부패가 나올 각이다. 역사적으로 보면 조선 후기 폐단의 중심에는 늘 비변사가 있었다. 비대해진 비변사의 권한은 왕권

종부시에서 아뢰기를 "노산군(단종) 및 금성대군 등은 종사에 관계되는 매우 엄중한 죄를 지었으므로 청컨대 아울러 그 자손까지도 종친록에서 삭제하소서." 하니, 임금이 그대로 따랐다.
– 세조실록(1457)

예조가 전례에 따라 국상 발인 전에 백관이 빈전(시신이 안치된 전각)에서 숙배(임금에게 절하는 행위)를 행하되 통례원으로 하여금 주관하여 거행하게 하기를 청하니, 임금이 따랐다.
– 효종실록(1649)

을 무너뜨리고 국력을 쇠퇴시켰다. 바로 이때 등장한 사람이 고종의 아버지인 흥선대원군이다. 권력을 잡은 그는 가장 먼저 비변사의 도장을 녹여 없애버리라는 명을 내린다. 일명 '비변사 혁파'다.

역시 개혁은 눈치를 보면 안 된다. 머뭇거리면 바로 되치기 당하기 십상이다. 조선 후기 적폐의 산실인 비변사 표석을 보니 몇 해 전 온 나라를 떠들썩하게 했던 비선 실세 사건이 떠오른다. 역사는 신기할 정도로 반복된다.

비변사터 표석

창덕궁의 정문 돈화문과 월대

돈화문

비변사 터 표석을 뒤로하고 길을 건너면 창덕궁의 정문 돈화문敦化門이 보인다. 돈화문은 창덕궁 창건 7년 후인 1412년에 완공되었다. 아마도 초기에는 지금의 중문인 진선문을 정문으로 사용했을 것으로 추측된다. 그런데 그 위치가 서쪽 끝에 있어 왠지 정문답지 못하다. 위성사진으로 보면 그 이유가 보이는데, 창덕궁은 남쪽으로 종묘가 연결되어 있기 때문에 경복궁의 광화문처럼 정중앙에 문을 놓을 수가 없는 형상이다. 그래서 경복궁과 가까운 서쪽 끝에 정문을 세우게 된 것이다.

돈화문으로 들어가기 전 잠시 월대의 층계에 서서 돈화문

창덕궁 진선문(進善門) 남쪽에 누문(樓門) 5간을 세워서 '돈화문'이라고 이름하였다.
– 태종실록(1412)

일제 강점기에 사라진 돈화문의 월대 (1907년)

을 바라보자. 불과 수십 년 전만 해도 이곳은 모두 아스팔트로 뒤덮여 있었다. 일제 강점기 순종의 어차가 출입을 해야 한다는 이유로 흙이 덮이더니 광복 이후에는 그 위에 아스팔트마저 깔려 월대는 흔적조차 찾을 수 없었다. 다행히 지금은 아스팔트를 걷어내고 발굴을 통해 원래의 모습을 되찾았다.

동궐도를 보면 돈화문 옆에는 금천이 흐르는 수문이 있다. 창덕궁 뒤 응봉 자락의 맑은 물이 창덕궁을 관통해 돈화문 동수문東水門으로 흘렀던 것이다. 물론 수문도 문

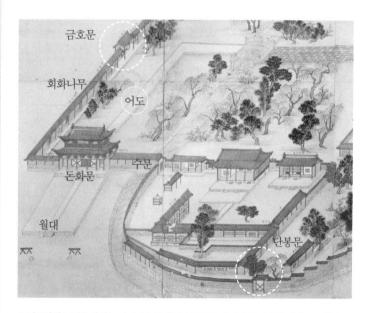

동궐도상의 돈화문 앞에는 월대가 놓여 있고, 옆으로는 수문과 함께 금천이 흐르고 있다.

현재 돈화문 옆 금천은 잔디로 덮여 있다.

이기 때문에 그 경계가 엄중했다. 그런데 태종 때 한 노비가 경계를 뚫고 수문을 통해 창덕궁 안으로 들어간 사건이 발생했다. 이 노비가 들어갔던 수문이 지금은 잔디밭이 되었다. 일제가 창덕궁을 훼철한 이후 물길이 끊겼고 물이 흐르지 않는 개천은 흙으로 덮여버렸다.

돈화문은 석축 위에 목조 누각이 있는 경복궁의 궁성문들에 비해 그 규모는 떨어지나 정면에서 바라보면 마치 학이 날개를 펼친 듯 시원한 느낌이 든다. 그 이유는 다른 궁궐의 문이 앞면 3간인데 비해 2간이 더 넓어 전체적으로 옆으로 확장된 느낌을 주기 때문이다.

지금의 돈화문은 임진왜란 당시 소실된 것을 광해군 연간 중건한 것이다. 무려 400년의 시간 동안 제자리를 지키고 있다. 물론 중간중간 수리를 한 기록도 있지만 목조 건물이 400년을 버틴다는 것은 그 자체가 기적과 같은 일이다.

한 관리의 집안 노비가 몰래 돈화문 동쪽 수구(水溝)를 따라 들어왔는데, 법률에 비추니 죽음에 해당하였다.
– 태종실록(1414)

밤에 돈화문 동쪽 서까래의 위아래층이 무너졌다. 병조에서 관련 부서로 하여금 빨리 고치게 할 것을 청하니, 임금이 윤허하였다.
– 경종실록(1721)

콘크리트 바닥과 삼정승 나무

금호문과 사라진 어도

　400년의 역사를 품은 돈화문을 통과한 후 잠시 바닥을 보자. 주변 일대가 모두 콘크리트 바닥이다. 동궐도를 보면 돈화문 뒤쪽 바닥은 흙이고 가운데에 어도가 깔려 있는데 현실은 콘크리트라니! 물론 일제 강점기 이후 이렇게 변한 것이다. 이곳 역시 시멘트를 들어내고 흙을 파보면 동궐도상의 어도가 그대로 나타날 것이다.

천천히 북쪽으로 걷다 보면 왼쪽 담장으로 큰 나무 세 그루를 볼 수 있다. 일명 우의정, 좌의정, 영의정의 삼정승 회화나무다. 이는 삼공이 회화나무 아래 앉아 정사를 논했다는 주나라의 기록대로 중국의 풍속을 따르는 것인데 동궐도에도 표현되어 있는 것으로 보아 그 나이를 짐작할 수 있다. 주인은 떠났지만 여전히 대신들은 이렇게 궁궐을 지키고 있다. 삼정승 나무를 뒤로하고 왼쪽으로는 금호문이 나온다.

창덕궁의 정문 돈화문에는 양쪽으로 두 개의 작은 문이 있다. 하나는 남쪽의 단봉문丹鳳門이고 또 하나는 서문인 이곳 금호문金虎門이다. 돈화문이 왕과 대신들이 드나들었던 문이라면 금호문은 주로 승지나 홍문관 관원 등 궐내각사에서 일하는 관원들이 출입했던 문이다. 또 단봉문은 외척과 궁인들이 출입했던 문이다. 금호문의 호虎는 호랑이란 뜻이다. 이는 서쪽 수호신인 우백호右白虎에 해당한다. 금호문은 창건 초기 이름이 없다가 성종 대에 들어 지금의 금호라는 이름이 붙여졌다.

궐내각사와 가까워 많은 관원들이 출입하다 보니 금호문 인근은 늘 시끌시끌했다. 인조 때는 세자의 교육을 담당하는 시강원에서 금호문 쪽이 너무 시끄러워 교육에 방해가 되니 금호문 대신 남문인 단봉문을 출입문으로 해달라는 요청을 하기에 이른다. 실록의 내용처럼 예나 지금이나 자녀 교육에 대한 관심은 매한가지인 듯싶다.

옛날 금호문은 관원의 출입문이었지만 지금의 금호문은 VIP들의 출입문이다. 유네스코 세계문화유산인 창덕궁은 외국 정

예문관이 전교를 받들어 대궐의 문중에 예전에 액호(額號)가 없는 것은 각기 2개의 이름을 편액(扁額)하여 아뢰니, 임금이 낙점하기를 창덕궁의 남장문은 단봉문, 서행랑문은 금호문으로 하였다.
– 성종실록(1475)

시강원이 아뢰기를, "궐내에 드나드는 사람이 다들 금호문을 사용하는데 길이 서연청(書筵廳, 왕세자에게 글을 강론하던 관청)과 아주 가까워서 강독하는 즈음에 시끌거리는 소리가 들립니다. 금호문을 닫고 단봉문을 여소서." 하니, 상이 윤허하였다.
– 인조실록(1645)

금호문(좌)과 단봉문(우)

상의 단골 방문 코스다. 보통의 경우는 금호문을 통해 의전차량이 진입한다. 조선시대 임금들은 상상이나 했을까. 수백 년 후 외국 정상들이 창덕궁을 방문한다는 사실을 말이다.

• 수상한 민가 •

금호문을 지나면 창덕궁이 유네스코 지정 세계문화유산이 되었다는 기념석이 나온다. 아마 일제가 우리 궁궐을 훼철하지 않았다면 5대 궁궐 모두가 세계문화유산이 되었을지도 모른다.

이 표석을 중심으로 길은 두 갈래로 갈린다. 오른쪽으로 가면 금천교, 계속 직진하면 궐내각사가 나온다. 궐내각사 쪽으로 직진하여 서쪽의 담장을 따라 걷다 보면 담장 너머 집 한 채를 볼 수 있다. 언뜻 보면 궐 밖에 있어 보이지만 사실 이곳은 창덕궁 영역에 포함된 곳이다. 어쩌다 저런 민가(民家)가 궐 안에 있게 되었을까?

유네스코 세계문화유산 등재 기념비

창덕궁이 지금처럼 문화재로 보호받기 전인 1960년대에 이곳에는 창덕궁 관리소장의 관사가 있었다. 그런데 당시 관사를 민간에게 매매한 것이다. 현재 소유자는 1980년대에 이 건물을 매입했다. 그 뒤로 문화재청은 매입을 위해 계속 협상을 시도하고 있으나 입장 차이로 난항 중이라고 한다.

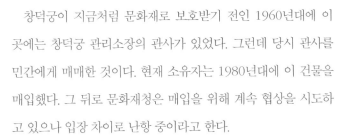

—
창덕궁 돈화문을 끼고 돌담 방향으로 걷다 보면 놀라운 광경이 펼쳐진다. 2층 주택이 궁궐 담 속에 자리 잡고 있는 탓이다. 궁궐 내에 버젓이 들어선 주택을 방치한 까닭을 문화재청에 문의했다. 담당 부서인 문화재청 창덕궁 관리사무소 측은 "사적지 경관을 저해한 까닭에 문화재청도 민가를 매입하기 위해 노력하고 있다"고 말했다.
– 오마이뉴스(2012)

창덕궁 궐역 내에 있는 민가

규장각

규장각

궐내 민가 옆에는 창덕궁의 궐내각사 영역이 자리하고 있다. 대부분의 이곳 전각들은 일제 강점기 때 훼철되었지만, 복원 사업 덕에 지금은 제 모습을 찾아가는 중이다.

우선 내각內閣이라 적힌 문으로 들어가보자. 내각은 규장각奎章閣의 다른 이름이다. 정확히 말하면 '궐내內의 규장각閣'을 일컫는다. 오늘날로 치면 국회도서관 정도로 국내외의 희귀 서책은 물론이고 역대 국왕의 친필이나 서화, 고명顧命 등을 보관, 관리하는 관청이다.

하지만 그 기능에 비해 규장각의 규모는 너무 작다. '고작 저 정도 공간에 진귀한 서책과 보물들을 보관하는가?' 하는 생각이 들 정도다. 그래서 규장각 주변에는 부속 건물들이 많다. 원래 규장각은 정조 때 창덕궁 후원에 만들어졌는데, 그 기능이 점점 커짐에 따라 효율적인 운영을 위해 또 하나의 규장각을 이곳 궐내각사 영역에 만든 것이다.

그 뒤 정조는 화재 등의 재난에 대비해 강화도에 규장각을 하나 더 만들었다. 그곳이 지금의 외外규장각이다. 역사적으로 봐도 화재로 잃은 서책들과 어필, 서화 등

규장각 청사 일부를 오위도총부(都摠府)로 옮기고, 도총부를 창경궁의 옛 건물로 이전하였다. 규장각 제학이 말하길 "내각의 설치에 있어서, 그 직책은 중요하나 위치가 너무 깊숙하여 여러 가지로 편안하지 못한 점이 있으니, 이것이 옮기지 않을 수 없는 까닭인 것입니다."
– 정조실록(1781)

내각은 규장각의 다른 이름이다.

강화유수 김익이 외규장각이 완성되었다는 것으로 아뢰니, 하교하기를 "외규장각의 공사가 이제 이미 끝이 났으니, 봉안할 금보, 옥보, 은인, 교명, 죽책, 옥책과 명나라에서 하사한 서적, 선대왕께서 봉안했던 서적과 사고에서 이봉한 선대왕의 글 등의 서적을 기록하여 책자를 만들고 규장각에 나누어 보관토록 하라." 하였다.
- 정조실록(1781)

이 얼마나 많았는가! 책을 좋아하는 군주답게 대대적으로 규장각을 확장했던 것이다.

외규장각 문서들은 병인양요 때 프랑스 군대에게 약탈당하여 지금은 프랑스 국립도서관에 보관되어 있다. 우리나라가 처음 고속전철을 도입할 당시 프랑스는 로비 차원에서 외규장각 도서를 반환하겠다고 약속한 바 있었다. 그러나 정작 사업이 끝날 때쯤 여론을 핑계로 약속을 지키지 않았다. 그 후 많은 시민 단체의 노력으로 일부는 영구 임대 방식으로 반환되었다.

규장각의 부속 건물 봉모당

규장각 주변에는 검서청檢書廳, 책고冊庫 등의 부속 건물들이 있다. 우선 규장각 바로 옆 검서청은 글자 그대로 책을 검사하는 관청이다. 이곳에서 규장각의 검서들은 서책을 교정하거나 원본과 똑같이 베끼는 등의 일을 했다. 또 규장각 뒤쪽으로는 역대 선왕들의 유품을 보관하던 봉모당奉謨堂이 있다.

이곳의 보물들은 일제 강점기를 거치면서 1969년 창경궁의 장서각으로, 또 1981년 한국정신문화연구원으로 이관되었다.

―
창덕궁의 서남쪽에는 봉모당이 있는데 이곳에 역대 제왕의 어제, 어필, 어화, 고명 등을 봉안하였다.
- 정조실록(1776)

• 향나무 •

규장각 뒤쪽 담 너머에는 향나무 한 그루가 서 있다. 나무의 나이는 700살 이상으로, 지금을 기준으로 보면 1300년대 고려 말 생(生)이다. 조선의 모든 왕들은 물론이고 임진왜란과 병자호란 등 조선의 모든 역사를 직접 목격하고 경험한, 이 정도면 거의 살아 있는 화석이 아닐까 싶다.

태풍으로 상부가 잘린 창덕궁 향나무

이 나무는 200여 년 전 그려진 동궐도상에도 이미 받침목을 이용해 보호하고 있다. 그런데 정작 위기는 얼마 전에 오고 말았다. 2010년 한반도를 강타했던 태풍 곤파스 때 향나무의 윗부분이 날아가버린 것이다. 당시 날아간 윗부분은 종묘제례 때 향으로 사용했다고 한다. 700년 된 향나무는 지금도 묵묵히 작금(昨今)의 역사를 품고 있다.

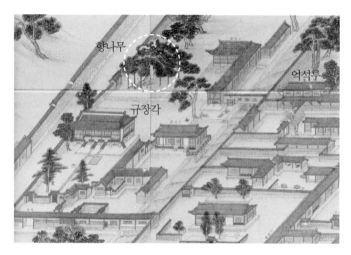

동궐도에 그려진 규장각, 향나무, 억석루

억석루

700년 된 향나무의 오른쪽으로는 금천이 있다. 일제 강점기 이후 말라버린 물길이 너무 아쉽지만, 동궐도를 보며 맑게 흐르는 금천의 모습을 상상해보자. 콸콸 흐르는 물소리가 들리는 듯하다.

금천을 건너 길을 따라 걷다 돌다리를 건너 다시 남쪽으로 내려오면 억석루(憶昔樓)라 쓰여 있는 누각이 있다. 한자를 풀면

약방에서 글을 올렸다. 임금이 경현당에 나아가 삼제조(내의원을 관리하는 정승)를 인견(引見)하고, 친히 '입심억석(入審憶昔, 들어가 자세히 살피면서 옛날 일을 기억하라)' 네 개의 큰 글자를 써서 내의원에 게시하도록 명하였으며, 이어서 음식을 내려 주게 하였다.
– 영조실록(1761)

생각할 억憶, 옛 석昔 즉 '옛날을 생각하
다'라는 뜻이다. 우선 억석루는 내의
원 본청과 아주 가깝다. 1761년의 실
록을 보면 영조는 약방에 옛것을 생
각하라는 뜻의 '입심억석入審憶昔'이라
는 글귀를 써서 내리는데 지금의 억석
루는 이 일화에서 나온 이름이 아닌가
추정된다.

향나무 옆 금천

여기서 영조의 '옛것을 생각하라'라는 말은 최초로 약을 발
명한 신농씨神農氏(중국의 전설에 나오는 삼황三皇 중 하나로 의약의
시조로 알려짐)를 생각하라는 뜻으로, 다시 말해 "의원들은 신

창덕궁 내의원의 부속 건물인 억석루

농씨를 생각하며 의학에 힘쓰라"라는 해석이 가능하다. 여러 기록을 살펴보면 조선 왕실에서 신농씨에 대한 제사는 내의원이 총괄했던 것으로 보인다.

또한 신농씨는 농업의 신이기도 해 임금은 선농단先農壇이란 제단을 만들어 신농씨에게 제사를 지냈다. 이때 제물로 바쳤던 소를 잡아 끓여서 함께 나눠 먹었는데, 여기서 유래된 음식이 설렁탕이다.

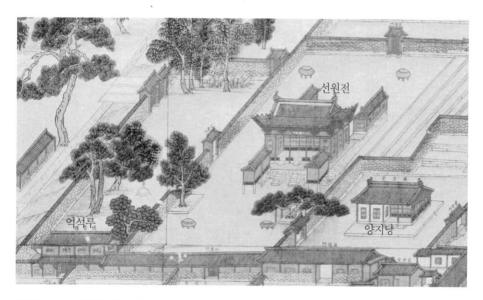

동궐도에 그려진 억석루, 선원전, 양지당

남쪽 회랑에서 바라본 선원전

선원전

억석루를 지나 문을 통과하면 상당한 규모의 건물과 회랑이
나온다. 이곳이 역대 임금의 초상화, 즉 어진御眞을 봉안하던 선
원전璿源殿이다. 조선시대 임금은 어진을 주기적으로 남겼다. 반
신상, 전신상, 어떤 것은 말을 탄 모습도 있었다고 한다. 그러
니 27명의 왕이 남긴 어진의 수도 꽤 많았을 것이다. 어진은
돌아가신 임금 그 자체로 여겨졌다. 따라서 선원전은 궁궐 내
의 종묘 같은 곳으로 임금도 허리 숙여 예를 갖추는 엄숙한 공

전교하기를, "오늘 종부시 제조
들이 선원전에서 선대왕들의 어
진을 봉심하게 된다." 하매, 제조
등이 답하기를 "어용을 모시는
것은 진실로 합당합니다. 다만
선대왕들의 어용이 한 분의 것이
라 하더라도 가짓수가 많아, 태
조대왕의 것은 전신상(全身狀),
반신상, 승마상(乘馬狀)이 있어,
이러한 것이 20여 가지나 되도
록 많고, 이 이하 역대 선대왕의
영정(影幀)은 모두 일정하지 않
은데, 일시에 모두 대궐 안으로
모시리까, 봉심하시는 대로 차례
차례 대궐 안으로 모시리까?

선원전 내부

간이었다. 그러다 보니 조선시대 선대왕의 어진을 봉안하는
일은 많은 인력이 투입되는 국가적 행사였다.

선조가 도성을 버리고 도망칠 때도 선대왕들의 어진을 챙겼
다고 하니 당시 어진을 모심에 이런 지극정성을 보이는 것도
이해는 된다. 보통 어진은 비단 위에 그리는데 시간이 지나면
탈색되고 낡아지기 때문에 주기적인 모사를 통해 다시 제작하
였다.

그럼에도 불구하고 지금 남은 어진은 몇 점
뿐이다. 결정적 사건은 바로 한국전쟁이다. 전
쟁 통에 부랴부랴 어진을 부산으로 옮겼지만
관리인의 실수로 불이 났고 대부분의 어진이
잿더미로 변해버렸다. 지금 온전히 남은 어진
은 태조, 영조, 철종, 고종, 순종 정도이다.

선원전 옆에는 부속 건물인 양지당이 있다.

선원전 본전의 〈조선 태조왕 이성계상〉(1913년 촬영)

임금이 선원전에서 제사를 모시기 전 잠시 머물면서 몸과 마음을 다잡았던 곳이다.

예문관

양지당에서 남쪽으로 조금 더 내려오면 예문관藝文館이 나온다. 왕실의 모든 공식 문서를 작성하는 관청이다. 임금의 일거수일투족을 기록하는 실록을 비롯해서 어명을 적은 교서敎書 등 궐내외 공식 문서 역시 모두 이곳에서 작성되었다. 쉽게 말해 당대 최고의 글쟁이들이 근무하던 관청인 것이다.

예문관

예조가 아뢰기를, "남해 노량은 곧 고(故) 통제사 이순신이 순절한 곳입니다. 그런데 옛날에 세웠던 사당이 좁고 퇴락하였으므로 이번에 새로 개축하였습니다. 따라서 특별히 사당에 편액을 내려 절의를 높이고 후인을 권장하는 발판으로 삼는 것이 타당할 듯합니다. 편액과 교서(敎書)를 예문관으로 하여금 속히 지어 올리게 하소서." 하니, 따랐다.
– 현종실록(1662)

약방(내의원)

약방

임금이 전교하길 "내가 여러 달 병을 앓다가 이제야 거의 회복이 되었다. 약방 제조와 의원들에게 상을 주지 않을 수 없다. 의녀 대장금과 계금에게는 쌀과 콩을 각각 15석씩 내리라" 하였다.

– 중종실록(1533)

예문관의 서쪽에는 약방藥房이 있다. 바로 어의 허준과 내의녀 장금이가 열심히 일하던 내의원이다. 장금長今은 중종 시대의 내의녀로 워낙 많은 공로를 세워 이름 앞에 특별히 대大자를 붙여줬다고 한다. 실록에도 그 이름이 등장할 정도니 실제 그녀의 활약이 어떠했는지 미루어 짐작할 수 있다.

허준은 선조의 어의御醫였다. 그는 1592년 선조가 파천을 떠나기 전까지 이곳 약방에서 근무하며 의학을 연구했다. 허준, 하면 《동의보감》이 절로 떠오른다. 선조는 임진왜란 당시 역병의 창궐로 괴로워하는 백성들의 모습을 보고 허준에게 의서

편찬을 명한다. 역병 덕에 최고의 의서가 탄생한 것이다.

옛말에 위기를 극복하면 기회가 온다는 말이 있다. 마치 허준을 두고 한 말인 듯하다. 주변의 추천을 통해 이곳 약방에 들어온 허준은 왕자의 역병을 치료하게 된다. 원래 왕실 가족이 역병에 걸리면 의원은 아주 보수적으로 약을 쓰기 마련이다. 환자가 잘못되면 그 책임을 져야 하기 때문이다. 따라서 의학적 도전이 결코 쉽지 않은 상황이었다. 그럼에도 허준은 과감하게 약을 썼고 그 덕분에 왕자가 완치되어 허준은 당상관(堂上官) 반열에 오른다. 서자 출신의 내의원 의원이 양반의 전유물인 당상관에 올랐으니 이는 실로 엄청난 사건이었다.

지금 창덕궁 약방에는 의관(醫官)이 없다. 약재를 달이는 한의

중종실록에 기록된 '의녀 대장금'(1533년)

임금이 말하길 "지난해 두창(痘瘡)이 매우 위험했었는데 여염에서는 한집안에서 잇달아 죽은 경우도 있다니 놀라고 참담함을 느꼈다. 이번 아이의 누이도 두창으로 잃었다. 불과 열흘 사이에 위급해져 다시 살아날 가망이 없었는데 다행히도 다시 살아난 것은 허준의 공이니, 당상관에 제수하지 않으면 그 공을 갚을 수 없다." 하였다.
– 선조실록(1591)

동궐도에 그려진 예문관, 약방, 옥당. 특히 약방에 묘사된 약연(藥碾)과 가마솥이 흥미롭다.

원 특유의 냄새도 나지 않는다. 그냥 건물만 있을 뿐이다. 그래도 허준이 일했던 곳이니 잠깐 내의원 마루에 앉아 상상을 해보자. 많은 의원들이 동분서주하며 움직였을 것이고 서리들은 약재를 자르고, 말리고, 달였을 것이다. 동궐도의 약방 부분에 묘사된 약재를 빻는 기구, 또 약초를 달이는 가마솥의 모습이 이런 재미난 상상에 도움을 줄 것이다.

옥당

약방에서 나와 오른쪽을 보면 옥당玉堂이 나온다. 옥당은 홍문관弘文館의 별칭으로 오늘날로 치면 대통령 정책 자문 기구에 해당한다. 왕은 자신이 원하는 것을 마음대로 할 수 있는 자리가 아니다. 자신이 원하는 정책을 추진하고 싶으면 기라성 같은 대신들을 설득하고 그들의 동의를 얻어야 한다. 그러려면 많이 알아야 하는데 임금이 모든 정책을 다 알 수 없기 때문에 옥당을 통해 자문을 받는다. 임금과 늘 가까우니 임금의 신임을 얻기 쉽고, 그러다 보니 삼정승으로의 승진이 어느 정도 보장되는 부서가 바로 옥당이다. 실제로

옥당은 홍문관의 별칭이다.

옥당의 힘이 느껴지는 편액

조선시대 삼정승치고 옥당을 거치지 않은 이가 없다 할 정도로 옥당은 꿈의 관청이었다.

　1655년 인조는 가뭄이 심해지자 스스로 수라상의 반찬을 줄이고 침전이 아닌 작은 규모의 건물에서 생활을 했는데 왕의 이런 행동은 고통 분담이기도 하고, 또 스스로 검소한 생활을 함으로써 하늘에 감동을 주어 역경을 헤쳐나갈 힘을 받기 위함이기도 했다. 이런 일을 정할 때도 임금은 가장 먼저 옥당의 의견을 경청했다. 1655년 인조실록을 보면 옥당에 대한 왕의 신

예조 판서가 아뢰기를, "지금 가을철이 이미 절반이나 지났고 강우량 또한 흡족하니, 이제는 평상시의 반찬 가짓수를 회복하소서." 하니, 임금이 이르기를, "정전을 피한 지 얼마 안 되는데 문득 다시 돌아가는 것은 마음에 편치 않다." 하였다. 이어서 묻기를, "옥당의 뜻은 어떠한가?" 하니, 대답하기를, "정전을 피하였던 것은 가뭄 때문이었는데, 지금 비가 이미 흡족하게 왔으니 굳이 시일이 얼마 되지 않았다고 해서 어렵게 여기실 것은 없습니다." 하니, 상이 이르기를, "여러 사람의 의견이 이와 같으니 억지로나마 따르지 않을 수 있겠는가." 하였다.

－ 인조실록(1655)

임이 얼마나 두터운지 알 수 있다.

정문을 통해 들어가기 전 잠시 담 넘어 옥당의 편액을 바라보자. 꽉찬 구도에 옥당의 힘이 느껴진다. 이제 정문 안으로 들어가 한 바퀴를 돌아보자. 이곳은 찾는 관람객이 거의 없어 늘 조용하다. 사람의 온기가 사라진 전각은 왠지 한겨울 마른 장작 같은 느낌이다.

금천교

옥당에서 나오면 왼쪽으로는 정전으로 향하는 진선문이, 오른쪽으로는 금천교錦川橋가 있다.

창덕궁의 금천교는 지어진 지 무려 600년이 넘는다. 태종 초기 만들어진 모습 그대로 지금까지 자리를 지키고 있는 것이다. 1411년이면 태조 이성계(1335~1408)를 제외한 모든 왕

창덕궁에 누각과 침실을 짓고, 또 진선문 밖에 돌다리를 놓았는데, 공조 판서 박자청을 시켜 그 공사를 감독하게 하였다.
– 태종실록(1411)

창덕궁 금천교 서수

이 이 다리를 건넜다고 봐야 한다. 그 악명 높은 폭군 연산군
도, 성군 세종대왕도 말이다.

동궐도에도 묘사된 금천교의 서수는 600년의 세월에 마모
가 되었는지 무서움은 사라지고 푸근함만 남았다. 서수의 귀
여운 표정에 절로 웃음이 지어진다. 다만 한 가지 아쉬운 점이
라면 일제 강점기에 물길이 끊겨 말라버린 금천이다. 응봉 자
락의 맑은 물은 언제 다시 흐르게 될까.

상의원

금천교의 남쪽에는 상의원尙衣院 건물이 있다. 글자 그대로 높
은 분尙의 의복을衣 만드는 관청이다. 당대 최고의 재단사가 이
곳에서 왕의 의복을 만들었다. 워낙 실력 좋은 장인들에, 최고
품질의 옷감이 들어오니 아마 당시 대
부분의 사람들은 상의원 장인들의 옷
을 입어보고 싶어 했을 것이다. 옷이
날개라는 말은 조선시대에도 통용되
었을 것이니 말이다.

그런데 효종 때 한 내시가 상의원
장인에게 했던 부당한 요구로 조정이
발칵 뒤집히는 사건이 일어났다. 조선
시대 내관들은 고자니, 없는 놈이니

상의원

곤룡포(袞龍袍) (국립고궁박물관)

하며 업신여김을 당했지만 물리적으로 왕과 가깝기 때문에 권
력의 중심에 있었고, 이를 내세워 행패를 부리는 일도 종종 있
었다.

동궐도에 그려진 창덕궁 서남쪽 영역

진선문

진선문

상의원을 지나면 눈앞에 진선문進善門이 들어온다. 진선문은 궁궐의 정문과 정전의 정문 사이의 중문이다. 경복궁으로 치면 광화문과 근정문 사이의 홍례문과 같다. 광해군 연간 중건된 진선문은 불행히도 1908년 사라지고 만다. 자동차의 통행에 방해가 된다는 이유에서였다. 1908년이면 1910년의 경술국치 이전이었지만 이미 내각은 일제의 꼭두각시인 친일파들의 차지였다.

사라진 진선문은 1996년에 복원 공사를 시작했고 1999년 완공되어 오늘에 이르렀다. 그런데 여기에는 미묘한 논쟁이

1915년부터 20년에 걸쳐 일제가 간행한《조선고적도보(朝鮮古蹟圖譜)》속 창덕궁 진선문과 금천교

있다. 진선문이 헐리기 전에 찍은 사진에는 금천교와 진선문이 일직선으로 이어져 있다. 동궐도 역시 마찬가지다. 하지만 실제 금천교에서 바라보면 진선문의 위치가 일직선에서 벗어나 조금 삐딱하다. 일부에서는 진선문의 위치는 맞지만 금천교가 일제 강점기 때 뒤틀렸다고 주장한다. 2001년 발굴 조사에서도 지금의 금천교가 북쪽으로 살짝 옮겨져 있다는 사실이 확인되기도 했다.

(중략) 금천교는 현재 진선문과 숙장문의 축과 일직선상에 놓여 있지 않다. 하지만 1820년대에 그려진 것으로 추정되는 〈동궐도〉를 통해 보면 일직선상의 축에 놓여 있음을 알 수 있다. 이와 관련해 2001년 현재 금천교 발굴 조사를 통해, 원래의 위치에서 일제 강점기 때 현재의 위치로 왜곡되었을 가능성이 제기되고 있다.
– 대한민국 정책 브리핑(2005)

지금의 금천교와 진선문은 일직선으로 이어져 있지 않다.

• 인정전 바깥 행각 – 궁궐 건축가 박자청 •

진선문을 통과하면 회랑과 행각으로 둘러싸인 넓은 뜰이 나온다. 이곳은 정전인 인정전에서 열리는 행사의 대기 장소로 사용되거나, 정전으로 들어가지 못한 일정 관직 이하의 신하들이 나열하는 곳이다.

인정전의 바깥 행각

그런데 전체적인 형태가 약간 이상하다. 보통의 궁궐은 직사각형으로 공간을 만들기 마련인데 이곳은 얼핏 봐도 직사각형과는 거리가 멀다. 여기에는 목숨 걸고 자신의 건축 철학을 지키려 했던 박자청의 이야기가 숨겨져 있다.

태종 당시 웬만한 궁궐 건축은 모두 박자청에게 일임되었으니 그는 당대 최고의 건축가였다. 그런 그가 명을 받들어 이곳에 전각을 세우게 되는데 막상 설계를 하다 보니 그 모양새가 좀 삐딱했던 것이다. 이 소식을 들은 태종은 직사각형으로 하라는 요구를 하지만 박자청은 듣지 않았다. 감히 어명을 어긴 것이다. 어명

처음 임금이 인정문 밖에 행랑을 건립하라는 명령을 내리고 박자청으로 하여금 공사를 감독하게 함과 동시에 아무쪼록 단정하게 하라고 했는데, 자청이 뜰의 넓고 좁은 것도 측정하지 않고 짓기를 시작하여 이미 기둥을 세우고 상량까지 하였으니, 인정전에서 굽어보면 경사가 져서 바르지 못하므로, 임금이 성내어 곧 헐어버리게 하고 박자청 등을 하옥시키게 하였다.
– 태종실록(1419)

동궐도에 그려진 인정전의 바깥 행각

박자청의 건축 철학이 고스란히 반영된 인정전 바깥 행각

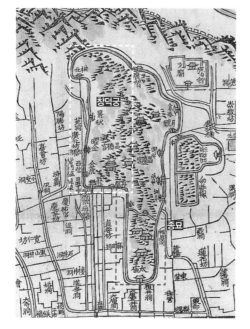

박자청은 종묘의 배산을 건드리지 않도록 바깥 행각의 구조를 바꾸었다.

을 어긴 박자청의 자신감은 도대체 어디서 나왔을까?

창덕궁 남쪽에는 종묘와 연결되는 작은 언덕이 형성되어 있다. 종묘 입장에서는 그 작은 언덕이 배산임수의 산이 되는 것이다. 그런데 만약에 이곳 행각을 직사각형으로 조성하게 되면 의도적으로 언덕을 깎아야 한다. 다른 곳도 아닌 종묘의 배산을 건드리면 어떻게 되겠는가! 그래서 박자청은 언덕을 건드리지 않는 선에서 지형에 맞게 행각을 지은 것이다.

하지만 이곳 역시 일제 강점기 때 자동차 통행에 방해가 된다는 이유로 모두 사라지고 만다. 이후 공터로 남아 있던 이곳은 1999년 복원되었다. 하지만 역시 미완의 복원이다.

동궐도를 보면 이곳은 회랑이 아닌 행각의 형태로 다양한 관청들이 있었다. 그런데 지금의 모습은 기둥만 남은 회랑일 뿐이다. 그리고 생뚱맞게 정청(政廳), 상서원(尙瑞院), 호위청(扈衛廳) 같은 관청의 편액만 걸려 있다. '이곳이 관청이다'라는 명판은 있는데 담도 문도 없는 것이다.

벽이 없는 회랑 형태로 복원된 인정전 바깥 행각에는 관청의 편액만 덩그러니 걸려 있다.

정청

인정전 바깥 행각에 어떤 관청이 있었는지 살펴보자. 우선 진선문을 등지고 왼쪽에는 정청政廳이 있다. 정청은 이조와 병조에 속한 부서로 인사 업무를 전담했다. 이조와 병조의 본청은 경복궁 앞 육조거리에 있었기 때문에 편의상 궁궐 안에 집무실을 둔 것이다. 쉽게 말해 용산의 국방부와 세종시의 행정안전부 실무자들이 청와대 내에서 근무한다고 생각하면 된다.

많은 이들이 조선의 태평성대가 세종 시대라 알고 있지만 사실은 성종 시대이다. 그 이유는 개국 초 많은 위기가 극복되

어서(御書)로 정청(政廳)에 보이기를, "여러 공신과 대신의 자식으로서 일을 맡길 만한 자는 오늘날 사만(仕滿, 근무일수가 참)을 헤아리지 말고 기량에 따라 올려 쓰라. 이는 공신과 대신을 존중하고 여러 사람을 권장해 나아가게 하는 뜻이다. 옛사람은 그 아들을 천거한 자도 있었으니, 만약 내 마음이 바르면 하늘에도 부끄럽지 아니한데 어찌 사람에게 부끄럽겠는가? 비록 이조(吏曹), 병조(兵曹) 대신의 아들로서 만약 조정 안에서 그 재능을 함께 아는 자라고 하면 서로 천거하는 것이 또한 가하다." 하였다.
– 성종실록(1485)

정청

고 안정기로 들어설 때가 바로 성종대였기 때문이다. 여기에
는 인재 선발에 대한 성종의 능력도 한몫했다.

배설방과 내병조

이제 시선을 진선문 바로 오른쪽으로 옮겨보자. 편액은 없지
만 동궐도상에 이곳은 배설방排設房이다. 늘어설 배排, 시설 설設,
즉 행사 때 쓰는 각종 기구나 시설을 관리하는 곳이다. 늘 행사
를 달고 사는 조선 왕실이니 배설방은 매일 바빴는데, 특히 중
국에서 사신이라도 오면 아마도 배설방은 24시간 내내 가동
되었을 것이다.

예조에서 사신을 맞이하는 의례
의 절차를 아래와 같이 아뢰었
다. "누각의 서북쪽에 천막을 설
치하고, 앞에는 홍살문을 세워
오색 비단으로 꾸미고, 상왕 전
하와 전하의 자리는 북쪽 가까이
동향하여 배설하되, 전하의 자리
는 약간 뒤로 물려 설치한다."
– 세종실록(1418)

내병조 현판

배설방 옆에는 내병조內兵曹가 있다. 글자 그대로 궁궐 내內 병
조다. 군 통수권자인 왕이 궁궐 안에 있으니 당연히 병조도 궐
내에 있어야 한다.

원역처소와 호위청

내병조 앞에는 원역처소員役處所가 있다. 원역이란 '구실아치'
라고도 하는데 조선시대 벼슬아치 아래 그들을 보좌하는 하급
관리를 말한다.

내병조 옆은 호위청扈衛廳이란 편액이 걸려 있다. 왕의 호위를
담당하는 관청이다. 일반적으로 쿠데타로 집권한 정부는 호위
에 대해 더 많은 신경을 쓰게 된다. 대표적인 왕이 바로 인조였

임금이 명하길 "송영망은 호위
청이 설치된 뒤로 매일 입직하여
그 노고가 다른 사람들보다 백배
나 되고, 이번 변란 때에도 혼자
서 수고한 공로가 없지 않으니,
보답하는 상을 내려 그의 충성을
표창하지 않을 수 없다. 담당 관
청은 내가 가상히 여기는 뜻을
보이라."
– 인조실록(1627)

원역처소

다. 삼촌인 광해군의 호위가 허술한 틈을 타 반정을 일으켜 왕
이 된 이가 인조니, 그는 자신을 호위할 군대를 더욱 강화하기
위해 호위청까지 만들었던 것이다.

상서원

호위청 옆 편액은 상서원尙瑞院이다. 궁궐에서 가장 상서로운 것은 무엇일까? 왕권의 상징인 옥새玉璽다. 옥으로 만든 도장을 옥새, 금으로 만든 도장을 금인金印이라고 하지만 보통 옥새로 통칭한다. 상서원은 바로 이런 도장들을 관리하는 관청이다.

이외에도 상서원은 임금의 서명에 해당하는 화압畵押, 마패처럼 왕의 명령을 전달할 때 주는 승명패承命牌 등을 관리했다. 그래서 왕이 위중하면 가장 먼저 궐내 상서원 주변이 호위된다. 이 말은 반정을 일으킨 이들이 가장 먼저 장악해야 할 곳이 바로 상서원이란 뜻이다. 연산군을 쫓아내고 반정에 성공한 세력들 역시 가장 먼저 상서원에 보관된 연산군 관련 물건을 없애버렸다.

이처럼 상서원은 무척 중요한 관청이다. 그러나 안타깝게도 이 중요한 관청에 문도 벽도 없이 그냥 편액만 걸려 있는 것이다. 이외에도 이곳에는 궐내 군인들의 장비를 관장했던 정색政色, 행사 중 천막을 관리했던 전설사典設司 등의 관청이 있었다.

이제 창덕궁의 정전 인정전으로 이동해보자.

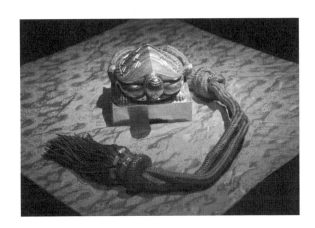

금인(金印) (국립고궁박물관)

창덕궁의 정전 인정전

인정전

인정문과 인정전

　창덕궁의 정전인 인정전仁政殿은 정문인 인정문仁政門을 통해 바라보면 더욱 웅장하다. 인정문의 가운데 문에 인정전의 편액을 넣어보자. 인정전이란 글씨가 인정문을 통해 눈에 들어오니 장엄함이 배가 되는 느낌이다. 역시 정전은 정문을 통해 보아야 특유의 분위기를 느낄 수 있다. 저 정전의 주인이 되기 위해 얼마나 많은 사람들이 피를 흘렸겠는가. 조선 정치사는 결국 정전 탈환의 역사이다.

인정전의 역사

인정전은 1405년 태종 연간 만들어졌다. 이후 연산군 때 화려한 변신을 하게 된다. 지붕이 청기와로 탈바꿈한 것이다. 당시만 해도 청기와는 워낙 비싸 재정적으로 많은 부담을 주는 공사였다. 그러나 재정을 전혀 신경 쓰지 않은 왕이 바로 연산군이었다.

하지만 화려한 청기와의 인정전도 임진왜란의 화마火魔를 피할 수는 없었다. 순식간에 잿더미로 변한 인정전은 광해군 연간 다시 제 모습을 갖추게 되었다. 임진왜란 이후 방치된 경복궁의 근정전 대신 인정전은 조선 왕조의 정전으로 그 기능을 다했다.

인정문을 통해 바라본 인정전

목조 건물인 인정전은 중건된 지 70여 년이 지나 여기저기 비가 새고 기둥이 썩기 시작했다. 그러나 문제는 재정이다. 아무리 상징적인 정전이지만 수리에는 세금이 쓰인다. 그래서 궁궐의 전각 수리는 여론을 살피는 일이 중요했다.

1682년 실록의 내용처럼 숙종 때 수리된 인정전은 백여 년이 지난 1803년에 화재로 소실되고 만다. 힘들게 이어온 인정전의 역사가 한순간 잿더미로 변해버렸다. 정전은 왕조의 상징이다. 게다가 인정전 옆에는 선대왕의 어진을 모시는 선원전이 있었다. 그러니 당시 임금은 어떤 마음이었을까?

화재 이후 인정전은 바로 공사를 시작해 다음 해인 1804년,

—
"인정전은 청기와로 이어야 한다. 사찰도 청기와를 이은 것이 많은데, 하물며 왕의 정전이랴. 그러나 청기와를 갑자기 마련하기 어려우니 금년부터 해마다 구워 만들어 정전만은 으레 청기와로 이도록 하라."
– 연산군일기(1505)

—
비변사가 아뢰기를, "인정전 등과 같은 크게 고쳐야 하는 전각은 거의 조성하였으니, 명년의 여름이나 가을을 벗어나지 않아서 이어를 할 수 있게 될 것입니다." 하니, 임금이 윤허하였다.
– 광해군일기(1608)

임금이 지난번에 인정전을 내년 봄을 기다려 수리하리라 하였는데, 이때 이르러 말하기를, "옛 것을 그대로 수리하는 것은 비록 새로 짓는 것과는 다르나, 반드시 많은 날짜를 허비한 뒤에야 완성할 수 있다. 춘궁기를 당하여 백성들이 가난에 허덕일 때 큰 공사를 일으키는 것은 백성들을 안정시키고 휴식하게 하는 도리에 어긋나는 것이니, 가을을 기다려 거행토록 하라." 하였다.
– 숙종실록(1682)

인정전이 불탔다. 선정전 서쪽 행각에서 불이 일어나 인정전까지 연소된 것이니 궁성을 호위하라고 명하였다. 선원전이 인정전에 근접함으로 규장각 직제학 김근순 등이 명을 받들고 선원전에 나아가 3실의 어진을 이봉하여 임시로 봉안하였다. 임금이 말하기를, "선왕의 정전이 이렇게 모두 불에 타 있으니, 황공하고도 두려운 마음을 견줄 데가 없다." 이에 좌의정, 우의정이 두려워하며 자신들의 죄를 청하니 임금이 말하기를, "지나치다." 하였다.
– 순조실록(1803)

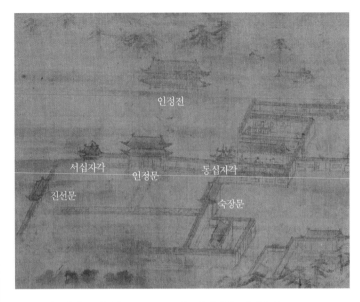

1560년대 그려진 〈은대계회도(銀臺契會圖)〉에 묘사된 인정문과 인정전.
임진왜란 이전 인정문은 중층 구조로, 동서 행랑에는 중층 십자각이 설치되어 있었다.

지금의 모습으로 완공되었고, 1857년 철종 연간에 한 번 더 보수가 이루어졌다.

인정전의 기능

창덕궁의 정전인 인정전은 경복궁의 근정전처럼 조회, 각종 의례, 사신 영접, 즉위식, 과거시험 같은 국가 행사가 열렸던 곳이다. 과거시험도 열렸다니, 오늘날로 비유하자면 국가 공무원 시험을 청와대 앞마당에서 치른 것이다.

과거시험을 보기 위해 전국의 유생들이 새로운 인생을 꿈꾸며 창덕궁으로 몰려들었다. 그런데 문제는 화장실이었다. 사

〈인정전진하도(仁政殿陳賀圖)〉(1848년, 국립중앙박물관)

람이 긴장을 하면 자주 소변이 마려운 법인 데다가 당일 몰려
든 유생이 너무 많아 측간의 사용 한도를 넘어선 것이다. 여기
저기 노상방뇨를 하는 이들이 늘어났고 인정전 주변에 악취가
진동했다. 결국 이 사실이 왕에게까지 전해지고 만다. 당시 임

—
임금이 전교하였다. "인정전에
서 전시를 누차 거행하여 매우
더러워졌다. 소변을 보는 일 따
위를 병조로 하여금 각별히 엄금
하게 하고, 할 일을 착실히 거행
하도록 하라."
– 광해군일기(1618)

금은 궁궐을 끔찍히도 사랑했던 광해군이었다. 광해군은 병조
에 이를 철저히 단속하라는 명을 내렸다.

인정전 조정

인정전의 조정에는 바위를 얇게 깨서 만든 박석이 깔려 있
다. 그런데 유심히 보면 박석의 모양이 모두 정형화되어 있다.
이는 가공되지 않은 바위가 박혀 있는 듯한 근정전의 박석과
대조적이다. 동궐도상에도 박석은 둥글게 묘사되어 있다. 그런
데 현실은 네모반듯한 박석이다. 도대체 언제 이렇게 바뀌었
을까?

일제 강점기 인정전의 조정에는 박석이 제거되고 정원이 들
어섰다. 문제는 광복 이후였다. 정원은 철거되었지만 대한민
국 정부는 이곳 조정에 박석 대신 잔디를 깔았다. 이후 다행히
잔디는 걷어냈지만 어떤 이유에서인지 그 자리에는 기계로 자
른 듯 네모반듯한 박석들이 채워졌
다. 시간과 돈이 많이 드는 인력보다
는 기계의 힘으로 돌을 다듬었던 것
이다.

이곳 인정전도 근정전처럼 가운데
에는 어도, 양쪽으로는 품계석이 줄
지어 있다. 이 품계석은 행사 때 기준
없이 무질서한 모습을 본 정조가 명
을 내려 처음 세웠다. 그러니까 1777

자연스러운 근정전 조정의 박석

일제 강점기 사라진 인정전의 박석(좌), 광복 후 박석 대신 잔디가 깔린 인정전 조정(중), 1994년 네모반듯한 박석으로 복원된 조정(우)

년, 정조 이전에는 아예 품계석이란 것 자체가 없었다고 보면 된다.

—
인정전 뜰에 품계석을 세웠다.
조하 때의 품계가 매양 문란해졌
으므로 품계에 따라 돌을 세워
반열의 줄을 정하도록 명한 것이
다.
– 정조실록(1777)

창덕궁 대화재 이후 제작된 동궐도에 그려진 인정전

이화문

인정전 동쪽 회랑

인정전 회랑

인정전의 회랑도 근정전의 회랑처럼 미완으로 복원되었다. 일제 강점기에 사라진 회랑을 1990년대 초 다시 복원하는 과정에서 본래의 행각 모습이 아닌 회랑 형태로만 복원되었기 때문이다. 동궐도에는 인정전을 둘러싼 행각에 다양한 관청이나 창고가 있다. 잠시 동궐도를 통해 살펴보자.

우선 향을 보관하는 향실이 있다. 또한 내삼청內三廳은 내금위內禁衛, 겸사복兼司僕, 우림위羽林衛 이렇게 3개의 관청을 합쳐 부르는 말로, 왕의 전담 호위무사들을 관리하는 관청이라 생각하면 된다. 이 중 겸사복은 요즘으로 치면 대통령 근접 경호팀으로 최정예 요원들이 모인 곳이다.

그런데 영조가 겸사복장을 불러 곤장을 치는 일이 벌어졌다. 워낙 장수한 왕이라서 그런지 영조는 대부분의 신하들을 자식 대하듯 하는 경우가 많았다. 보통 대신이 잘못하면 파직하거나 귀양을 보내는 경우가 많은데, 영조는 자식에게 회초리를 치듯 신하에게 곤장을 쳤다. 게다가 겸사복장이면 심복과 같은 자인데 곤장을 쳤으니 이를 본 사관은 1734년의 실록에 개탄하듯 당시를 기록하고 있다.

이외에 인정전 행각에 위치한 관청으로는 서방색과 관광청, 악기고 등이 있다. 서방색은 임금의 벼루 등 문방구를 담당하는 관청이고, 관광청은 과거시험을 주관하는 관청이다. 끝으로 악기고樂器庫는 인정전 내 행사 때 사용하는 악기를 보관하는 창고였다.

세조 때에는 악기고에 도둑이 들어 보관 중이던 의복을 훔쳐 달아난 사건이 있었다. 이 소식을 들은 세조는 화를 내며 반드시 도둑을 잡으라 명하는데, 어명을 내린 부서가 병조와 의금부 그리고 심지어 서울시청 격인 한성부까지 무려 세 곳이었다. 아무리 그래도 도둑 한 명 잡자고 이렇게 대대적인 수색을 하라고 하다니, 대궐의 악기고에 들어와 도둑질한 사람이나 잡범 한 명을 잡기 위해 엄중한 어명을 내리는 임금이나 대단하기는 마찬가지다.

행각도 다 살펴보았으니 이제 천천히 어도를 걸으면서 눈앞에 다가오는 인정전의 웅장함을 느껴보자. 그런데 인정전의 용마루에는 조금 특이한 문양이 박혀 있다. 바로 이화꽃 문양

—

주상이 겸사복장 이우를 잡아들여 곤장을 쳤으니, 직무를 수행하지 못한 것과 예의와 절도를 갖추지 못한 것 때문이었다. 신하가 죄가 있으면 파직할 수도 있고 유배를 보낼 수도 있으니 굳이 군율(軍律)로써 시행할 필요는 없는 것인데, 임금은 일찍이 사대부를 업신여기고 당하관 보기를 일반 사병과 같이 여겨 걸핏하면 곤장으로써 형벌을 가하니, 견식이 있는 사람은 근심하고 탄식하였다.
– 영조실록(1734)

—

형조, 한성부, 의금부에 전지하기를, "도둑이 대궐 안의 악기고(樂器庫)에 들어와서 관대(冠帶) 등의 물건을 훔쳐 갔으니 도성 안의 인가(人家)를 수색하도록 하라." 하였다.
– 세조실록(1462)

대한제국의 상징인 이화문

이다. 조선은 이李씨 왕조이고, 한자로 오얏꽃(배꽃)이란 뜻이 있다. 그래서 대한제국의 상징 역시 이화문李花紋이다.

순종 황제가 창덕궁으로 이어하면서 인정전은 황궁의 정전이 되었고 정전 용마루에도 이렇게 이화문 장식이 들어선 것이다.

인정전 내부

인정전 내부

인정전은 경복궁의 근정전처럼 2층 형식의 전각에 내부는 통층이다. 그러나 근정전과 다르게 바닥에는 마루가 깔려 있

인정전 내부

고 전등, 유리창, 황금색 커튼까지 달려 있다.

이곳 인정전은 순종 황제가 승하한 1926년까지 사용됐다. 그러다 보니 1920년대의 모습을 그대로 보여준다. 우선 전등과 유리창은 이미 1800년대 말부터 경복궁에 설치되기 시작해 대중화된 근대 문물이다. 다음으로 황금색 커튼이 보인다. 창덕궁은 대한제국의 황궁이니 당연히 커튼도 황금색이어야 한다. 하지만 우리의 의지와 관계없이 변형된 곳도 있다. 전통적인 정전 바닥인 검은색 전돌이 사라지고 마루가 깔려 있다. 게다가 어느 순간 인정전의 어좌와 일월오봉도는 철거되고 그 자리에 서양식 가구와 일본화가 그려진 병풍이 세워졌다. 참고로 지금의 어좌는 1960년대에 복원된 것이다.

인정전의 가장 큰 비극은 한일병탄 이후 일본인들의 관람 코스가 되어버린 것이다. 비록 국권은 강탈당했지만 엄연히 황제가 있던 궐이었다. 이보다 비참할 수는 없다.

이왕직 사무관이 조선실업시찰 240인을 인도하여 인정전을 관람시켰다. 차관 고미야 미호마쓰가 장관을 대신하여 인사말을 하자 단원들이 모두 만족해하는 뜻을 표하고는 물러갔다.
– 순종실록(1911)

어좌와 일월오봉도 병풍이 사라진 일제 강점기의 인정전 내부 (1910년)

빈청

대신 2품 이상이 빈청에 모여 아뢰기를, "대행 대왕(숙종)의 능호를 명릉이라 칭호함이 마땅합니다." 하니, 임금이 그대로 따랐다.

– 영조실록(1720)

동궐도에는 인정전의 동문인 광범문 옆으로 승정원, 내반원 등 많은 관청이 있지만, 실제로 문을 통과하면 텅 빈 공터가 나온다. 그 많은 전각들은 어디로 사라지고 이런 공터가 생겼을까? 이제는 안다. 대부분의 전각은 일제 강점기에 모두 사라졌다는 사실을. 그러나 사라졌다고 그냥 지나칠 수는 없는 법이다. 동궐도를 보면서 이곳에 어떤 관청들이 있었는지 살펴보자.

이곳 궐내각사에서 제일 중요한 관청은 뭐니 뭐니 해도 빈청賓廳이다. 빈청은 당상관급 이상의 관료들이 정기적으로 모여

인정전 동쪽의 궐내각사 터

일제 강점기에 차고로 변형된 빈청은 훼손과 변형이 심해 현재는 카페로 운영 중이다.

정무를 보는 장소였다. 사실상의 모든 행정적 결정은 이곳에서 마무리되어 임금에게 올려졌다.

　동궐도를 보면 빈청은 그 역할만큼이나 규모가 있는 건물이다. 옆에는 우물과 측간도 보인다. 이런 빈청이 어디쯤 위치해 있는지 확인해보니 지금의 창덕궁 카페 자리다. 사실 이곳 빈청 건물은 일제 강점기에 순종의 자동차를 보관하는 차고로 바뀌게 되는데, 그때 이미 복원이 의미가 없을 정도로 변형되고 만다. 광복 이후 빈청 건물은 순종어차純宗御車를 전시하는 공간으로 사용되었고 자동차가 국립고궁박물관으로 옮겨지며 지금의 카페가 들어선 것이다.

동궐도에 그려진 인정전 동쪽 궐내각사

승정원 터

동궐도상 빈청 옆 숙장문 쪽에는 비서인 승지들이 일을 하는 승정원承政院이 있다. 승정원은 왕명을 각 부서에 전달하는 역할을 한다. 하지만 승지들은 단순한 전달자만은 아니었다. 때로는 자신의 의견을 내세우며 임금과 부딪치는 경우도 많았다. 이처럼 비서들도 자신의 주장을 펼치니 조선시대 임금의 노릇은 결코 녹록지 않아 보인다.

사간원 터

승정원의 이웃 건물은 사간원司諫院이다. 사간원이야 말로 왕이 정말 두려워하는 관청이다.

조선 조정에는 왕의 언행에 어느 정도 딴지를 걸 수 있는 부서가 세 군데 있다. 정책 자문 기구인 옥당(홍문관), 감찰 기관인 사헌부, 그리고 언론 기관인 사간원이다. 보통 이들을 3사라고 불렀는데, 특히 사간원은 민심을 전달하는 창구 역할을 했다. 요즘으로 치면 언론 기능에 해당한다.

이러한 사간원의 상소를 매우 부담스러워하는 임금이 있었으니 바로 연산군이었다. 원래 독재, 독단을 하려는 지도자는 언론을 꺼려 한다. 그래서 가장 먼저 언론 통제를 하기 마련이다. 1504년 실록의 기록대로 연산군은 사간원을 바로 폐지해버린다.

선전관청 터

사간원 위, 선정문 앞쪽에는 선전관청宣傳官廳이 있었다. 선전관은 왕의 비서들 중에서도 군사 쪽을 담당한다. 궁궐을 출입할 때의 증표를 '표신標信'이라고 하는데, 이 모든 것이 선전관청을 통해 발급되었다. 임진왜란 당시 선조의 메시지를 이순신에게 전달했던 관원도 선전관 소속이었다.

사간원이 제사를 행할 때 사치하는 풍습을 억제할 것을 아뢰다. / 사간원이 백성의 어려움을 상소하다. / 사간원이 시장 염분 어전의 독점을 혁파할 것을 간하였다.
– 효종실록(1649)

사간원이 임금의 허물을 아뢰는 상소를 올리다.
– 효종실록(1652)

사간원이 월권을 행한 내관의 파직을 청하다.
– 효종실록(1656)

임금이 크게 노하여 사간원의 관원들 전원을 파직하게 하였다. 이에 의정부와 홍문관에서 극력 구원하려 하였으나 끝내 이루지 못하였다.
– 연산군일기(1504)

임금이 전교하길 "선전관 중에서 용맹스럽고도 말을 잘 달리는 자를 급히 파견하여 밤낮으로 달려가서 이순신에게 명령을 전하여 적선을 모두 불태우고 나서 그대로 해상에 머물면서 장병들을 거느리고 단단히 지켜 적의 퇴로를 끊음으로써 적이 바다를 건너가지 못하게 하라." 하였다.
– 선조실록(1593)

이외에도 이곳 궐내각사 터에는 궁중 음식을 책임지는 사옹원司饔院, 전국의 물품들을 조달받는 공상청供上廳, 활과 화살촉을 만드는 궁방弓房, 촛불을 관리하는 등촉방燈燭房 등 다양한 관청들이 있었다. 물론 궁궐 전각의 기능은 시대와 사람에 따라 달라진다. 동궐도상 궐내각사는 동궐도가 그려진 1830년 전후의 상황을 보여주는 것이다.

선정전

선전관청 뒤쪽으로는 창덕궁의 편전인 선정전宣政殿이 있다. 경복궁의 편전인 사정전이 근정전 뒤에 있는 것과 다르게 창덕궁의 편전은 인정전 동쪽에 위치한다. 동서로 넓은 창덕궁의 지형에 맞추었기 때문이다.

이곳 선정전의 원래 이름은 조계청朝啓廳이었다. 초기 조계청은 그 규모가 작아 후대 임금들이 많은 불편을 겪었다. 태종에 이어 왕위에 오른 세종은 급기야 공간 문제로 아침 회의인 상참을 중지하기까지 한다. 이후 조계청은 세조 때 이름을 선정전으로 바꾸고 편전의 부속 건물인 소덕당, 보경당을 두게 하였다. 지금의 선정전 뒤에는 보경당 터가 남아 있다.

특히 성종의 경우 꽤 오랜 기간 선정전을 편전으로 사용하였다. 이런 선정전은 연산군 때 대대적인 리모델링이 이루어졌다. 그런데 하필 그때가 흉년이었다. 반대의 목소리가 날로

—
정부와 육조, 대간에 명하여 조계청(朝啓廳)에 모여 재앙을 그치게 할 방도를 함께 의논하여 아뢰게 하니, 그 의논하여 결정한 조목 모두를 유윤(兪允, 왕의 허락)하였다.
- 태종실록(1415)

—
승정원에 전지하기를, "(중략) 조계청이 좁아서 예를 행하기가 어려우니, 인정전에서 상참을 받고, 보평청에서 정사를 보고자 하는데 어떻겠는가." 하니, 숭선 등이 아뢰기를, "이 궁은 좁아서 의례를 갖출 수 없으니 잠시 상참을 정지하는 것이 좋겠습니다." 하므로, 그대로 따랐다.
- 세종실록(1432)

창덕궁의 편전인 선정전

커졌지만 이를 들을 연산군이 아니었다.

이후 임진왜란 때 불탄 선정전은 광해군 연간 중건되지만
인조반정 때 또다시 불타버렸다. 하지만 반정에 성공한 인조
는 불탄 선정전을 새로 짓지 않았다. 대신 광해군이 지었던 인
경궁의 전각 자재를 헐어 선정전을 재건했다. 그 뒤로 창덕궁
대화재가 있었으나 다행히 선정전은 살아남았고 지금에 이르
렀다. 그러니까 지금의 선정전은 역사에서 사라진 궁궐인 인
경궁의 유일한 건축물인 것이다.

이곳 선정전은 경복궁의 태원전처럼 가운데에 복도각이 있
다. 복도각이 설치된 건물은 시신을 안치하는 빈전이나 신주
를 모시는 혼전으로 사용한 경우가 많았다. 실제로 1926년 조
선의 마지막 왕인 순종의 장례도 이곳 선정전에서 치러졌다.

선정전 내부

일제 강점기 때 이곳 선정전의 행각 역시 많은 부분 왜곡되었다. 선정전을 둘러싼 행각과 복도각이 모두 철거되고 앞마당에는 잔디가 깔렸다. 게다가 한국전쟁 당시 포격으로 많은 부분 상처를 입었다. 그 뒤 1997년에 들어 내부는 물론 복도각과 행각 그리고 정문이 복원되어 오늘날에 이르렀다. 하지만 단陛이 없이 마루 위에 바로 놓인 선정전의 어좌를 보면 아쉬움이 느껴진다. 경복궁 사정전에는 계단이 있는 단이 있고, 그 위에 어좌가 있다(89쪽 사진 참고). 단은 왕권의 상징이다. 그럼에도 400년 동안 살아남아 우리 앞에 서 있는 선정전이 고마울 뿐이다. 선정전은 궐내 현존하는 유일한 청기와 건물이다. 맑은 하늘 아래 반짝이는 청기와를 보고 있으면 지금의 청와대가 선정전의 지붕을 모방했다는 것을 알 수 있다.

왕이 말하길 "사정전을 혼전으로 삼을 것을 대신들이 처음에 이미 말하였으나 다만 여기에 오랫동안 있게 되면 시사할 곳이 없기 때문에 나 또한 어렵게 여긴 것이다. 그러니 선정전을 혼전으로 하는 것이 옳겠다." 하였다.
– **명종실록**(1545)

대왕대비가 전교하기를, "혼전을 선정전에 마련하라." 하였다.
– **고종실록**(1863)

빈전과 혼전은 선정전으로 하였다.
– **순종실록**(1926)

선정전

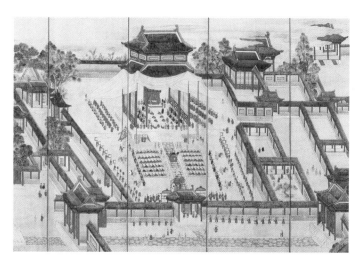

〈왕세자탄강진하도(王世子誕降陳賀圖)〉(1874년, 국립고궁박물관)
인정전의 오른쪽에 위치한 청기와 건물이 선정전이다.

희정당

선정전에서 나와 동쪽으로 이동하면 희정당熙政堂이 보인다. 희정당은 가끔은 임금의 침전으로 사용되었으나 주로 편전의 기능을 한 건물이다. 이곳이 편전인 이유는 이름에서 알 수 있다. 희정熙政, 즉 즐거운 정치란 뜻이다. 아마도 편전인 선정전의 부속 전각일 확률이 높다.

원래 희정당의 이름은 '숭문당崇文堂'으로 성종은 이곳을 자신의 침전으로 사용하곤 했다. 하지만 아들 연산군은 왕이 된 후 이름을 '희정당'으로 바꾸어버린다. 부왕인 성종이 애정을 갖고 이용했던 건물의 이름을 갑자기 바꾼다고 하니 신하들의 반발도 만만치 않았다.

1496년의 연산군일기의 내용을 보면 역시 연산군답다는 생각이 든다. 묻지도 따지지도 않고 자신이 원하면 그냥 해버린다. 학문을 원체 싫어했던 연산군에게 학문을 숭상한다는 뜻의 숭문당은 그 이름 자체가 스트레스였던 것 같다. 이런 연유로 이름이 바뀐 희정당은 임진왜란 이후에도 많은 왕들의 편전으로 사용되었다. 정식 편전인 선정전이 마루만 있는 것에 반해 희정당은 온돌과 마루가 같이 있기 때문이다.

특히 사신 접대를 희정당에서 하는 경우가 많았는데 숙종 때는 이런 일도 있었다. 사신이 오면 왕은 맨발로라도 도성 밖에 나가 사신을 맞이하는 것이 사대의 예인데, 하필 숙종이 몸이 좋지 않아 나가지 못한 것이다. 그럼에도 숙종은 관대를 갖

임금이 창덕궁의 숭문당을 고쳐 희정당이라 하도록 명하니 승지 등이 아뢰기를, "이 당(堂)은 성종께서 26년간 거처하던 곳입니다. 이미 인정전, 선정전이 있고, 선대왕께서 거처하던 당의 이름을 지금 와서 고치는 것이 온당치 않은 듯합니다." 하니, 전교하기를, "이미 희정당이라 편액하였다."
– 연산군일기(1496)

추고 이곳 희정당에서 사신을 맞을 준비를 했다. 그러나 신하들은 이런 숙종의 모습을 보고 희정당 온돌방에서 더 심하게 아픈 척 누워서 사신을 맞으라고 제안한다.

희정당 온돌방에서 이불을 뒤집어쓰고 누워 있는 숙종의 모습을 상상해 보면 웃음이 나지만 한편으로는 중국 사신의 눈치를 이리 보는가 하는 안타까운 마음이 들기도 한다. 여하튼 이처럼 희정당은 왕이 거처를 하면서 공식 업무를 보는 편전의 역할을 했다.

희정당의 모습은 동궐도에 자세히 나와 있는데, 특히 바로 옆 연못을 보면서 많은 왕들이 정사로 지친 마음을 달랬을 것이다. 동궐도상 희정당의 모습은 구한말 사진을 통해서도 확인이 가능하다. 하지만 희정당은 1917년 창덕궁 내전의 대화재로 모두 소실되고 만다.

일제는 당시 불탄 창덕궁의 내전을 원래의 모습으로 수리하지 않았고 대신 경복궁의 내전 전각을 헐어 창덕궁으로 옮겨왔다. 지금의 희정당은 경복궁의 대전인 강녕전 건물이다. 조선의 역사를 보면 전각을 헐어 그 자재로 다른 전각을 짓는 경우가 많이 있었다. 그러나 상대적으로 규모가 큰 경복궁의 전각을 옮겨 놓으니 다른 건물과의 조화가 부자연스러운 결과를 초래했다. 마치 아이들 사이에 앉아 있는 어른처럼 보이기 때문이다. 게다가 워낙

—
임금이 칙사를 희정당에서 접견하였다. 처음에 임금이 관대(冠帶)를 갖추고 당실을 통하여 나와 앉았었다. 원접사(조선시대 중국 사신을 맞아들이던 관원)가 아뢰기를, "주상께서 만약 이와 같이 하시면 칙사들이 반드시 성상의 병이 심하지 않은 것이라 의심하고 도성 밖에서 맞이하지 않았던 일에 크게 노할 것입니다. 그러니 방 안에서 이불을 덮어쓰고 그들을 만나 보소서." 하였다. 임금이 드디어 방 안에 들어가서 옆에 침구를 두고 칙사들을 만나 보았다.
– 숙종실록(1685)

동궐도에 그려진 희정당과 연못. 앞쪽 행각은 순종 연간 돌출현관으로 변형되었다.

화재 이전의 희정당 (1910년) (좌), 화재 이후 경복궁의 강녕전을 옮겨온 희정당(우)

큰 건물이 들어서니 원래 있었던 희정당의 작은 연못도 이때 사라지고 말았다.

희정당의 남행각은 순종의 자동차가 드나들면서 서양 스타일의 돌출현관으로 그 형태가 바뀌었다. 전통적인 조선 궁궐

자동차가 도입되면서 앞쪽 행각이 돌출현관으로 변형되었다.

일제 강점기 황실 가족들의 자동차가 희정당으로 들어오고 있다. (1922년)

의 모습은 아니지만 궁궐 내 전등처럼 이 역시도 시대를 말해
주는 하나의 변화임에 분명하다.

　남행각을 돌아 희정당 뒤편을 통해 내부를 보자. 실내 시설
은 근대 문물로 가득 차 있다. 가끔 대한제국 황제가 현존한다
는 이야기의 드라마가 방영되기도 하는데 극 중 주인공이 사
는 궁궐의 외부는 전통 궁궐이지만 내부는 현대식인 경우가
많다. 만약 드라마가 현실이라면 이곳 희정당 내부의 모습이
지 않을까?

　가장 먼저 눈에 들어오는 모습은 양쪽 벽에 걸린 대형 벽화

희정당 돌출현관 가운데 대한제국의 문양인 이화문(李花紋)이 선명하다.

희정당 내부. 정면에 보이는 벽화 〈금강산만물초승경도(金剛山萬物肖勝景圖)〉가 내부의 웅장함을 더한다.

다. 1920년 순종의 명으로 제작된 이 벽화의 길이는 8미터가 넘는다. 특히 금강산의 모습을 한눈에 볼 수 있는 〈금강산만물초승경도(金剛山萬物肖勝景圖)〉는 입이 떡 벌어질 정도의 걸작이다. 바닥에는 붉은색 카펫이 깔려 있고 클래식한 서양식 가구와 전등까지, 금방이라도 문을 열고 대한제국의 황제 폐하께서 나올 것만 같다. 저 탁자에 앉아 커피를 마시면 어떤 느낌일까. 이런 상상을 하면서 발길을 뒤쪽의 대조전으로 옮겨보자.

희정당 남쪽 행각에서 바라본 풍경

지금의 대조전은 경복궁의 중궁전인 교태전 건물이다.

대조전과 수라간

대조전大造殿은 왕과 왕비의 침전으로 사용된 건물로 희정당과는 복도각으로 연결되어 있다. 정문인 대조문을 오르는 계단은 가파르다. 자연 지형대로 전각을 짓다 보니 이런 급경사의 계단이 만들어졌다. 문을 통과하면 월대 위에 대조전이 있다. 이곳도 1917년 창덕궁 화재 이후 경복궁의 중궁전인 교태전 건물을 옮겨온 것이다. 동궐도상에도 대조전은 월대를 갖

추었다. 아마도 원래의 월대 위에 경복궁의
교태전 건물을 옮겨 지은 듯하다.

화재 전 대조전은 지금과 달리 솟을지붕이었다.
(1910년)

　사실 다른 궁궐의 전각을 옮겨 창덕궁의
대조전으로 활용한 것은 비단 1917년의 일
만은 아니었다. 인조반정 때 불탄 대조전은
당시 인경궁의 전각을 헐어 그 자재로 지었
다고 한다. 그러니까 1600년대에는 인경궁
의 것을, 1900년대에는 경복궁의 것을 옮겨
와 사용하고 있는 것이다.

　조선 후기 궁궐 전각에 대한 각종 자료를 기록한 책인《궁궐
지宮闕志》에 의하면 대조전을 '대내곤전정당大內坤殿正堂'이라 소개
하고 있다. 대내大內는 '대궐 내內'의 약자이고, 곤坤은 '건곤감리
乾坤坎離' 할 때의 곤으로 땅이란 뜻도 있지만 왕후라는 뜻도 있

中전께서 대조전에서 승하하였
다.
– 헌종실록(1843)

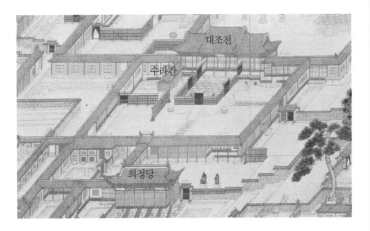

동궐도에 그려진 대조전

승정원이 아뢰기를, "대조전 내부의 통로를 고치라고 명령하셨는데, 신들의 생각에는 대조전은 성종께서 26년 동안 거처하시던 곳이며, 태종, 세종께서 또한 거처하셨습니다. 옛사람이 이르기를, '부모를 그리워할 때 그 거처하던 것을 생각한다.' 하였으니, 만약 기울어져 위태로울 지경이 아니라면 어찌 꼭 고쳐야만 합니까?" 하니, 전교하기를, "지금의 형세를 보니, 위에서 명령하는 것이 있으면 아래서는 반드시 중지시키려 한다. 내 생각으로는, 만약 대조전에 거처한다면 몸체가 매우 낮고 행랑은 너무 높아서 바람이 통하지 않으므로 고치라고 명령하였다."
– 연산군일기(1496)

다. 정당正堂은 한 영역 내에 가장 주요 건물이란 뜻이다. 즉 창덕궁 내전 영역 중 왕비가 사는 건물로 해석된다.

그러나 이런 《궁궐지》의 정의와 달리 대조전은 중궁전보다는 오히려 임금의 침전인 대전으로 많이 사용되었다. 다시 말하지만 궁궐의 전각은 사용하는 사람에 따라 그 기능을 달리한다. 같은 건물이라도 임금이 살면 대전이 되고, 세자가 살면 동궁전이 되고, 대비가 살면 대비전이 되는 것이다.

특히 이곳 대조전은 성종이 26년의 재위 기간 동안 침전으로 사용했던 전각이기도 하다. 1496년의 실록에는 연산군이 대조전 수리를 명하는 내용이 나온다.

다시 동궐도를 살펴보자. 동궐도상의 대조전은 지금과 달리 가운데가 솟아 있는 솟을지붕이고 앞쪽에는 작은 수라간이 있다. 이곳 수라간은 만들어진 음식을 차리고 데우는 정도의 간이 주방이었다. 아마 동궐도가 그려진 1830년대의 대조전은 대전 건물로 사용되었던 것 같다.

희정당처럼 대조전의 가장 큰 매력은 내부에 있다. 가운데에는 거실로 사용한 마루가 있고 천장에는 유럽 왕궁에서나 볼 법한 상들리에가 있다. 서온돌방은 황후가, 동온돌방은 순종 황제가 사용했는데 특히 황후의 방에는 서양식 침대가 있다. 광복 이후 훼

대조전 내부

손이 심한 상태로 방치된 황후의 침대는 한 침대 회사의 노력으로 원형에 가깝게 복원되었다.

대조전 내 황후의 침대

이 밖에도 대조전과 직접 연결된 부속 건물에는 보일러실과 욕실은 물론 서양식 화장실까지 설치되어 1920년대의 모습을 생생하게 전하고 있다. 특히 이곳의 하이라이트는 한국화의 거장 김은호 선생이 그린 〈백학도百鶴圖〉이다. 이 그림은 대조전이 완공된 해 순종의 명으로 그려졌다. 김은호 선생이 타계한 해가 1979년이니, 우리와 거의 동시대를 살았던 인물이 황제의 명으로 그림을 그린 것이다. 대한제국은 생각보다 그리 먼 역사가 아니다.

• 근대식 수라간 •

만약 여러 제약 등으로 대조전의 내부를 제대로 볼 수 없다면 대조전 서문 밖에 있는 수라간을 보면 된다. 이곳 역시 1917년 화재 이후 만들어졌는데 유리창 안을 보면 서양식 오븐과 수도 등 근대 문물을 눈으로 확인할 수 있다.

사실 한국인에게 암울한 일제 강점기였던 근대는 그다지 기억하고 싶은 과거는 아니다. 그러나 상하수도, 자동차, 스포츠 등 우리가 지금 접하는 모든 것은 근대를 거쳐 들어왔다. 그리고 이 근대 문물 전파의 시작점이 바로 궁궐이었다. 궁궐 전각의 창호지가 유리창으로, 촛불이 전등으로, 우물물이 수돗물로 바뀌면서 우리의 근대화는 시작되었다.

근대식 수라간

경훈각

수라간을 지나면 경훈각景薰閣이 나온다. 지금의 경훈각은 1917년 화재 이후 경복궁에서 옮겨온 만경전 건물이다. 그러나 동궐도를 보면 이 자리는 원래 1층에는 경훈각, 2층에는 징광루澄光樓가 있는 2층 건물이 있었다.

징광루는 세조 시절 만들어진 것으로 보인다. 그 후 임진왜

경복궁 만경전을 옮겨놓은 지금의 경훈각

란을 거치면서 광해군 때 재건된 후 인조반정 때 소실되어 인
경궁의 전각을 옮겨 다시 지었다.

경훈각과 징광루는 인조실록의 기록처럼 그 웅장함을 자랑
했다. 경훈각은 위치상 대전 혹은 중궁전인 대조전과 복도각
으로 연결되어 휴식 공간으로 사용된 것으로 보인다. 1914년
순종실록에 적힌 '대조전 징광루'라는 말에서 이곳이 대조전
영역의 부속 건물이라는 사실을 알 수 있다. 왕과 왕비는 이곳
2층으로 올라가 구중궁궐九重宮闕의 답답함을 시원한 바람으로
달랬을 것이다.

경훈각에는 특이한 문이 하나 있다. 바로 왕실 사람들의 이

—
임금이 창덕궁으로 이어하였는
데, 모든 전각들이 일체 옛 제도
와 같았고, 대내에 대조전, 선정
전, 희정당, 징광루 등이 있는데,
매우 웅장하고 화려하였다.
– 인조실록(1647)

—
다케야 하루미쓰 자작 내외에게
진주 장식 금핀 1매와 함께 온
부인에게 보석이 박힌 대류(帶
留) 1매를 내렸다. 부인과 함께
돌아가는 길에 왕비에게 문후를
올리니, 대조전 징광루에서 오찬
을 베풀어 대접하였다.
– 순종실록(1914)

동궐도에 그려진 경훈각과 집상전

동식 변기를 옮기는 문이다. 조선의 왕은 이동식 변기인 매화틀을 이용해 용변을 본다. 임금의 똥을 '매화'라고 했는데, 똥 냄새를 꽃 냄새로 미화한 것이다. 매화틀은 내의원으로 보내지고 의원들은 매일 임금의 용변을 분석해 기록에 남겼다. 똥마저 분석을 받아야 한다니 정말 임금 노릇은 쉽지 않은 일이다.

1917년 화재 이전의 대조전(좌)과 2층 전각인 경훈각(우). 두 건물은 복도각으로 연결되어 있었다.

경훈각의 매화틀 출입문(좌)과 매화틀(우)

집상전 터

경훈각 옆에는 함원전이 있다. 함원전은 대조전과 붙어 있는 구조로 경복궁 교태전과 함께 옮겨온 전각이다. 그렇다면 원래 이곳에는 어떤 전각이 있었을까? 동궐도를 보면 지금의 함원전 터에는 집상전集祥殿이 있었다. 집상전은 대조전과 같은 솟을지붕이며 앞쪽에는 월대까지 있다. 결코 지위가 낮지 않은 건물임을 알 수 있다. 1667년의 실록을 보면 집상전은 현종이 훗날 경희궁이 되는 경덕궁의 전각을 헐어 처음 지은 것 같다. 이렇게 지어진 집상전은 초기 대비전으로 사용되었지만 몇 년 후 편전으로 그 기능이 바뀌었다.

동궐도상의 집상전은 마치 대조전의 동생 같은 느낌을 준다. 뒤에는 아름다운 화계가 조성되어 있고 옆에는 웅장한 경훈각이, 또 주변에는 아름다운 나무와 수석들이 전시된 이곳은 임금 내외가 살기에 너무 좋은 곳이 아니었을까?

이제 내전 영역에서 벗어나 동궁 쪽으로 가보자.

성정각과 관물헌

대조전을 돌아 다시 나오면 창덕궁의 동궁 영역이 나온다. 경복궁의 비현각이 동궁이 공부하던 곳이라면 창덕궁은 성정각成正閣과 부속 건물 격인 관물헌觀物軒이 그 역할을 맡았다. 이곳

임금이 창덕궁에 집상전을 짓도록 명하였다. "대비께서 창덕궁에 임어하시지 못한 지 지금 이미 반년이나 되었고 게다가 건강 또한 편치 않으시니 내 마음이 어떻겠는가. 별도로 전각 하나를 세워 편안하게 계실 곳으로 삼았으면 한다. 그러나 이러한 때 백성들에게 부역을 시키는 것도 몹시 온당치 않으니, 우선 옛 궁궐에서 한 간을 헐어다가 대조전 동쪽의 옛터에다 건립하고자 한다. 호조와 병조의 판서로 하여금 관장하게 하여 새해가 오기 전에 완성시키게 하라." 하였다.
– 현종실록(1667)

임금이 집상전에 나아가 대신 및 비변사의 여러 재신들을 인견(왕이 정식으로 대신을 만나 정치를 하는 행위)하며 청나라 사신에 대해 논의하였다.
– 현종실록(1670)

왕세자가 사부에 대한 상견례를
성정각에서 행하였다. 하교하기
를, "글을 강론하는 장소는 내일
부터 관물헌으로 정하고, 책자는
천자문으로 정하라."
- 순조실록(1813)

이 세자의 공간이라는 것은 성정각의 동쪽 누각에 붙은 '보춘
정報春亭'이란 현판에서도 알 수 있다. 보춘은 '봄이 옴을 알리다'
라는 뜻이다. 궁궐에서 동쪽과 봄은 왕세자를 뜻한다. 세자를
동궁 또는 춘궁이라 부르는 이유도 이 때문이다. 그러나 세자의
삶은 결코 녹록지 않다. 한창 놀아야 할 나이에 책상에 앉아 천
자문을 외워야 하니 지금의 사교육은 명함도 못 내밀 것이다.

이곳 성정각 영역에서 흥미로운 것은 남쪽 행각에 붙은 현
판이다. 뜬금없이 '보호성궁保護聖躬', '조화어약調和御藥'이란 글귀
가 적혀 있다. '보호성궁'은 임금의 몸을 보호한다, '조화어약'
은 임금이 드시는 약을 조제한다는 뜻이다. 그렇다면 이곳은
동궁이 아닌 내의원일까? 맞다. 이곳은 내의원 건물이 있었던
곳이다.

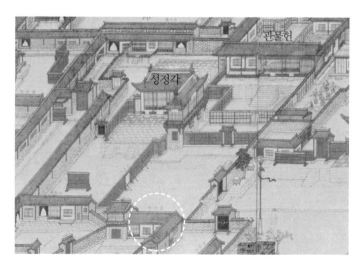

동궐도에 그려진 성정각 일원. 표시된 부분은 순종 연간 약방으로 사용한 건물이다.

창덕궁의 동궁 영역인 성정각과 뒤편의 관물헌

내의원은 고종 연간에는 '전의사典醫司'로, 순종 때는 '태의원
太醫院'으로, 또 국권 침탈 이후에는 '이왕직전의국李王職典醫局'으로
그 명칭이 변경되었다. 그러니까 순종 연간 성정각의 남쪽 행
각은 약방 건물로 사용된 것이다. 지금도 당시 사용했던 약 빻
는 절구를 볼 수 있다.

우리나라 사극 중 최고의 시청률을 자랑했던 드라마 '허준'
(1999~2000)의 주요 촬영 장소가 이곳 성정각 영역이었다. 극
중에서 허준이 어떠한 죄를 지어 그 벌로 조화어약과 보호성
궁을 읽으며 이곳을 왔다 갔다 하는 장면이 나온다. 그런데 허

—
전의사(典醫司)는 임금의 병을 진
찰하고 약을 짓는 것을 맡는다.
– 고종실록(1895)

준이 창덕궁에서 일했던 시기는 1500년대 말이고, 이곳이 약
방이 된 것은 1900년대 초이다. 그러니 무려 300년의 시공간
을 뛰어넘는 촬영이었다.

성정각 남쪽 행각에 걸려 있는 '보호성궁(保護聖躬)' 현판.
이곳은 순종 연간 약방으로 사용된 건물이다.

중희당 터

성정각을 나와 동쪽으로 약간 이동하면 앞쪽으로는 후원으로 가는 길이, 오른쪽으로는 몇몇 전각들이 보인다. 이곳은 창덕궁의 동궁 영역인 중희당重熙堂이 있던 터다.

동궐도에는 중희당의 모습이 아주 자세히 묘사되어 있다. 넓은 앞마당이 있는 중희당은 북쪽과 동쪽으로 부속 건물과 연결되어 있다. 이곳은 정조가 아들인 문효세자를 위해 지어준 전각이다. 아들 사랑이 대단했던 정조는 앞마당에 다양한 과학 기구들까지 설치해 주었다. 그 뒤로 정조의 손자이자 순조의 아들인 효명세자가 이곳을 사용했다.

1827년 순조실록에 나온 순조의 손자, 즉 원손은 훗날 헌종

왕세자가 중희당에 앉아 사부, 대신, 종친과 문무백관의 하례를 받았다. 하령하기를, "하늘과 선대왕들께서 도우셔서 원손이 탄생하여 성대한 예식을 이미 거행하였다. 어찌 경사를 넓히고 기쁨을 기념하는 일이 없어서야 되겠는가?"
– 순조실록(1827)

중희당 터

창덕궁의 동궁 영역인 중희당이 있던 자리. 부속 건물인 삼삼와(오른쪽)는 현존해 있다.

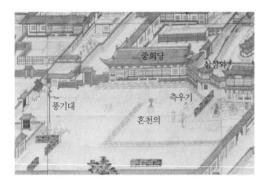

동궐도에 그려진 중희당과 앞마당의 과학 기구들

—
전교하기를, "중희당의 이건은
관련 관청에서 거행하게 하라."
하였다.
– 고종실록(1891)

이고 그 헌종이 사랑하는 후궁을 위해 지은 전각이 중희당 아래 낙선재다. 낙선재가 새로 만들어진 건물이라면 중희당은 훗날 사라진 전각이 되었다.

1891년 고종실록의 내용처럼 고종이 중희당을 왜 옮겼는지는 알 수 없으나 이후 일제 강점기에 주변의 전각들도 사라지면서 이곳에는 후원으로 넘어가는 자동차 길이 만들어졌다.

중희당 본채는 사라졌으나 다행히 부속 건물들은 일부가 남아 있다. 동궐도에 묘사된 삼삼와三三窩의 와窩는 별채, 움집 등의 뜻으로, 동궁의 별채나 휴식 공간이었을 것으로 추정된다. 삼삼와는 복도각을 통해 승화루로 연결된다. 그 외에도 유덕당, 석유실, 자선재 등의 부속 건물들이 있었으나 지금은 모두 사라지고 콘크리트 바닥의 자동차 길만 놓여 있다.

낙선재

이제 중희당에서 남쪽의 낙선재樂善齋 영역으로 가보자. 가는 길은 역시나 텅 빈 공터다. 이렇게 넓은 공터가 있으니 실제로 조선시대 이곳에는 많은 전각들이 있었다고 생각하면 된다. 만약 지금의 창덕궁이 동궐도와 같은 규모라면 이미 수많은

정문인 장락문을 통해 바라본 낙선재의 풍경

문을 통과하면서 이동했을 것이다.

낙선재의 원래 이름은 '낙선당'으로 이곳은 세자의 동궁 영역 중 가장 중요한 건물이었다. 그러나 불행히도 1756년 전소되고 만다. 그 뒤로 낙선당은 별다른 중건 공사 없이 방치되다 과수나무를 키우는 곳이 되어버렸다. 1830년 그려진 동궐도에서도 과수나무들을 확인할 수 있다. 이후 헌종 대에 건물들이 들어서니 지금의 낙선재다. 정확히 말하면 낙선당이 낙선재가 된 것이 아니라, 낙선당 터에 낙선재, 석복헌 등 새로운 전각들이 들어선 것이다.

낙선재로 들어가는 정문은 '장락문'으로, 현판은 흥선대원군이 쓴 것으로 알려져 있다. 필체에서 그의 고집스러움이 느껴진다. 장락문을 통과하면 낙선재가 나온다. 단청이 없는 민가 형식이다. 많은 이들이 궁궐 건물에는 으레 화려한 단청이 있

밤에 낙선당에서 불이 났는데, 낙선당은 곧 왕세자가 있는 정당(그 영역의 가장 중요한 전각)이었다.

– 영조실록(1756)

낙선당 화재 이후 궐내 과수원이 된 낙선재 터

을 것으로 생각하지만 실제 동궐도를 보면 곳곳에 단청이 없
는 전각들이 있다.

항간의 소문에는 헌종이 자신이 사랑하는 후궁인 경빈 김씨
를 위해 낙선재를 지었고, 자신도 이곳에서 생활했다고 한다.
이곳의 터가 좋은 것인지 아니면 개인 취향인지는 모르겠지
만, 헌종이 좋은 전각을 마다한 채 이 구석진 곳에 머무른 것은
아마도 사랑의 힘이 아니었을까? 헌종의 러브 스토리가 스며
있는 낙선재는 헌종이 승하하고 경빈 김씨가 출궁하면서 빈
건물로 방치되다 그 후 고종이 잠시 머물기도 했다.

—
전·현직 대신과 각 관청의 관리
들을 낙선재에서 소견하였다. 문
안하였기 때문이다.
– **고종실록(1884)**

낙선재

석복헌

낙선재를 감상한 후 동쪽의 샛문을 통해 옆 건물로 옮겨보면 궁궐 건물이라기엔 너무 소박한 석복헌錫福軒이 나온다. 이곳은 창덕궁에서 몇 안 되는 인적이 드문 전각이다. 잠시 마루에 앉아 휴식을 취하며 천천히 주변을 둘러보자. 왠지 모를 온기가 느껴진다. 사실 석복헌을 포함한 낙선재 영역은 광복 이후 1980년대 말까지도 황실의 후손들이 살았던, 말 그대로 살아 있는 역사의 현장이었다. 나가기 전에 잠시 석복헌 주방의 아궁이를 살펴보면 아직도 생생한 그을음 자국을 볼 수 있다.

석복헌의 동쪽에는 석복헌만큼 소박한 전각인 수강재壽康齋가 있다. 낙선재와 석복헌은 동궐도에 없지만, 이곳 수강재는 묘

상왕전의 신궁이 이루어졌으므로, 그 궁의 이름을 수강궁이라 하였다.
- 세종실록(1418)

오래된 우물 자리에 수강재를 세웠다. 지난날 자경전을 공사할 때 남은 자갈과 벽돌을 우물 위에 쌓아 가산(假山)을 만들었는데 이를 철거하고 그 우물을 파고는 작은 전각을 세워 내려다보게 하였다. 이곳은 태조대왕 당시 수강궁의 옛터로서 새 전각의 이름을 수강재라 하였다.
- 정조실록(1785)

사되어 있다. 물론 지금과는 모습이 좀 다르다. 아마 낙선재의 부속 건물이 되면서 모습이 바뀐 것 같다.

수강재는 정조 때 앞쪽의 우물과 함께 건립되었다. 참고로 이름이 수강재인 이유는 이곳이 세종에게 옥새를 물려주고 상왕이 된 태종이 머물렀던 수강궁 터였기 때문이다.

1785년 정조실록의 내용처럼 수강재 앞에는 실제 우물이 있다. 수강재 뒤로는 낙선재의 후원 영역이라 할 수도 있는 한정당과 취운정이 있다. 이곳이 동궐도상에 없는 이유는 모두 1830년대 이후 지어졌기 때문이다.

일반 관람으로는 뒷동산에 올라갈 수 없지만, 동궐도에 묘사된 낙선재의 화계, 낙선재의 누마루와 온돌방 사이에 있는 만월문에서 바라보는 풍경은 가히 일품이다.

수강재 편액(위)과 수강재 앞 우물(아래)

후원의 역사

낙선재 영역에서 왔던 길로 돌아가 중희당 터까지 오면 정

후원은 조선의 미학이 그대로 스며 있는 최고의 공간이다.

처음에 임금이 창덕궁의 후원이
얕고 좁다고 하여 동쪽 담장을
넓혀서 쌓으려고 하는데 그 안
에 민가가 모두 73채였다. 명하
여 2월까지 모두 철거하게 하고,
그 집주인에게 3년 동안 요역을
면제하여 주고, 한성부로 하여금
그들이 원하는 바에 따라 빈 땅
을 나누어 주게 하였다.
– 세조실록(1462)

면에 후원으로 향하는 길이 보인다. 이곳은 600년 역사와 태
고의 자연을 품고 있는 창덕궁 후원이다. 후원 영역은 왕실의
휴식 공간이지만 때로는 왕이 직접 군대를 훈련하는 장소로,
때로는 작은 논을 만들어 왕이 한 해 농사를 가늠하는 장소로,
때로는 과거시험장 등으로 사용되었다. 창덕궁의 후원은 태종
때 시작해 그 규모를 조금씩 늘렸고, 후원의 규모가 대대적으
로 커진 것은 세조 대에 들어서였다.

　조선시대에도 일반인들의 접근이 쉽지 않았던 비밀의 정원
후원! 그러다 보니 이곳은 동식물의 천국 같은 곳이었다. 심지

어 호랑이, 여우, 표범 같은 야생 동물이 후원에 들어와 궁궐이 발칵 뒤집히기도 했다.

후원은 인조 대에 태극정과 청의정, 숙종 대에 능허정과 애련정, 정조 대에 봉모당과 부용정 등 인조부터 정조에 이르는 시기에 많은 전각이 들어섰다. 하지만 왕들의 사랑을 한 몸에 받았던 후원은 일제 강점기 일본 제국주의자들과 친일파들의 유희 공간이 되고 만다.

그럼에도 불구하고 후원의 자연과 전각들은 잘 보존되어 있는 편이다. 덕분에 지금 우리는 그 현장을 생생하게 볼 수 있다. 도심 한복판의 거대한 정원, 후원의 숲속을 걸으며 역사와 함께 사유의 시간을 가져보자.

표범이 창덕궁 후원에 들어왔는데 왕이 훈련도감에 명하여 군사를 풀어 잡도록 하고, 이어 원포사(苑圃司)에 명하여 도성 안팎의 산의 맹수들을 잡게 하였다. 이후로 범과 표범을 잡은 일로 인하여 2품, 3품의 자리에 오른 자들이 매우 많았다.
– 광해군일기(1622)

일본 총독 데라우치 마사타케와 총무국장 고다마 히데오를 창덕궁 후원에서 접견하고 꽃을 관람하는 모임을 베풀다.
– 순종실록(1916)

부용지와 부용정

후원의 첫인상은 연못인 부용지芙蓉池 일대가 만들어준다. 누각인 주합루 앞의 연못 부용지, 부용지에 드리운 정자 부용정芙蓉亭까지 언덕에서 내려다보는 풍경이 장관이다. 원래 부용지는 태액지太液池(큰 연못)라 불렸고, 부용정은 택수재澤水齋라 불렀다. 이를 정조 때 부용지와 부용정으로 바꿔 부른 것이다.

누각인 주합루宙合樓는 정조가 규장각으로 사용하기 위해 지은 건물이기 때문에 이곳 부용지 일대는 왕과 신하들의 공적 공간이기도 했다. 물론 정조 사후에는 다시 휴식 공간이 되었

임금이 부용정의 작은 누각으로 거동하여 태액지(太液池)에 가서 낚싯대를 드리웠다. 여러 신하들도 못가에 빙 둘러서서 낚싯대를 던졌는데, 붉은색 옷을 입은 사람들은 남쪽에서 하고 초록색 옷을 입은 사람들은 동쪽에서 하고 유생들은 북쪽에서 하였다. 상이 낚시로 물고기 네 마리를 낚았으며 신하들과 유생들은 낚은 사람도 있고 낚지 못한 사람도 있었다. 한 마리를 낚아 올릴 때마다 음악을 한 곡씩 연주하였는데, 다 끝나고 나서는 다시 못 속에 놓아 주었다. 밤이 되어서야 자리를 파했다.
– 정조실록(1795)

후원의 백미인 부용지 일대

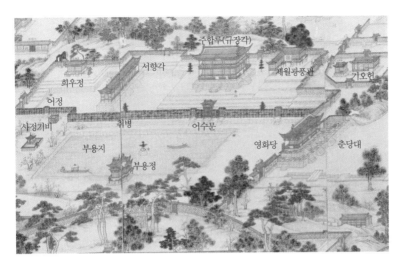

동궐도에 그려진 후원 부용지 일대

다. 정조의 부용지 사랑은 남달랐다. 1795년 실록의 내용처럼 이곳에서 그는 규장각 학자들과 많은 시간을 보냈고 때로는 꽃놀이와 낚시도 즐겼다.

부용지 연못가에는 잉어 한 마리가 부조로 새겨져 있다. 잉어가 물 없이 살 수 없듯 백성 없는 왕은 있을 수 없다. 즉 왕과 백성이 '운명 공동체'란 뜻이다.

부용지의 잉어 조각

잉어 조각을 보았다면 이제 시선을 부용정으로 돌려보자. 부용정의 모습은 특이하고 예쁘다. 지붕의 구조도 구조지만 연못 안으로 들어가 있는 돌기둥은 마치 더운 여름 나그네가 개천을 발견하고 발을 담그고 있는 형상이다.

부용지

부용정 앞쪽으로는 사정기비四井紀碑가 있다. 4곳의 우물을 기념하기 위한 비석이란 뜻이다. 1400년대 중반 세조 당시 이곳에는 4개의 우물이 있었으나 임진왜란 이후 2곳만 남겨진 채 방치되고 만다. 숙종은 방치된 우물들을 정비하면서 이를 기념하기 위해 기념비인 '사정기비'를 세우게 된다. 선대왕이 만든 우물을 복원하는데 이런 비석까지 세워야 하는지 의아해할 수 있겠지만, 이런 흔적들을 찾아 기념하는 것은 왕실의 정통성을 살리고 왕권을 강화하는 매우 중요한 정치적 행위였다.

부용정(왼쪽 전각)과 사정기비(오른쪽 전각)

부용정에서 바라본 주합루(규장각)

주합루 (규장각)

잉어 조각, 부용정 그리고 사정기비까지 둘러보며 천천히 연
못 주변을 걷다 보면 북쪽의 취병翠屛을 만난다. 취병은 '푸른
병풍'이란 뜻으로 보통 대나무 담을 말한다. 전체적인 구도를

어수문과 뒤로 보이는 주합루(규장각) 그리고 대나무 담인 취병

—
규장각(奎章閣)을 창덕궁 후원의 북쪽에 세우고 제학, 직제학 등 관원을 두었다. 숙종조 때 선대왕의 어제, 어서를 봉안하기 위하여 별도로 작은 건물을 세우고 '규장' 세 글자를 게시하였다. 임금이(정조) 즉위하여서는 선대왕의 어제, 어필을 미처 존각에 받들지 못한 것을 창덕궁의 북원(北苑)에 터를 잡아 3월에 공사를 시작한 것이 이때에 와서 준공되었다. 처음에 어제각(御製閣)으로 일컫다가 뒤에 숙종 대의 어편(御偏)을 따라 규장각이라 이름하였다.

– 정조실록(1776)

깨지 않으면서 자연스럽게 공간을 구분하기 때문에 궁궐 곳곳에는 이런 취병들이 설치되어 있다.

취병의 중심에는 어수문魚水門이 있다. 주합루(규장각)로 오르는 정문이다. 어수문은 글자 그대로 물고기와 물이다. 앞서 부용지의 잉어 조각에서 살펴보았듯 원래 이 어수魚水는 유비가 자신이 제갈량과 가까이 지내는 것에 불만을 품은 관우와 장비에게 한 말에서 유래했다. "나에게 공명이 있는 것은 물고기에게 물이 있는 것과 같다"는 고사 '수어지교水魚之交'다. 어수문은 그리 큰 규모는 아니지만, 아래에서 올려다보면 뒤의 주합루 지붕과 어우러지는 모습이 제법 웅장하다.

어수문 좌우에는 매우 협소한 문이 있다. 항간에는 신하들의

문이라고 하지만 그러기엔 너무 작다. 그리고 그 모양
도 이질적이다. 언뜻 보면 일본식 건물 같기도 하다.
실제로 동궐도상의 협문은 크기도 훨씬 크고 모양도
지금과 다르다. 아마 일제 강점기에 일본풍으로 다시
만들어지지 않았나 추측해본다.

숙종의 친필인 규장각 현판 (국립고궁박물관)

　어수문을 지나 가파른 계단을 오르면 주합루가 나
오고 양쪽으로는 서향각, 제월광풍관, 희우정 등의 부
속 건물들이 있다. 주합루는 한때 규장각으로 사용했
던 건물이다. 규장각의 시작은 세조 대였지만 그 후
유명무실해졌다가 숙종 대에 들어 경복궁 건춘문 앞
에 다시 세워져 선대왕의 어제와 어서 등을 봉안했
다. 국립고궁박물관에서는 당시 숙종의 글씨가 새겨
진 규장각 현판을 볼 수 있다.

　이후 정조는 후원 북쪽에 규장각을 만들어 도서관
과 정책 연구 기관으로 활용했다. 1층은 어제각御製閣,
즉 책을 보관하는 일종의 관리 사무실로 사용하다 훗
날 규장각으로 이름을 바꾸었다. 2층은 학자들이 왕
과 함께 정책을 논하는 공간으로 '주합루'라 이름 붙

규장각 내부 (1930년대)

여졌다. 지금의 편액은 정조의 어필이다. 정조의 적극
적인 후원으로 규장각의 기능과 규모는 커졌고, 궐내각사 영
역에 또 하나의 규장각을 만들기에 이른다.

　이 아름다운 주합루에도 흑역사는 있었다. 1907년 헤이그
밀사 사건을 핑계로 이토 히로부미와 그의 하수인 이완용은

통감공작 이토 히로부미를 접견
하고 이어 주합루에서 사찬하였
는데 이완용 등도 함께하였다.
- 순종실록(1908)

고종 황제를 협박해 아들인 순종에게 강제 양위시켰고, 순종 황제를 창덕궁에 유폐시켜 허수아비로 만들어버렸다. 사실상 대한제국의 국권이 그들의 손에 넘어가게 된 것이다. 그러다 보니 창덕궁 역시 더 이상 존엄한 황궁이 될 수 없었고 그들은 자유롭게 창덕궁을 드나들며 우리의 주권을 유린하기 시작했다. 어쩌면 그들에게 이곳 후원은 전리품 같은 곳이었는지 모르겠다.

서향각과 희우정

주합루 서쪽에는 규장각의 부속 건물이 있다. 기록에 의하면 서향각書香閣은 주합루의 서책 등을 주기적으로 햇빛에 말리던 곳이라고 한다. 이를 포쇄曝曬라고 하는데, 서점에 가면 책 냄새가 나듯 이곳 역시 옛 서적을 말리는 곳이니 아마 책 냄새가 가득했을 것이다. 그래서인지 이 건물의 이름도 '책의 향기'라는 뜻의 서향각書香閣이다.

서향각

그런데 서향각의 안쪽에는 특이한 현판이 걸려 있다. '친잠권민親蠶權民(왕비가 친히 누에를 쳐 백성들에게 권하다)'과 '어친잠실御親蠶室(왕족이 친히 누에를 치는 방)'이 그것이다. 이는 이곳에서 친잠례親蠶禮가 행해졌다는 뜻이다. 실제로 친잠권민의 현판 글씨는 순종비인 순정효황후의 것으로 알려져 있다.

서향각 옆으로는 단청 없는 작은 정자가 한 채 있다. 이 정자는 인조 때 취향정이라 불리는 작은 초당(짚 등으로 지붕을 이은 초가 건물)이었다. 그 후 숙종 대에 가뭄이 지속되자 왕은 이곳에서 기우제를 지냈는데 바로 비가 와 너무 기뻐한 나머지 정자의 이름을 희우정喜雨亭으로 바꾸었다고 한다. 희우喜雨, 기쁜 비가 내린다는 뜻이다.

—
왕비가 서향각에서 종척과 귀족의 부인과 함께 누에고치 따는 의식을 거행하다.
– 순종실록(1918)

—
이때 오래 가물어서 대신까지 보내어 비를 빌었는데, 이날 비로소 비가 내리니, 임금이 매우 기뻐서 드디어 후원의 취향정(醉香亭)을 고쳐서 희우정(喜雨亭)이라 이름 붙이고, 친히 정자의 명(銘)을 지어서 적었다.
– 숙종실록(1690)

희우정

영화당

주강(晝講)에 나아갔다. 홍돈 등이 아뢰기를, "신이 듣건대 후원(後苑)의 영화당(映花堂)을 중수하라고 명하셨다는데, (중략) 옛적에 한(漢)나라 문 황제는 중산층의 살림살이를 헤아려 보고서 관천대의 공사를 정지했었습니다. 신의 생각에, 성상께서 한번 마음을 놓으신다면 덕은 날로 소멸되고 물욕은 날로 확대될까 염려되니, 이미 이룬 것은 말할 것 없지만 아직 이루지 못한 것은 이제라도 그만두심이 옳을 것입니다." 하니 (하략)
– 숙종실록(1692)

임금이 후원 춘당대에 나아가 무과 중시를 설행했는데, 무과에 유효원 등 7인을 뽑았다. 아울러 시험관과 감독관들을 파직시키라고 명했는데, 이는 입격된 사람이 7인인데도 합격 명부에는 8인으로 잘못 써서 아뢰었기 때문이었다.
– 정조실록(1776)

영화당映花堂은 어수문 옆쪽에 있는 전각이다. 원래 동궐도상에는 영화당과 부용지 사이에 담이 있었다. 이곳 영화당은 광해군 때 처음 만들어져 숙종 연간 중건 공사를 해 오늘에까지 이른 건물이다. 앞서 계속 언급했지만 조선 왕조의 왕은 궁궐 공사에 대해서는 신하들의 눈치를 많이 보았다. 혈세를 쓰는 것이니 그만큼 신중했다는 뜻이다. 특히 정전이나 편전이 아닌 휴식 공간인 후원 건물은 더욱 그러했다.

영화당 앞에는 넓은 마당인 춘당대가 있다. 주로 군사 훈련이나 과거를 보는 장소로 활용했다. 춘당대 동편에는 연산군이 연회를 위해 세웠던 서총대가 있었으나 중종 때 철거되었

명종이 창덕궁 서총대(춘당대)에 친림하여 문무시험을 거행하는 그림인 〈명종친림서총대시문무도(明宗親臨瑞蔥臺試文武圖)〉 (19세기, 국립고궁박물관)

영화당과 앞마당인 춘당대. 뒤로는 부용정이 보인다.

다. 고전 소설인《춘향전》에서 이몽룡이 과거시험을 본 장소가
바로 이곳 춘당대다.

기오헌

춘당대를 뒤로하고 조금만 걸으면 금마문이 나오고, 문을 통
과하면 눈을 의심케 하는 초라한 집 두 채가 있다. 기오헌寄傲軒
과 운경거韻磬居이다. 이곳은 원래 독서당讀書堂이 있던 곳이었는

금마문에서 바라본 기오헌, 운경거

데, 그 터에 순조의 아들인 효명세자가 독서를 하기 위해 지었다고 전한다. 아무리 독서를 위한 전각이지만 일국의 세자가 사용했던 거처치고는 너무 소박하다.

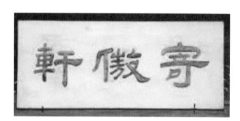

기오헌 현판. 《궁궐지》에는 기오헌이 '의두합(倚斗閤)'으로, 동궐도에는 '이안재(易安齋)'로 표기되어 있다.

연경당

기오헌을 지나면 마치 민속촌에 있을 법한
고풍스러운 저택인 연경당演慶堂이 나타난다. 돌
다리를 건너 정문인 장락문을 통해 들어가면
안채와 사랑채는 물론이고 마구간과 가마를
보관하는 장소, 일하는 사람들이 생활하는 행
랑채까지 나온다. 전체적인 구조가 사대부들의
집과 유사하다. 연경당은 순조 말년 아들인 효
명세자가 대리청정을 하면서 부모님을 위해 지
은 건물이다.

연경당의 겨울

원래 이곳에는 진장각珍藏閣이 있었다. 기록 속의 진장각은 규

동궐도에 그려진 연경당과 부속 건물들

임금이 하교하기를, "지금 선대왕들의 어제, 어필의 비본(碑本)을 상고할 일로 인하여 먼저 진장각에 나아가 삼가 선대왕들의 어필을 살펴보았다. 이 진장각은 어수당(魚水堂) 뒷산 기슭 아래에 있는데, 세월이 오래되어 퇴락하여 풍우(風雨)도 가릴 수 없으니 매우 송구스럽다. 진장각 안에 보관되어 있는 게판본(시문을 새겨놓은 판)의 연대를 살펴보니, 숙종 조의 것이었다."

– 정조실록(1785)

익종대왕의 어진을 연경당으로부터 경우궁(헌종의 증조 할머니인 정조의 후궁 수빈 박씨의 사당)으로 옮겨 봉안하였다.

– 헌종실록(1837)

연경당(演慶堂)에 나아가 미국 공사 씰(Sill, John M.B.)과 제독 이하 여러 명을 접견하였다.

– 고종실록(1894)

장각의 역할, 즉 역대 임금의 어진이나 유품을 보관했던 곳이었다. 1785년 정조실록의 기록에서처럼 진장각은 숙종 때부터 이미 존재했는데, 후원 기슭에 있다 보니 관리가 어려웠다. 이를 안 정조가 보관 중이던 유품들을 다른 곳으로 옮긴 것으로 추정된다.

바로 이 진장각이 있던 곳에 연경당을 지었는데 동궐도에 묘사된 당시 연경당의 모습은 지금과 많이 다르다. ㄷ자 모양의 건물로 앞쪽에는 여러 행사를 할 수 있는 월대가 설치되었는데, 이는 효명세자가 아버지 순조의 존호를 올리는 행사를 위해 만들었다는 기록과 일치한다. 그 후 효명세자의 아들인 헌종은 아버지의 어진을 연경당에 봉안했다. 참고로 효명세자는 요절을 하고 아들이 왕(헌종)이 되었기 때문에 훗날 익종대왕으로 추존된다.

어진을 옮긴 이후 연경당은 별다른 역할을 하지 못하다가 고종 대에 들어 리모델링을 하면서 지금의 모습이 되었다. 이곳에서 고종은 외국 공사를 접견하는 등의 공식 활동을 했다. 연경당을 거닐고 있으면 마치 경복궁의 건청궁이 떠오른다.

이곳에는 두 개의 문이 있다. 하나는 안채로 들어갈 수 있는 수인문으로, 치마 입은 여성들의 출입이 쉽도록 문턱이 없이 평평하다. 또 한 곳은 사랑채로 들어가는 장양문으로, 가마가 들어갈 수 있도록 높이가 높은 것이 특징이다.

장양문을 통과하면 드디어 연경당의 사랑채가 나온다. 이곳에서 고종은 외국 공사들을 접견했다.

농수정(위)과 농수정에 앉아 있는 고종의 모습(1884년)(아래)

사랑채 옆에는 서재인 선향재善香齋가 있다. 가운데는 마루고 양쪽으로 온돌이 있는데 앞쪽으로 설치된 동판 차양이 특이하다. 오늘날로 치면 블라인드 같은 기능으로 도르래를 이용해 각도 및 빛의 양을 조절했다. 선향재의 전체적인 느낌은 청나라풍의 건물인 경복궁 집옥재와 비슷하다.

선향재 옆에는 단청 없는 정자인 농수정農繡亭이 있다. 농수濃繡는 짙은 빛을 수놓는다는 뜻으로 뒤쪽의 푸르른 나뭇잎과 잘 어울린다. 특히 농수정은 고종이 처음으로 사진을 찍은 곳이기도

선향재에서 바라본 본채의 모습

하다. 농수정에 앉아 있는 젊은 고종의 모습이 인상 깊다.

농수정을 지나 넓게 한 바퀴 돌면 연경당의 안채가 나온다. 일반 민가와 형태는 비슷하지만 연경당의 안채에는 부엌이 없다. 궐내 음식을 만드는 곳이 따로 있었기 때문이다.

안채를 지나 다시 정문인 장락문으로 나오면 연못과 정자가 보인다. 애련지愛蓮池와 애련정愛蓮亭이다. 천천히 연못을 따라 걷다가 애련정에서 임금의 시선으로 연못을 바라보자. 특히 이곳은 가을 단풍이 아름다운 곳이다. 애련지를 돌아본 후 돌문인 불로문不老門으로 나오면 된다. 불로문은 통 바위를 다듬어 문 형태로 만든 것이기 때문에 쇠못이나 기타 연결 부위가 없다. 늙지 않는다는 뜻의 불로不老는 왕족들의 건강과 장수를 기원해 붙여진 이름이다.

불로문

은행나무

편우사

존덕정

관람지

애련정

연경당

규장각

기오헌

불로문

금마문

동궐도에 그려진 연경당, 애련정, 불로문

애련지와 애련정의 가을

관람지(반도지) 일원

불로문을 나와 새소리를 들으며 걷다 보면 말하기보다는 사색을 하게 된다. 그러다 보면 눈앞에 한반도 모양의 연못이 나타난다. 동궐도상에는 두 개의 연못으로 그려져 있지만, 일제 강점기에 하나로 합쳐진 이 연못을 모양이 한반도처럼 생겨 반도지라 부르나 실제 이름은 관람지觀覽地다.

연못의 가장자리에는 부채꼴 모양의 정자인 관람정觀纜亭이 있다. 연못과 정자 그리고 수풀이 잘 어울리는 이곳은 가능하면 여름에 오기를 추천한다. 관람정의 편액은 특이하게 나뭇잎 모양이다. 동궐도에 관람정이 없는 것으로 보아 아마도 1830년 이후에 지어진 것으로 보인다.

이제 관람정 옆 존덕정尊德亭으로 이동해보자. 1644년에 만들어진 존덕정은 후원 영역에서 가장 오래된 정자다. 외형도 색다르다. 지붕이 두 겹으로 만들어졌고, 6개의 기본 기둥 밖으

관람지와 관람정 그리고 건너편의 승재정(좌), 관람정의 나뭇잎 모양 편액(우)

존덕정

로는 보조 기둥들이 설치되어 있다. 존덕정의 매력은 천장에 있다. 화려한 단청에 황룡과 청룡이 서로 어우러진 그림을 보면 이 정자의 격식이 얼마나 높았는지 짐작할 수 있다.

특히 북쪽 창방에 걸린 나무판에는 정조가 직접 지은 '만천명월 주인옹 자서萬川明月 主人翁 自序(세상의 모든 개천은 달을 품고 있지만 하늘에 떠 있는 달은 유일하니 그 달은 곧 임금인 나이고 개천은 곧 너희 신하들이다. 시내가 달을 따르는 것은 우주의 이치이다.)'가 새겨져 있다. 이 글은 당시의 정치 상황과 정조 자신의 심리를 그대로 보여주고 있다. 집권 20여 년 동안 정적들과의 정쟁에서 어느 정도 주도권을 잡은 정조는 왕권을 확립했고 바로 그즈음 쓴 글이 이것이다. 글귀 한 자 한 자에서 정조의 자신감이 묻어난다.

정조의 시가 새겨진 현판이 걸려 있는 존덕정 내부

동궐도에도 존덕정의 모습은 그대로 묘사되어 있다. 또 존덕정 뒤편의 은행나무는 수령이 250년이라고 한다. 정조가 존덕정을 정비하면서 심었다는 설이 유력하다.

은행나무 근처에는 폄우사貶愚榭와 승재정勝在亭이 있다. 정자를 의미하는 한자로는 정亭 이외에 사榭가 있다. 폄우는 '어리석은 자에게 돌침을 놓아 깨우쳐 경계한다'는 뜻으로 의역하면 '스스로 마음을 다잡다'라는 뜻으로도 해석된다. 폄우사는 온돌방이 갖춰진 정자다. 기록을 보면 순조의 아들인 효명세자가 이곳에서 독서를 했다고 전한다.

폄우사에서 조금 올라가면 언덕 위에 승재정이 있다. 이곳은 순종이 창덕궁으로 이어하면서 관람정 등과 함께 지은 정자다. 그 모습이 연경당의 정자인 농수정과 판박이다. 이곳에서 관람지를 바라보면 시원한 풍광이 펼쳐진다.

폄우사

승재정. 뒤로는 폄우사가 보인다.

옥류천 일원

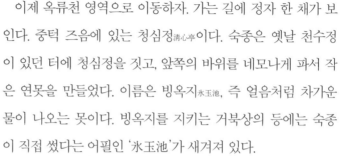

임금이 후원에서 꽃구경을 하려
고 대신과 아울러 그들의 자제들
을 불렀다. 여러 신료에게 명하
여 후원의 여러 경치를 마음껏
둘러보게 하고 옥류천이 굽어 도
는 곳에 이르러 멈추어서 술과
음식을 내리고 각기 물가에 앉아
잔을 기울이고 시를 읊게 하였는
데 저녁이 되어서야 파하였다.
– 정조실록(1793)

이제 옥류천 영역으로 이동하자. 가는 길에 정자 한 채가 보
인다. 중턱 즈음에 있는 청심정淸心亭이다. 숙종은 옛날 천수정
이 있던 터에 청심정을 짓고, 앞쪽의 바위를 네모나게 파서 작
은 연못을 만들었다. 이름은 빙옥지氷玉池, 즉 얼음처럼 차가운
물이 나오는 못이다. 빙옥지를 지키는 거북상의 등에는 숙종
이 직접 썼다는 어필인 '氷玉池'가 새겨져 있다.

조금 더 힘을 내 올라가보자. 거의 정상이다 싶을 때 마치 휴
게소처럼 취규정聚奎亭이 보인다. 취규정
은 인조 때 창건된 정자이다.

이제 내리막길이다. 가는 도중 옥류
천 계곡으로 들어가는 길목에 취한정翠寒
亭이 보이고, 좀 더 내려가면 옥류천玉溜泉
이 눈에 들어온다. 계곡이라고 해서 엄
청난 물이 흐를 것이라 생각하면 실망
하게 된다. 옥류천의 역사는 인조 때부
터 시작되는데 꽤 큰 바위인 소요암을
깎아 그 위에 홈을 파서 물길을 끌어들
여 작은 폭포를 만들었다. 가끔 곡선형
의 수로를 따라 물 위에 술잔을 띄우고
시를 읊었다고도 한다. 바위에 새겨진
'玉溜泉'은 인조의 친필이다. 이후 후대

청심정

임금들은 이곳에서 휴식을 취하며 시간을 보내
곤 했다.

조선시대 왕은 개인의 삶으로 살 수 없는 운명
이다. 퇴근 시간이 정해져 있지 않을 정도로 과중
한 업무에 시달렸고 심지어 모든 문제를 임금 탓
으로 돌린 시대였으니, 미루어 생각하건데 그 스
트레스는 아마도 상상 이상이었을 것이다. 그러
니 임금도 사람인데 이 정도의 여유도 없었다면
어떻게 살았겠는가!

옥류천 주변에는 소요정逍遙亭, 태극정太極亭, 청의
정淸漪亭, 농산정籠山亭 등의 정자가 있는데, 이곳 모
두 인조 대에 건립된 정자들이다. 특히 청의정은
초가로 이은 정자로 앞쪽에는 작은 논이 만들어
져 있다. 임금이 농사를 짓는 밭인 내농포內農圃다.
이곳에서 수확한 볏단은 청의정의 지붕으로 사
용된다고 한다.

이곳에서 조금 떨어진 농산정은 외형이 정자
보다는 일반 전각에 가깝다. 작은 온돌방과 주방
이 갖춰진 이곳에서 정조는 가마꾼들에게 음식
을 내렸다고 한다. 어머니인 혜경궁 홍씨를 모시
고 아버지 사도세자의 무덤인 화성 현륭원을 참
배할 계획이었던 정조는 가는 길에 산을 넘어야
했기 때문에 혹시나 하는 마음에 어머니를 모시고 후원에서

옥류천 초입에 있는 정자인 취한정

옥류천

옥류천

청의정, 태극정

농산정

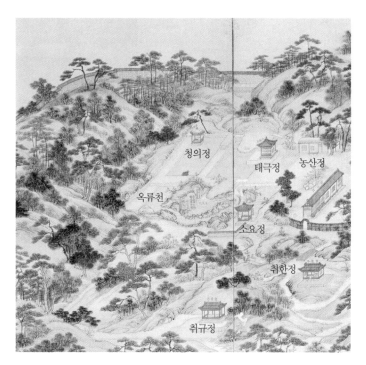

동궐도에 그려진 옥류천 일대

예행 연습을 했다. 그때 이곳에서 가마꾼들에게 음식을 베풀었던 것이다.

정조실록에는 정조가 이곳 농산정에서 재숙齋宿(임금이 제사를 지내기 위해 전날 밤 재궁에서 묵는 일)했다는 기록도 나온다. 아무리 봐도 왕이 거처하기엔 너무 협소한 공간이지만 보통은 제사 등이 있을 때 자숙하는 심정으로 이런 곳에서 숙식하기도 했다.

임금이 현륭원(顯隆園)에 행차할 때 여러 날 수고롭게 움직여야 하기 때문에 자궁(혜경궁 홍씨)을 직접 모시고 먼저 예행 연습을 한 것이었다. 후원의 농산정(籠山亭)에 이르러 행차를 수행한 신하들에게 음식 대접을 한 후 대전으로 돌아왔다.
- 정조실록(1795)

임금이 후원의 농산정(籠山亭)에서 재숙(齋宿)을 하였으니, 다음 날이 의종 황제(毅宗皇帝)의 기일이었기 때문이다.
- 정조실록(1796)

신 선원전

신 선원전 영역

옥류천을 지나 천천히 후원의 산림을 감상하면서 내려오다 보면 오른쪽에 아주 큰 전각 한 채가 보인다. 지금의 이름은 신新 선원전璿源殿이다. 선원전은 궐내각사 영역에 있는데, 이는 또 다른 선원전이다. 궐내각사 영역의 선원전은 구舊 선원전으로, 창덕궁에는 두 곳의 선원전이 있다.

동궐도상 이곳에는 명나라 신종 황제를 위한 제단인 '대보단大報壇'이 있었다. 임진왜란 이후 중원의 주인은 명明이 아닌 청淸이 되었지만, 조선 조정은 청을 인정하지 않고 여전히 망한 명을 신봉하고 있었다. 심지어 창덕궁 북쪽에 명을 위한 제단

임금이 대보단에 나아가 친히 명 나라 신종 황제를 제사하였다. 임금이 의춘문으로부터 금원 북 쪽을 따라 서쪽으로 가서 조종문 을 나가 단(壇)이 있는 곳에 이르 러 제사를 거행하였다.
– 숙종실록(1705)

까지 만들었다. 겉으로는 청을 대접하
고 안으로는 명 황제에게 제사를 지냈
던 것이다.

동궐도에 그려진 대보단

그 뒤 1921년 조선 총독부는 중국
으로부터의 영향력을 차단하려는 차
원에서 대보단을 없애고 이곳에 선원
전을 건립하게 했다. 그런데 이는 정
확히 말하면 신축이 아니라 고종 승하
후 덕수궁의 선원전 전각을 헐어 이곳
으로 옮긴 것이다. 이때부터 원래 있었
던 선원전은 구 선원전, 이곳은 신 선
원전이 되었다.

총독부는 건립과 동시에 덕수궁과 기존 선원전에 있었던 어
진들을 이곳으로 옮겨놓았다. 하지만 이곳의 어진들은 한국전
쟁 때 부산으로 옮겼다가 모두 불타버리고 지금은 몇 점만이
남아 있다.

조선 후기 이곳 창덕궁 북쪽에는 군사들이 훈련을 하는 북영
北營이 있었다. 지금의 신 선원전 옆 구석에는 1간짜리 작은 정
자인 괘궁정掛弓亭이 있다. 너무 외진 데 있어서 잘 보이지도 않는
괘궁정은 이름에서 알 수 있듯 활을 쏘는 정자인 사정射亭이다.

괘궁정 앞쪽에 있는 정자인 몽답정夢踏亭은 영조가 직접 이름
을 지은 곳이다. 영조의 손자인 정조 역시 이곳 몽답정에 묵으
며 회포를 풀었다고 한다.

—
임금이 말하기를, "훈장(訓將) 김
성응이 북영(北營)에 작은 정자
를 한 채 지었는데 내가 대보단
(大報壇)에서 바라보고 이름을 몽
답정(夢踏亭)이라고 내려주었으
니 이를 걸게 하라." 하였다.
– 영조실록(1759)

—
임금이 신하들도 접근하지 못하
게 하고는 하교하기를, "연꽃이
흐드러지게 피고 날이 개인 뒤
더위가 물러갔으니 그야말로 회
포를 풀기에 적당하다. 북영의
몽답정(夢踏亭)에 가서 묵으며 답
답한 심사를 풀 것이니 그렇게
분부토록 하라." 하였다.
– 정조실록(1795)

괘궁정(좌)와 몽답정(우)

요금문과 붙은 민가

천천히 길을 따라 내려가다 보면 오른쪽 담이 왠지 어색하다. 민가들이 창덕궁 궐담과 붙어 있기 때문이다. 조선시대라면 있을 수 없는 이야기다. 심지어 어떤 민가는 창덕궁의 담을 아예 뒷담으로 사용하고 있다.

창덕궁 서북쪽 요금문曜金門은 바로 민가와 붙어 있는 모양이다. 광복 이후 창덕궁 바깥 공간의 소유권이 민간으로 넘어가면서 나타난 현상이다. 지금도 문화재청은 민가와 협의하고 있다고 하지만 담장 너머 보이는 풍경은 이곳이 정말 유네스코 세계문화유산인가 싶을 정도로 아찔하다.

하루빨리 복원되면 얼마나 좋을까 하는 생각을 하다 보면 어느덧 눈앞에 700년 된 향나무와 규장각 건물이 들어온다. 그리고 금호문을 지나면 다시 정문인 돈화문이 보인다.

선원전 내부

왕 실 의 역 사 를 거 닐 다

4

창경궁

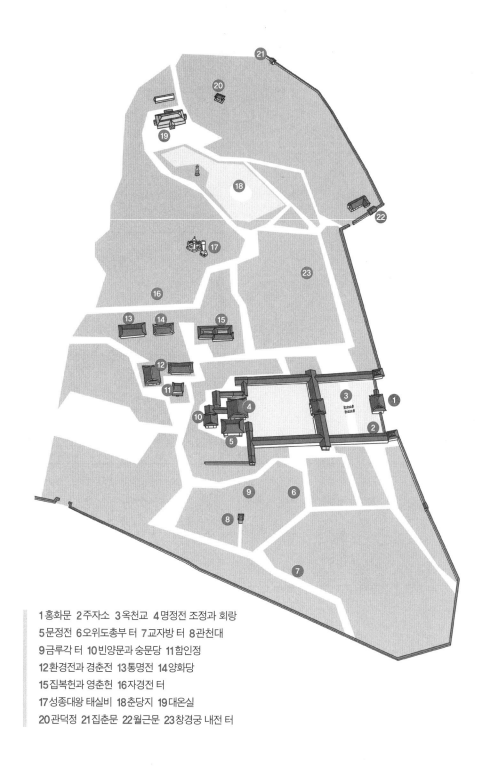

1 홍화문 2 주자소 3 옥천교 4 명정전 조정과 회랑
5 문정전 6 오위도총부 터 7 교자방 터 8 관천대
9 금루각 터 10 빈양문과 숭문당 11 함인정
12 환경전과 경춘전 13 통명전 14 양화당
15 집복헌과 영춘헌 16 자경전 터
17 성종대왕 태실비 18 춘당지 19 대온실
20 관덕정 21 집춘문 22 월근문 23 창경궁 내전 터

창경궁의 역사

창경궁의 창건

　1395년 태조의 경복궁 창건, 1405년 태종의 창덕궁 창건에 이어 창경궁은 조선이 개국한 이후 세 번째로 만들어진 정식 궁궐이다. 개국 초 불안했던 국정을 안정적으로 운영하면서 태종은 아들 세종에게 옥새를 물려주고 자신은 상왕上王의 자리에 앉게 된다. 문제는 태종의 거처였다. 왕이 사용하는 경복궁과 창덕궁에 물러난 왕이 거처한다는 것은 모양새가 그리 좋지 않았기 때문이다. 이런 이유로 세종은 태종을 위해 창덕궁 동쪽에 작은 궁전인 수강궁壽康宮을 만들었다. 여기서의 수강궁은 궁궐 형식을 갖춘 곳이라기보다는 작은 전각 정도로 이해하면 된다.

　이후 70여 년의 시간이 흐르고 성종 대에 들어 왕실 가족 수가 늘면서 새로운 궁궐 창건에 대한 논의가 이루어졌다. 성종 대 궐내에는 세조비妃인 대왕대비 정희왕후, 예종비인 왕대비 장순왕후, 성종의 모후인 인수대비까지 세 분의 왕실 어른과

상왕전의 신궁이 이루어졌으므로, 그 궁의 이름을 수강궁이라 하였다.
– 세종실록(1418)

10명이 넘는 후궁들까지 있어 창덕궁 내 전각이 부족할 정도였다. 게다가 당시 왕실 최고 어른인 정희왕후는 낡은 수강궁에서 생활했는데 이를 안타깝게 생각했던 성종은 결국 수강궁 뒤 터에 새로운 궁궐을 짓기로 결정한다. 그곳이 지금의 창경궁이다.

궁궐의 건립은 많은 시간과 돈이 들어가는 국책 사업이다. 더군다나 농사철과 겹쳐 반대 여론이 심했는데 성종은 인력 수급을 위해 중들에게 도첩度牒을 주면서까지 일을 시켰다. 도첩이란 중들이 시험에 합격하면 주는 일종의 신분증으로 도첩을 받은 중들은 군역을 면제받을 수 있었다. 그러니 성균관 유생들의 상소가 끊이질 않았다.

조선 최고의 태평성대였던 성종 대에도 토목 사업에 대해서는 이런 반대 여론이 있었던 것이다. 역시 토목 사업은 신중에 신중을 기해야 한다. 그렇다고 유생들의 상소가 무의미한 것은 아니다. 상소 한 장으로 왕은 한 번 더 세금 사용에 대한 경각심을 갖게 되기 때문이다. 여하튼 우여곡절 끝에 1484년 조선의 세 번째 궁궐인 창경궁이 완공된다.

위기의 창경궁

창경궁은 남쪽에 종묘가 있어 매우 협소한 공간에 지어졌다. 심지어 정전과 정문도 남쪽이 아닌 동쪽을 향하고 있다. 이런 창경궁 역시 1592년 임진왜란이 발발하면서 100여 년 만에 잿더미로 변하고 만다.

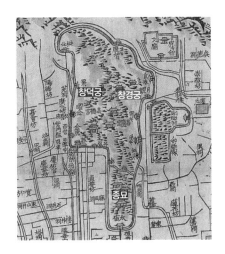

창경궁의 남쪽에는 종묘가 있어 정문을 남쪽으로 낼 수 없는 구조이다.

창경궁이 다시 태어난 때는 광해군 연간이다. 중건을 협의하던 중 신하들 사이에서는 창건 당시처럼 동쪽으로 정문을 내야 한다는 주장과 새로 남쪽으로 내야 한다는 주장이 맞서기도 했지만 논쟁 끝에 결국 창건 당시의 구조를 따르기로 했다.

이후 창경궁은 크고 작은 화재 속에서도 창덕궁의 보조 궁궐 역할을 수행하였다. 그러나 일제 강점기 총독부는 창경궁의 전각 대부분을 훼철했고, 그 터에는 동물원, 식물원, 놀이공원 시설이 들어섰다. 우리에게도 익숙한 창경원昌慶苑 벚꽃 놀이가 이때부터 시작된 것이다.

다행히 1980년대 들어 서울대공원이 개원하면서

일제 강점기의 창경궁

동물들이 옮겨졌고 복원 사업도 진행하여 70여 년 만에 창경
궁이라는 이름을 회복할 수 있었다. 하지만 이름만 회복했을
뿐 아직도 대부분의 전각은 제 모습을 갖추지 못하고 있다.

일제 강점기 창경원. 사진 하단에 '동물원'이란 문구가 선명하다.

대부분의 전각이 사라지고 동물원과 놀이공원으로 변한 창경궁의 모습

조선 중기의 건축 양식이 남아 있는 홍화문

홍화문

　창경궁의 정문은 홍화문弘化門이다. 경복궁의 광화문, 창덕궁의 돈화문처럼 역시 화化자 돌림이다. 일반적으로 궁궐의 정문은 남쪽을 향하지만 특이하게 홍화문은 동쪽을 바라보고 있다. 그 이유는 종묘로 인하여 협소해진 남쪽 공간에 비해 동쪽으로는 넓은 터가 있어 정문이 들어서기 적합했기 때문이다. 지금이야 차도 건너에 고층 빌딩이 즐비하지만 조선시대 홍화문 밖은 과거시험을 보거나 활을 쏘는 장소 또는 임금이 백성

임금이 홍화문에 나아가 무신이 활 쏘는 것을 관람하였는데 세자가 참여하였다.
– 중종실록(1538)

창덕궁 인정전에 나아가 문과 전시의 제목을 내주고, 홍화문 밖에 나아가 무과 시험을 보이다.
– 명종실록(1561)

홍화문에 나아가 황태를 나누어 주고 이어서 초계한 문신들을 친히 시험 보였다.
– 정조실록(1794)

들을 만나는 장소로 활용되곤 하였다.

　현재의 홍화문은 1616년 광해군 연간 중건된 건물이다. 그러다 보니 홍화문은 조선 중기의 건축 양식을 알 수 있는 교과서 같은 존재가 되었다.

　무엇보다 홍화문을 바라보고 있으면 400년이 넘는 모진 역사를 이겨내고 지금껏 그 원형을 지키고 있는 모습에 경외심마저 느껴진다.

1960년대 창경원 벚꽃 놀이를 가기 위해 홍화문 앞에 줄 서 있는 인파.
지금은 없는 전차의 모습이 이색적이다.

주자소

정문을 통과하면 금천교인 옥천교가 나오고 좌우에는 행각이 있다. 지금은 그냥 뻥 뚫린 회랑처럼 보이지만 동궐도를 보면 이곳이 관청이나 창고인 행각 형태였음을 알 수 있다.

동궐도가 제작된 1830년대 홍화문 행각에는 주자소鑄字所가 있었다. 주자소는 조선시대 왕립 인쇄소다. 당시 동아시아 국가 중 금속활자 인쇄술이 가장 앞선 나라는 단연 조선 왕조였다. 그 원천 기술의 산지가 바로 이곳 주자소였던 것이다. 1796년 정조실록을 보면 조선의 르네상스를 이끈 문화 대왕 정조가 주자소에 대해 아주 깔끔하게 정리한 바 있다.

이렇듯 활성화된 주자소 덕분인지는 모르겠으나 지금 유네스코 세계기록문화유산의 아시아 최다 보유국은 한국이다. 구한말 한 프랑스 선교사는 한국의 농촌을 방문하고 깜짝 놀라 이런 말을 했다고 한다. "조선이 미개해 보이지만, 촌구석 농부의 집에도 책 한 권이 있는 나라다. 문화 강국이라 자부하는 프랑스에서는 감히 상상할 수 없었던 풍경이다."

옥천교

창경궁의 금천교는 옥천교玉川橋라 부르는데, 1483년 성종 연간 만들어진 다리가 지금까지 현존한다. 따라서 동궐도상의

전교하기를, "우리나라의 경전 인쇄는 국초에 고려의 옛 제도를 따라서 교서관을 두어 관장하게 하였었는데, 고려에서는 이를 비서성이라고 하였고, 궁예 때에는 금서성이라고 하였으니, 최초에는 궁중에 설치하였었다는 것을 알 수 있다. 태종 3년에 별도로 주자소를 궁중에다 설치하고 구리로 활자를 만들어 널리 인쇄하였고 이후 선대왕들께서는 많은 활자를 주조하셨다. 올해 역시 정유자로 인쇄하여 서책을 배포하였다. 그러나 그 명칭은 내가 일찍이 지어주지 않았기 때문에 각신들이 우선 감인소라고 불러왔다. 하여 이제부터 국초에 설치하던 때의 옛날 호칭을 그대로 써서 주자소라고 부를 것을 명한다."

– 정조실록(1796)

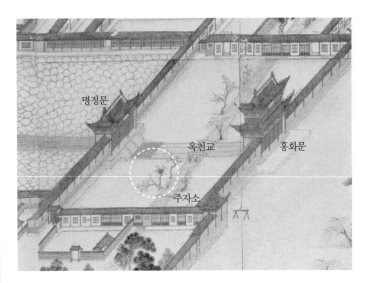

동궐도에 그려진 홍화문, 옥천교, 주자소

옥천교도 지금의 옥천교이다. 동궐도의 옥천교를 보고 있으면
다리 옆 살구나무의 까치집까지 그린 당대 화원들의 섬세한
묘사에 감탄이 절로 나온다.

이곳 옥천교의 가장 큰 매력은 후원 영역에서 흐르는 자연
수다. 경복궁도, 창덕궁도 모두 일제 강점기에 물길이 끊겼지
만, 이곳 창경궁은 1483년 이후 물길이 한 번도 끊기지 않았
고, 지금도 여전히 맑은 물이 흐른다.

옥천교는 가운데 큰 돌을 둔 아치형의 구조다. 가운데의 귀
신 얼굴상이 궁궐로 들어오는 악한 기운을 노려보고 있다. 다
리 기둥 끝에는 창덕궁 금천교에서 보았던 서수가, 난간에는
연꽃 잎사귀 모양의 하엽동자가 조각되어 있다.

기록상 옥천교는 거애擧哀의 장소로 많이 등장한다. 거애란 왕실 가족이나 혹은 대신들이 상을 당했을 때 임금이 머리를 풀고 곡을 하며 초상을 알리는 행위를 말한다.

이제 천천히 옥천교를 건너보자. 성종 이후 조선의 모든 왕이 한 번씩은 밟았을 그 역사의 현장이다. 임진왜란, 일제 강점기, 한국전쟁까지 견딘 옥천교지만 400년 이상의 세월을 견딘다는 것은 쉽지 않은 일이다. 모진 풍파에 마모되어 상태가 좋지 않았던 옥천교는 결국 2004년 1년간의 해체 보수 작업 끝

임금이 익선관, 참포(임금이 제사 지낼 때 입는 엷은 청색의 옷), 오서대(상복에 착용하는 허리띠)를 갖추고 창경궁 금천교에서 거애하였다.

– 정조실록(1778)

맑은 자연수가 흐르는 창경궁의 금천과 옥천교

에 다시 태어날 수 있었다.

정조가 거애를 했던 창경궁 옥천교와 옥천교에서 바라본 홍화문

명정전 조정과 회랑

옥천교를 건너면 정전인 명정전明政殿의 정문인 명정문明政門이 나온다. 경복궁과 창덕궁의 경우 정문과 정전 사이에는 중문이 있다. 경복궁의 광화문과 근정문 사이의 홍례문, 창덕궁의 돈화문과 인정문 사이의 진선문처럼 말이다. 하지만 창경궁은 공간이 협소한 관계로 정문을 통과하면 바로 정전의 정문인 명정문이 나온다.

명정문을 통과하면 정전인 명정전이 눈에 들어온다. 경복궁,

옥천교에서 바라본 명정문과 명정전

창덕궁에서 보던 2층 구조의 웅장한 정전이 아닌 단층 구조의
소박한 정전이다. 그러나 앞서 언급했듯 창경궁은 애초에 생
활 공간으로 계획되었기에 공적 공간의 규모가 상대적으로 작
을 수밖에 없다.

　이곳 명정전의 조정 역시 일제 강점기 때 많은 수모를 겪었
다. 박석이 모두 뜯겨 나가고 정원이 들어섰는가 하면 주변의
행각 역시 벽이 허물어져 회랑 형태로 바뀌었다.

　동궐도에서도 확인할 수 있듯이 이곳 행각에는 다양한 관청
이나 창고가 있었는데 한때 이곳에는 화국畵局도 있었다. 화국
은 궁궐 내 도화서 화원들을 관리했던 관청이다. 1545년 인종

일제 강점기 때 박석이 모두 제거되고 잔디와 나무가 심어진 명정전의 조정(좌)은 원형과 다르게 네모반듯하고 인위적인 박석으로 복원되었다(우).

때 돌아가신 부왕父王 중종의 어진을 그려야 할 상황이 벌어졌다. 중종의 젊은 시절을 그린 어진만 남아 있었기 때문이다. 급박한 상황인지라 당시 궁여지책으로 내놓은 아이디어는 임금을 모셨던 이들을 불러 그 생김새를 들으며 상상으로 그리는 것이었다.

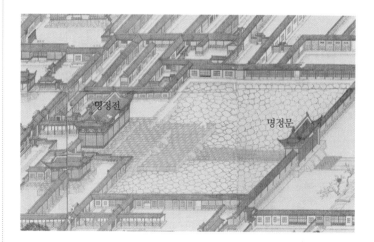

동궐도에 그려진 명정문과 명정전

지금 명정전 조정은 벽도, 문도 사라지고 이렇게 휑한 회랑만 남았다. 박석 역시 광복 이후 다시 복원되었지만 인정전의 박석처럼 네모반듯한 모습이 매우 인위적이다. 자연석이 깔린 모습의 동궐도와 대조된다.

명정전

천천히 어도를 따라 명정전으로 올라보자. 비록 단층 형식의 작은 규모지만 명정전은 5대 궁궐 중 가장 오래된 정전이다. 무려 400년이 넘는다. 1615년 중건된 이후 지금까지 제자리를 지키고 있다. 그 덕에 명정전 역시 홍화문과 함께 조선 중

예조가 아뢰기를, "본조의 생각으로는 명정전의 중건은 매우 경사스러운 일이니 백관들이 회참하는 것도 무방할 듯합니다. 황공하게도 감히 아룁니다." 하니, 아뢴 대로 하라고 전교하였다.
- 광해군일기(1615)

400년 이상의 역사를 품은 창경궁의 정전 명정전

명정전 내부

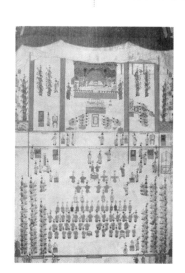

〈명정전외진찬도(明政殿外進饌圖)〉(1829년,
국립중앙박물관)

기 건축을 연구하는 데 중요한 자료
로 평가받고 있다.

명정전 내부는 왠지 모를 쓸쓸함
이 있다. 사실 조선 궁궐의 시계는
1926년 순종 황제가 승하하면서 멈
추었다. 주인이 떠났으니 궁궐은 관
리되지 않았고 그렇게 일제 강점기,
한국전쟁을 겪으면서 방치되다시피
했다. 재료의 특성상 목조 건물은 주
기적으로 보수하지 않으면 금방 망가지기 마련이다. 그런데
명정전은 100년 이상 보수되지 못했다.

이곳 명정전에서 왕위를 물려받은 유일한 왕은 인종이다. 보
통 선대왕이 창경궁에서 승하하더라도 창덕
궁 인정전에서 즉위하기 마련인데, 인종의 즉
위식은 특이하게도 창경궁 명정전에서 거행
되었다. 27명의 왕 중 인종만이 즉위를 했으니
창경궁은 정말 정치와는 거리가 먼 공간이었
던 것 같다.

이렇듯 정전이지만 즉위식이 거의 없었던
명정전은 왕이 백성을 초청해 잔치를 베풀거
나 혹은 과거시험을 보는 장소로 활용되곤 했
다. 중종 때에는 나이 많은 할머니들을 명정전
으로 초청해 잔치를 베풀었는데 평균 수명이

40살이 안 되었던 조선시대에 과연 나이가 많은 노인의 기준은 몇 살이었을지 궁금하다.

• 공회빈 이야기 •

명정전에는 슬픈 이야기가 전해진다. 명종의 아들인 순회세자는 결혼한 지 얼마 안 된 13살의 나이로 요절했다. 순회세자가 죽은 뒤 왕이 된 것은 명종의 이복 조카였던 선조다. 결혼 2년 만에 과부가 된 어린 세자빈은 덕빈(德嬪)이라 불리며 한평생 혼자 살다가 1592년 40대 초반의 나이로 이곳 창경궁에서 생을 마감하고 만다.

그녀는 죽은 후 '공회'라는 시호(諡號, 죽은 이에게 붙여주는 칭호)를 받았고, 사람들은 그녀를 공회빈(恭懷嬪)이라 불렀다. 그런데 그녀의 장례 기간 중 임진왜란이 터진 것이다. 왕과 조정은 궐을 버리고 도망칠 준비를 하는데 그녀의 시신은 아직 창경궁 안에 있었다. 결국 조정은 궐 안에(명정전 근처) 임시 매장을 결정하고 파천(播遷)을 떠난다. 그렇게 시간이 흐르고 한양으로 돌아온 선조는 그녀의 시신을 찾으라 명하지만 파천 당시 매장을 한 당사자가 죽은 후여서 그녀의 시신을 찾을 수가 없었다. 당시 시신을 못 찾았다고 하니 지금도 창경궁 어딘가에는 그녀가 묻혀 있을 것이다.

선조는 1603년 순회세자와 공회빈의 신주를 봉안하였으나 이마저도 병자호란 당시 분실되고 만다. 하지만 비극은 여기서

—
임금께서 창경궁 명정전 뜰에서 여자 늙은이들에게 잔치를 베풀었다.
– 중종실록(1543)

명정전 내부

—
예조가 아뢰기를, "겸사복 현응민이 아뢴 바에 따라 공회빈을 매장하였다는 곳을 자세하게 살펴보니, 창경궁의 명정전 뒤 남쪽에 구덩이를 파서 우묵하게 들어간 곳으로서 잡초에 뒤덮여 있어 형적을 분간하기 어려웠습니다." – 사관은 말한다. 임금이 의주로 파천할 때 공회빈이 막 죽어 빈소에 있었다. 창황하고 바쁜 통에 임시로 파묻게 하였으나 그 여부를 확실히 알 길이 없었다. 구덩이 속에 옥체가 있는지 자세히 알 수 없었는데 마침내 살펴보지도 못하였으니, 슬프다.
– 선조실록(1595)

문화재청은 경기도 고양시 서오
릉(사적 제198호) 경내 순창원(順
昌園)에서 전문 도굴범의 소행으
로 보이는 도굴 미수 현장을 발
견하고 현장 조사를 실시했다고
19일 밝혔다. 순창원은 조선 13
대 명종의 원자(元子) 순회세자
와 공회빈 윤씨의 합장묘로, 문
화재청에 따르면 18일 오전 발
견 당시 도굴범이 파낸 것으로
추정되는 봉분 뒤편이 다져지지
않은 상태로 다시 메워져 있었
다.
- 연합뉴스(2006)

끝나지 않았다. 비록 공회빈의 묘는 시신이 없는 가묘(假墓)지만
두 내외는 순창원(順昌園)에 안장되어 있었다. 그런데 지난 2006
년 세자 내외가 묻혀 있는 순창원에서 도굴의 흔적이 발견된 것
이다. 다행히 미수로 끝이 났지만 그녀의 운명이 참으로 모질다.

순회세자와 공회빈의 합장묘 순창원

문정전

명정전을 바라보고 왼쪽으로 돌아 나오면 창경궁의 편전인
문정전文政殿의 후면이 나온다. 대개는 정전과 편전이 같은 방
향을 향해 있지만 창경궁의 명정전은 동쪽, 문정전은 남쪽을
향하고 있다. 성종 연간 창건 때부터 이렇게 지어졌다. 이곳
문정전도 임진왜란 이후 불탄 자리에 광해군 연간 중건한 건
물이다.

그런데 이상할 정도로 궁궐에 집착했던 광해군은 문정전이 중건되었음에도 불구하고 그 방향에 대해 문제를 삼았다. 어떻게 정전과 편전이 각각의 방향일 수 있느냐는 것이었다. 이미 지어진 건물을 다시 지으려 하는 광해군의 모습에 신하들의 반발도 엄청났다. 이 논쟁에서 왕은 졌고 문정전은 창건 때의 방향 그대로 남게 되었다.

동향인 명정전과 남향인 문정전

문정전은 전형적인 편전의 모습이다. 마룻바닥 위에 어좌가 놓여 있고 양쪽으로 대신들이 좌정한다. 그리고 건물의 앞쪽으로는 넓은 마당이 있다.

문정전 앞 복도각은 사라졌고, 잔디밭에는 주춧돌의 흔적만 남아 있다.

사간원이 아뢰길 "창경궁의 명정전은 경복궁의 근정전이나 창덕궁의 인정전처럼 조정이 업무를 보는 장소인데, 한 궁에 정전은 하나밖에 없습니다. 지금 이 문정전은 바로 경연을 열어 신하들을 접견하는 편전이니, 명정전과 나란히 세워 둔다면 정전이 둘이 되는 꼴로 이는 옛 제도를 문란시키는 것이옵니다. 선대 왕들께서 문정전을 명정전 옆에 세울 때 방향을 남쪽으로 향하게 하고 네모 기둥을 사용하였는데 이는 정전과 구별하기 위해서 그렇게 했던 것입니다. 그런데 이 미완성된 건물을 다시 철거하고자 하시므로, 도감이 누차 그 불가함을 아뢰었고 대신도 허물지 마시라고 말씀드렸으나 상께서 들어 주지 않으시니, 뭇 사람들의 마음이 더욱 답답해하고 있습니다."
– 광해군일기(1616)

이곳 문정전은 일제 강점기 때 동물원이 들어서면서 헐리게 되었고 1980년대 들어 복원이 이루어졌다. 동궐도에는 문정 전 앞쪽으로 복도각이 설치되어 있는 것을 볼 수 있지만, 불행 히도 복원에 포함되지 않았다. 지금은 주춧돌의 흔적만 남아 있다. 앞서 언급했듯 보통 복도각이 있는 건물은 왕실 장례식, 즉 시신을 안치한 빈전殯殿이나 장례 후 신주를 모시는 혼전魂殿 과 관련이 깊다.

—
빈전은 환경전에, 혼전은 창경궁
문정전에 설치하라 명하였다.
– 순조실록(1805)

오위도총부 터

문정문으로 나오면 탁 트인 잔디밭과 나무들이 보인다. 이곳 이 혹시 창경궁의 후원인가 싶지만 사실 이곳은 궐내각사 터 다. 동궐도를 보면 많은 관청들이 이곳 궐내각사에 들어서 있

지금은 잔디밭이 된 문정전 앞 궐내각사 영역

었음을 알 수 있다. 하지만 동물원이 들어서면서 모든 전각이 훼철되었고 아직 복원되지 못한 채 이렇게 잔디밭으로 남은 것이다.

그래도 우리에겐 동궐도가 있으니 어떤 관청들이 이곳에 있었는지 간단히 살펴볼 수는 있다. 문정문 밖으로 설치된 복도각으로 나오면 오른쪽으로 도총부가 있다. 도총부는 오위도총부를 줄인 말이다. 오위五衛는 말 그대로 5곳을 지킨다는 뜻이다. 조선은 전국을 5곳으로 나눠 방위했는데, 그 총사령부가 이곳에 있었던 것이다. 하지만 임진왜란 이후 비변사가 모든 것을 총괄하면서 오위도총부는 사실상 유명무실해졌다.

—
세자가 장차 거처를 홍문관 근처로 옮기게 되었으므로, 임금이 도총부, 약방, 향실 관원을 모두 다른 곳으로 옮기라고 명하였다.
– 현종실록(1668)

—
임금이 창경궁의 경춘전으로 거처를 옮기었으므로 내의원이 도총부로 이전하였다.
– 순조실록(1814)

동궐도에 그려진 창경궁 궐내각사

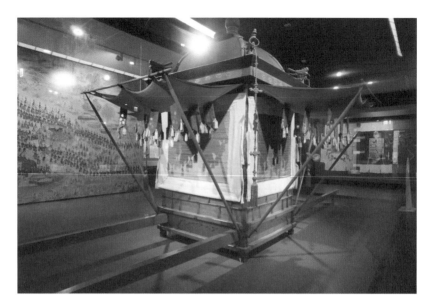

조선시대 왕실 가마인 연(輦) (국립고궁박물관)

교자방 터

오위도총부 터를 지나 계속 남쪽으로 내려가다 보면 내사복시內司僕寺, 교자방轎子房 등의 관청이 나온다. 앞서 지금의 국립고궁박물관 자리에 사복시가 있었다는 이야기를 한 바 있다. 다시 정리하자면 조선시대 말과 가마를 관리하는 관청이 사복시司僕寺다. 이곳 사복시에서 실제로 말을 키우는 노비들을 '거덜'이라고 불렀는데, 동궐도에는 이들이 사는 거덜방이 묘사되어 있다. 이 거덜들은 노비 신분임에도 중요한 말을 관리하는 일을 해서 평상시 상당히 우쭐거렸다고 한다. 사극을 보면 고관들의 행차 때 "○○납신다. 물렀거라!" 하면서 소리치는 이들이 바로 거덜이다. 그러니 사람들은 자기 분수도 모르고 우쭐거리는 거덜들을 보고 '거들먹거리다, 거들거린다'라는 표현을 썼고, 이것이 파생되어 오늘날 살림의 기반이 흔들려 망가지는 상황인 '거덜나다'가 된 것이다.

말을 관리하는 부서답게 내사복시는 마구간인 마랑馬廊으로 둘러싸여 있고, 또 그 옆에는 말의 혼령을 위해 제사를 지냈던 사당인 부군당府君堂이 있다. 그만큼 말은 중요한 동물이었다. 또 사복시에는 말만큼 중요한 교자轎子, 즉 가마를 관리하는 관청인 교자방도 있다. 교자는 종1품 이상의 고위 관료나 왕실 가족들이 타는 가마를 말한다. 1486년 성종실록에는 성종의 모후인 인수대비가 친인척을 창경궁에 초대했을 때 일어났던 교자에 얽힌 재미있는 이야기가 기록되어 있다.

인수대비가 창경궁의 인양전에 나아가 육촌 이내의 친족에게 잔치를 베풀었는데, 참여 인원이 거의 1백여 명이나 되었으므로, 잔치가 파하여 나갈 때 교자와 기마가 궁문에 나열하여 복종(僕從)과 서로 잃었는데, 한 부인은 다른 가마를 잘못 타서, 가보니 다른 집이었다.
– 성종실록(1486)

관천대

내사복시 근처에는 관천대觀天臺가 있다. 별의 위치를 관찰해 절기를 파악하는 천문학은 농업 국가였던 조선의 국왕에게는 매우 중요한 분야였다. 이를 주관하는 관청이 서운관書雲觀이고, 서운관원들은 관천대에 올라가 별을 관찰했다. 관천대를 다른 말로 첨성대瞻星臺라고 한다. 첨성대는 경주에 있는 문화재의 이름이기도 하지만, 사실은 고유명사가 아닌 보통명사다.

임금이 승지와 서운관 제조에게
명하여, 함께 첨성대에 나아가
관망하고 만약 월식을 볼 수만
있다면 바로 첨성대에서 의식을
행하도록 하였다.
– 정조실록(1793)

창경궁 내 관천대

창덕궁 돈화문 옆에 남아 있는 관천대

창경궁의 관천대, 즉 첨성대는 원래 경복궁 내에 있다가 임진왜란 이후 창덕궁 돈화문 옆과 창경궁 궐내각사 영역에 설치되었다. 조선의 왕들은 지구의 그림자가 달을 가리는 월식 때면 첨성대에 나아가 제사를 지냈다. 조선의 왕 중 천문에 관심이 많았던 왕으로는 조선 전기의 세종, 조선 후기의 정조를 꼽는다.

동궐도에 묘사된 관천대 위의 기구는 별을 관찰하는 소간의대小簡儀臺다. 지금은 관천대만 남아 있고 소간의대는 사라진 상태다.

금루각 터

관천대에서 문정전 쪽으로 다시 올라가면 금루각禁漏閣 터가 나온다. 금루禁漏는 물시계, 즉 자격루自擊漏란 뜻이다. 이곳에는 금루관직소, 누수간, 금루서원방 등 금루를 관리하는 관청들이 있었다. 특히 누수간은 물시계에서 떨어지는 물을 관리하는 곳이다.

우리는 흔히 물시계를 옛 만 원권 지폐에 나온 모습 정도로 상상하지만 실제 자격루는 그 높이가 2층에 이르고 매우 정교

금루각 터에서 바라본 문정전
문정전 뒤로는 정전인 명정전, 왼쪽으로는 보조 편전인 숭문당이 보인다.

조선시대 자격루 (국립고궁박물관)

한 부품들이 돌아가는, 당시로는 최첨단 기계였다. 현재 국립
고궁박물관에 복원품이 전시되어 있다.

금루각에서 일하는 금루관의 가장 중요한 임무는 제시간에
북을 치는 일이었다. 그런데 선조 때 금루의 시간이 자꾸 맞지
않아 조사해보니 금루관원들이 너무 태만하게 일을 했기 때문
이라는 사실이 밝혀지기도 했다. 또한 영조 때에는 금루관 직
원의 실수로 행차 출발 시간이 달라져 신하들이 매우 당황한
경우도 있었다고 한다.

빈양문과 숭문당

　지금은 잔디밭이 된 궐내각사 터를 지나 빈양문賓陽門 앞으로 가보자. 빈양문은 정전인 명정전의 후문으로 명정전 뒤쪽의 복도각이 끝나는 부분에 있는 문이다. 창경궁의 외전과 내전 영역을 연결해주는 이 회랑은 일제 강점기에 철거되었다가 1986년 복원되었다. 빈양문에서 바라보는 내리막 복도각의

정전인 명정전의 뒤쪽 회랑과 연결되는 빈양문

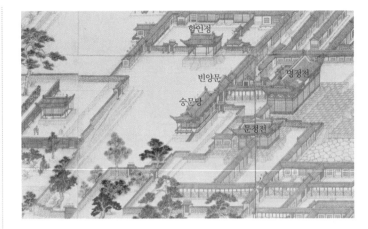

동궐도에 그려진 숭문당과 빈양문, 함인정

구도가 매우 아름답다.

빈양문을 통과하면 숭문당崇文堂이 보인다. 지금은 숭문당으로 바로 갈 수 있지만 동궐도상에는 숭문당을 출입하는 문이 엄연히 있다. 숭문당은 글자 그대로 '유교를 숭상한다'는 의미다. 편액은 영조가 직접 쓴 것으로 전해진다. 조선왕조실록에서 숭문당을 찾아보면 보통 국왕마다 10건 내외로 조회가 되는 것에 비해 영조실록에는 무려 123건이 나온다. 그만큼 영조가 많은 활동을 했던 곳이 숭문당이다. 이곳 숭문당에서 영조는 신하들과 경서를 읽고 논했다.

창경궁의 보조 편전인 숭문당에는 영조의 친필이 담긴 편액이 걸려 있다.

함인정의 날렵한 지붕

함인정

숭문당을 한 바퀴 돌고 넓은 공터를 가로지르면 함인정涵仁亭
이 나온다. 동궐도에는 숭문당과 함인정이 같은 담 안에 있는
공간으로 그려져 있다. 게다가 건물 앞에 터가 있다는 것은 여
러 명이 함께하는 행사를 진행할 수 있는 공간임을 의미한다.
영조는 함인정과 숭문당을 거의 편전으로 사용했다.

임금이 창경궁 함인정에 나아가
서 조강하여《중용(中庸)》을 강하
였다.
– 영조실록(1758)

임금이 함인정에 나아가 3군문
의 대장을 소견하고 군사들 사이
에 질병이 없는지를 물어보았다.
– 영조실록(1758)

원래 함인정은 1630년대 인조가 인경궁의 함인당을 헐어 창경궁에 옮겨 지은 건물이었다. 지금의 함인정은 사방이 뚫려 있지만 동궐도상에는 벽채가 있다. 아마도 1830년대 이후 담이 헐려 지금의 형태가 된 것으로 추정된다.

함인정의 매력은 날렵한 지붕의 각도에 있다. 지붕에 비해 상대적으로 본 건물의 크기가 작아 밑에서 바라보면 마치 학이 날개를 펴고 비상하기 직전의 모습이다. 또 하나의 매력은 사방에 걸린 현판이다. 함인정 마루에 앉아 편히 현판의 내용을 읽어보자. 당시 사람들, 특히 왕의 시선에서 시를 읽어보면 느낌이 새롭다.

다양한 행사가 거행된 함인정 앞마당.
원래 함인정은 담으로 둘러싸여 있었으나 지금은 모두 사라졌다.

• 잔디밭과 석탑 •

함인정을 뒤로하고 오른쪽을 보면 넓은 잔디밭이 나온다. 그런데 곳곳에 주춧돌의 흔적이 남아 있다. 전각들의 흔적이다. 동궐도를 보면 이곳에 얼마나 많은 전각이 있었는지 알 수 있다. 특히 왕실 가족들의 생활 공간, 즉 내전 영역의 규모가 컸던 창경궁의 특성상 그들을 수발드는 궁인들의 생활 공간도 적지 않았을 것이다.

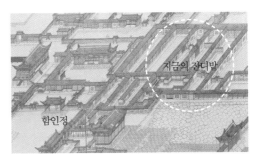

지금은 잔디밭이지만 이곳엔 원래 많은 전각들이 있었다.

다음으로 확인할 부분은 잔디밭 옆 석탑이다. 숭유억불이 국시(國是, 국가 정책의 기본 방침)인 조선 왕조의 궁궐에 불교 석탑이 있다니, 이해가 되지 않는다. 알고 보니 일제 강점기 때 이곳 창경궁이 유원지가 되면서 전국에서 가져온 석탑들이 전시되었는데 아직도 이렇게 남아 있는 것이다.

창경궁 내 아직도 남아 있는 석탑(좌)과 잔디밭 내 주춧돌의 흔적들(우)

환경전과 경춘전

함인정 뒤에는 환경전歡慶殿과 경춘전景春殿이 ㄱ자 방향으로 위치해 있다. 지금이야 눈앞에 보이는 환경전으로 쉽게 이동할 수 있지만, 동궐도를 보면 담으로 둘러싸여 있고 정문을 통과해야 진입이 가능했다. 두 전각의 끝 글자가 전殿이니 분명 왕실의 높은 신분이 사용했을 것이다. 이곳은 모두 임진왜란 때 소실되었는데 광해군 연간에 중건했고, 1830년 순조 연간 화재로 소실된 것을 1834년에 다시 세운 것이다.

환경전은 광해군 이야기를 빼놓을 수가 없다. 광해군이 특히 집착했던 곳이 바로 이곳 환경전이었다. 주변에서 임진왜란 전후 어려운 상황을 언급하며 공사를 자제하라는 상소를 올리

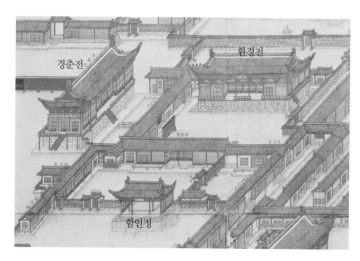

동궐도에 그려진 경춘전과 환경전

담이 사라진 채 건물만 남은 환경전과 경춘전

지만 광해군은 어떻게 해서든 핑계를 대면서 강행했다. 그의 이런 모습을 본 사관들도 혀를 내두를 정도였으니 그가 얼마나 궁궐에 집착했는지 알 수 있는 대목이다. 기이한 꽃과 괴석까지 모아두었다니, 광해군 연간 환경전은 화려한 모습이 극에 달했던 것으로 보인다.

통명전과 연못

통명전

—
창경궁 통명전에 불이 났다.
– 정조실록(1790)

—
창경궁 통명전에서 삼간택을 행
하였다.
– 헌종실록(1837)

　경춘전과 환경전 사이에 보이는 전각은 통명전이다. 통명전 通明殿은 월대가 설치되어 있고 용마루가 없는 것이 흡사 창덕궁의 침전인 대조전을 연상케 한다. 이곳은 주로 왕비의 침전인 중궁전으로 사용되었다. 그런데 동궐도에는 건물은 없고 터만 그려져 있다. 기록을 보면 정조 연간 큰불이 났다는 것으로 보아 동궐도가 제작된 1830년까지 빈터로 남겨져 있었던 것으로 추정된다.

통명전의 볼거리는 옆에 조성된 연못이다. 물은 인근 작은 샘에서 나오는데 성종 대 창경궁이 만들어질 때도 이곳에는 맑은 물이 솟는 샘이 있었다. 당시 성종은 넘쳐나는 샘물을 못으로 끌어들이기 위한 방안을 제시하는데 이를 신하들이 반대한다. 너무 많은 세금을 쓴다는 이유였다.

1485년 성종실록에는 구리 수통 하나 만드는 걸 가지고 임금과 대신들이 옥신각신 다투는 장면이 기록되어 있다. 이 대화에서 우리는 세 가지를 알 수 있다. 500여 년 전인 성종 때에도 이곳에 연못이 있었다는 사실, 작은 물건 하나 만드는 것도 신하들의 동의를 얻어야 한다는 사실, 또 임금이 사관의 붓끝을 상당히 부담스러워한다는 사실이다. 마지막 성종의 말이 인상 깊다. "사관은 빠짐없이 기록하라. 내가 사치를 좋아함이 아니다." 이렇듯 왕이 자신의 일거수일투족을 모두 기록하는 사관을 두려워했기에 조선은 500년의 역사를 이어갈 수 있었다.

통명전의 연못 뒤에는 또 한 곳의 샘이 있다. 동궐도에도 나오는 이 샘 뒤에는 '열천洌泉(물이 차고 맑은 샘)'이란 글자가 새겨져 있다. 기록에

차가운 샘물이 나온다는 열천

정성근이 아뢰길 "요사이 들으니, 못에 물을 끌어들이는 수통(水桶)을 구리를 녹여 만든다 하니, 신은 생각건대, 구리는 워낙 비싼 물질이니 비록 작은 물건이지만, 그 조짐이 장차 우려됩니다." 하니, 임금이 말하기를, "창경궁 통명전(通明殿) 앞에 샘물이 있어서 뜰로 넘치기 때문에, 이것을 끌어서 못으로 들이고자 하여 동철(銅鐵)을 가지고 물을 끌어들이는 수통을 만들었는데, 나무는 썩기 쉽고 돌은 공력(功力)이 더욱 많이 들기 때문에, 견고하고 오래갈 수 있는 동(銅)으로 만드는 것뿐이다. 그대는 어찌하여 살피지 아니하고 말하느냐?" 하였다. (중략) 박안부가 아뢰기를, "신은 실로 듣지 못하였습니다. 이것은 비록 작은 일이나, 그 조짐이 반드시 사치한 데에 이를 것입니다. 하물며 이것은 실록에 기록되어 만세에 전해질 것이니, 후손의 조롱이 없겠습니까?" 하니, 임금이 말하기를, "사관은 마땅히 본 바를 빠짐없이 그대로 기록해야 할 것이다. 내가 사치를 좋아함이 아니다." 하였다.
– 성종실록(1485)

임금이 승지와 편차인(編次人, 어제를 편집하는 관리)을 소견하였다. 임금이 말하기를, "통명전 곁에 샘이 있는데, 이름을 열천(洌泉)이라고 부르도록 하라." 하고, 불러주어 쓰게 하고, 통명전에 걸게 하였다.
– 영조실록(1757)

동궐도에 그려진 통명전 터와 주변의 연못, 장고, 염고

는 영조가 이 이름을 지었다고 한다.

　이제 통명전의 앞쪽을 보자. 지금은 없지만 동궐도상에는 대나무 담장에 간장, 된장 등을 보관하는 장고醬庫와 소금 창고인 염고鹽庫가 조성되어 있다. 참고로 고추장은 조선 후기 고종 연간에 보편화되었다. 오늘날의 빨간 김치도 그때부터 만들어졌고, 그 전까지는 모두 백김치였다.

양화당

통명전 옆에는 성종 연간 지어진 전각인 양화당養和堂이 있다. 당시 한 중이 몰래 창경궁에 들어와 양화당을 걷다가 발각되는 사건이 일어났는데, 창건 초기라 어수선한 상황 속에서 일어난 이 사건으로 조정은 한바탕 난리가 났다.

양화당은 임진왜란 당시에도 다른 건물에 비해 피해가 적었고, 간혹 일어났던 창경궁 내전 화재 때에도 별다른 피해를 입지 않았다. 1790년 정조실록의 기록에서 정조는 통명전의 화재 때 양화당에 불이 번지지 않은 점을 놀라워했다.

하지만 정조의 뒤를 이은 순조 연간의 창경궁 대화재 때에

양화당 앞에는 아직도 동궐도에 나온 우물이 있다.

동궐도에 그려진 양화당

는 양화당도 견디지 못하고 모두 불타버렸다. 지금의 건물은 1833년에 재건된 건물이다.

집복헌과 영춘헌

양화당 옆쪽으로는 영춘헌迎春軒과 집복헌集福軒이 있다. 끝 글자가 전殿이나 당堂의 부속 건물 역할인 헌軒이다. 집복헌이 처음 실록에 등장한 것은 의외의 사건 때문이었다. 영조 때 수리 과정 중 집복헌 온돌 아래에서 사람의 두개골과 뼛가루 등이 발견된 것이다. 온돌의 깊이가 깊지 않기 때문에 이곳이 무덤이었을 리는 없고 결국 누군가가 의도적으로 넣은 것이다. 혹시 영조의 아버지인 숙종의 부인 중 한 명이었던 희대의 악녀 장희빈의 소행은 아니었을까? 중전을 저주하기 위해 궁궐 곳

공조 판서 이삼이 아뢰기를, "어제 집복헌의 온돌 속을 파서 뼛가루와 두개골을 찾아냈는데, 이곳은 창경궁 일대입니다. 대내(大內)의 침실을 일체 수리하지 않을 수 없습니다." 하니 임금이 일체 수리하도록 명하였다.
– 영조실록(1730)

곳에 저주의 물건들을 묻었다는 기록도 있으니 말이다. 그나저나 사람이 사는 집 온돌에서 두개골이 발견되었으니 당시 궐 안이 얼마나 충격에 빠졌을까 싶다.

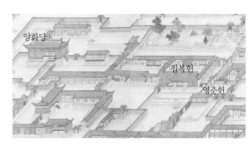

동궐도에 그려진 영춘헌과 집복헌

이후 이곳 집복헌에서는 영조의 아들인 사도세자, 그리고 사도세자의 손자인 순조가 탄생했다. 둘 다 후궁의 자손들이니 이곳 일대는 후궁들의 처소였을 확률이 높다. 특히 정조는 아버지와 아들이 태어난 곳이어서 더 많은 애정을 가졌고, 심지어 집복헌 옆 영춘헌을 대전으로 삼고 생활을 했다. 왕이 전이나 당이 아닌 작은 헌에서 생활을 하니 신하들의 걱정은 하늘을 찔렀다. 일국의 국왕이 생활하기엔 너무나 협소하고 초라한 건물이었

영춘헌에서 바라본 풍경

이시수가 아뢰기를, "영춘헌은 매우 협소하고 또 비가 많이 새니 개수하지 않을 수 없습니다." 하니, 상이 말하기를, "이 건물은 옛날의 양식에 따라 처마를 달았기 때문에 서까래의 경사가 평평하고 따라서 처마로 흐르는 빗물의 속도가 느리게 된다. 빗물이 새게 된 것은 형세상 어쩔 수 없다. 굳이 고칠 필요가 있겠는가." 하였다. 시수가 또 아뢰기를, "내일 음식상을 영춘헌에서 차려야 될 텐데 도배가 더러워진 곳을 그대로 방치할 수 없습니다." 하니, 상이 이르기를, "다른 종이를 가지고 대강 기워서 보수하라." 하였다.

– 정조실록(1796)

영춘헌

기 때문이다. 게다가 비까지 샜다고 한다.

정조는 그 뒤로도 계속 영춘헌에서 생활했고 이곳에서 삶을 마감했다. 정조 사후 집복헌과 영춘헌은 역사적 가치가 높은 건물이 되었다. 하지만 1830년 즈음 만들어진 동궐도에 묘사된 집복헌과 영춘헌의 모습은 지금과 사뭇 다르다. 동궐도가 제작된 직후 창경궁에 대규모 화재가 발생했기 때문이다. 다시 복구되기는 했지만 외형은 많이 바뀌었다. 집복헌과 영춘헌은 독립된 건물이었지만 복구 과정에서 집복헌이 영춘헌의 부속 건물이 된 것이다. 기록에 의하면 창덕궁 중희당 인근의 건물을 헐어서 지었다고 한다. 그나마 다행히도 영춘헌과 집복헌은 일제 강점기를 잘 버텨 살아남았고, 2000년대 들어 보수 공사를 마치고 일반에 개방되었다.

자경전 터

양화당과 집복헌 사이에는 높은 계단이 있다. 계단을 오르면 뒤로는 수풀이, 앞으로는 창경궁의 전경이 한눈에 들어온다. 대부분의 관람객들은 전경만 보고 이동하지만 이곳에서는 숲 쪽의 '자경전慈慶殿 터'라 쓰인 안내판을 볼 필요가 있다.

경복궁의 대비전인 자경전은 이곳에서 이름을 따온 것이다. 자경전은 원래 정조가 왕이 된 후 어머니인 혜경궁 홍씨를 위해 지은 대비전이었다. 그가 굳이 이 높은 곳에 대비전을 지은 이유는 좋은 풍경도 있었겠지만 무엇보다도 지금의 서울대학교 병원 쪽에 위치한 아버지 사도세자의 사당, 경모궁景慕宮이 보이기 때문이다. 또한 정조 자신은 말년에 자경전에서 내려다보이는 영춘헌에서 생활했다. 정조가 왜 효의 상징이 되었는지는 이러한 전각 배치를 통해서도 알 수 있다.

사실 대비전의 주인공인 혜경궁은 대비의 신분은 아니었다. 혜경궁 홍씨의 지위는 처음에는 사도세자의 부인인 세자빈이

자경전 터 안내판

동궐도에 그려진 자경전 창경궁 가장 높은 곳에 건립되어 있어 아래로 정조의 침전인 영춘
헌이 보인다.

었다. 그러나 남편이 뒤주에 갇혀 죽은 후 세자빈의 지위를 상
실한다. 아들인 정조가 있었지만 시아버지 영조가 손자 정조
를 요절한 자신의 큰아들 효장세자의 양아들로 입적시켰기에
법적으로 그녀는 왕의 어머니가 될 수 없었다. 게다가 왕실에
는 이미 영조의 부인, 즉 정조의 할머니인 왕대비가 있었다. 이

일제 강점기에 자경전을 허물고 지어진 일본식 건물

런 애매한 상황 속에서 초기 그녀
의 칭호는 '혜빈惠嬪'이었다. 빈은
비보다 한 단계 낮은 서열이다. 정
조는 궁여지책으로 어머니에게
'자궁慈宮'이란 칭호를 줌으로써 대
우를 했고 최대한 화려한 건물을
선물하여 궐내 지위를 확보해주었
다. 자궁慈宮은 왕세자가 왕위에 오

자경전 터

자경전 터에서 바라본 영춘헌

르기 전에 죽고 왕세손이 즉위하였을 때, 죽은 왕세자의 빈嬪을 이르던 말이다. 이때부터 혜빈은 혜경궁이라 불리게 되었다.

그러나 자경전은 한일병탄 직후인 1911년 일제에 의해 헐리고 만다. 그리고 그 자리에는 일본의 건물이 들어섰다. 1980년대 창경궁 복원 사업 전까지 이 건물의 철거와 관련해 논쟁이 있었으나 다행히 1992년에 결국 철거되었다. 아직은 아니지만 언젠가는 이곳에도 동궐도상의 아름다운 자경전이 복원될 것이다.

성종대왕 태실비

자경전 터를 뒤로하고 후원 영역 쪽으로 난 길을 따라 걷다 보면 생뚱맞게 태실과 태실비胎室碑가 나온다. 조선 왕실에서 출산과 교육은 왕조의 역사를 이어가는 근간이다. 왕실에 아기가 탄생하면 태胎는 깨끗이 씻어 항아리에 보관한 후 전국 각지의 풍수가 좋은 곳에 묻었다. 이 일은 '안태사安胎使'라는 직책의 관리가 맡는다. 하지만 왕실의 태실 때문에 백성이 피해를 보는 경우가 종종 발생하기도 했다. 이를 비판한 1670년 현종실록의 내용은 정말 올바른 지적이 아닐 수 없다.

그런데 당연히 궁궐 밖에 있어야 할 성종대왕의 태실이 왜 창경궁 후원 언덕에 있는 것일까? 1928년 총독부는 전국에 흩어진 왕실의 태실을 모아 고양시에 있는 서삼릉西三陵으로 옮겼

안태사 민점이 아뢰기를, "두 공주의 태(胎)를 봉안할 때에 백성의 전답 약간이 금표 안에 들어가 올해부터 농사를 짓지 못하게 되었습니다. 관둔전(官屯田)으로 보상해 주도록 하소서." 하니, 상이 따랐다. 안태(安胎)하는 제도는 고례(古禮)에는 보이지 않는데, 우리나라에서는 반드시 들판 가운데의 둥근 봉우리를 선택하여 그 위에다가 태를 묻어 보관하고 태봉(胎峰)이라고 하였다. 그리고 그곳에 표식을 하여 농사를 짓거나 나무를 하는 것을 금지하기를 왕릉의 제도와 같이 하였다. 성상에서부터 왕자와 공주에 이르기까지 모두 태봉이 있었으니, 이러한 우리나라 풍속의 폐단에 대해서 식견 있는 자들은 병폐로 여겼다.

– 헌종실록(1670)

성종대왕 태실비

는데 그 과정에서 온전히 잘 보존된 성종의 태실을 연구 목적
으로 창경궁에 옮긴 것이다. 원래 성종의 태실은 경기도 광주
에 있었다.

춘당지

길을 따라 조금 더 북쪽으로 향하면 춘당지春塘池라 불리는 큰
연못이 나온다. 사실 춘당지는 이렇게까지 큰 연못은 아니었

춘당지

다. 원래 후원의 작은 연못이었던 춘당지는 일제 강점기 때 인근에 있던 내농포內農圃(궐 내 작은 논밭)와 합쳐지면서 지금의 규모가 된 것이다. 이곳에 일본인들은 일본식 정원을 조성하기도 했다.

그 뒤 창경궁이 창경원이 되면서 각종 놀이기구가 들어섰고, 춘당지는 철저하게 망가졌다. 광복 이후에도 춘당지는 유원지 창경원의 상징이 되었고 우리 스스로 뱃놀이와 벚꽃 놀이를 즐기며 잘못된 역사를 반성하지 못했다. 다행히 1980년대 들어 시설물과 일제 잔재가 청산되면서 창경궁으로 돌아왔지만, 원래의 춘당지와 내농포까지는 복원되지 못한 상태다.

춘당지를 시계 방향으로 돌아 올라가
다 보면 정체 모를 석탑이 하나 나온다.
그런데 외형이 전통적인 우리의 석탑과
는 좀 다르다. 이 석탑은 1470년 명나
라에서 제작된 것으로 1911년 이왕가
박물관을 건립할 때 어느 상인으로부터
구입한 것이라고 한다. 국내 유일의 중
국 석탑이라는 점과 15세기에 만들어
졌다는 점에서 고고학적 가치가 매우
높아 보물 제119호로 지정되었다. 그래
도 석탑이 조선 궁궐에 있다는 것 자체
가 어울리지는 않는다.

일제 강점기 이후 1980년대까지 놀이공원이었던 춘당지

석탑을 관람한 후 춘당지를 따라 올
라가면 갈림길이 나오는데, 왼쪽 길로
가면 영춘문永春門이 보인다. 영춘문은 창
덕궁 후원으로 통하는 문이다. 원래 창
덕궁과 창경궁은 같은 후원을 사용했고
별다른 경계가 없었다. 그러다가 일제

춘당지에 있는 중국 고(古)석탑

강점기에 담이 들어서면서 경계가 지어진 것이다. 영춘문 뒤
에는 돌문인 불로문이 있다.

창경궁 대온실

대온실

영춘문을 지나면 눈앞에 유럽의 궁전에나 있을 법한 이색적인 건물 한 채가 눈에 들어온다. 우리나라 최초의 서양식 온실이다. 건물의 입구에는 대한제국의 상징인 오얏꽃 문양도 볼 수 있다. 1909년 건축된 이 온실은 철골과 목조가 혼합된 구조체에 유리를 덮은 형태다. 서양식 온실로는 국내 최초다.

그러나 사실 조선에는 유럽보다 훨씬 더 앞선 온실이 있었다. 세종 때 의관인 전순의가 쓴 《산가요록山家要錄》에는 겨울철에 온돌을 이용해 온실을 만들어 채소를 재배한 방법이 자세

집을 짓는 데 삼면을 막고 종이를 발라 기름칠을 한다. 남쪽 면에 살창을 달고 종이를 발라 기름칠을 한다. 또한 아궁이의 솥을 걸고 아침저녁으로 불을 때서 수증기로 방을 훈훈하게 하고 흙이 마르지 않게 한다.
– 산가요록(1459)

히 기록되어 있다.

　그림은 없지만 대략 상상이 간다. 기름 먹인 종이로 햇빛을 투영시키고 아궁이에서 물을 끓여 수증기를 만들어 온도와 습도를 조절한 것이다. 유럽 최초의 온실이 17세기 초 독일에서 만들어졌다고 하니 최소한 150년 이상 앞선 기록이다. 온실과 관련된 이야기는 실록에도 나온다.

　궐내 정원의 꽃과 과수 등을 관리하는 관청은 장원서掌苑署다. 이 장원서에서 한겨울 성종에게 꽃을 올렸다. 한겨울의 꽃이라니, 분명 궐내 온실이 있다는 뜻이다. 그러나 인위적인 것을 싫어하고 꽃을 좋아하지 않았던 성종의 반응은 차가웠다. 당시 장원서 관원이 누구였는지는 모르겠으나 애써 재배했는데 무안하게 되었다.

　궐내 온실은 동궐도에도 보인다. 창덕궁 중희당 옆에는 '창순루蒼荀樓'라는 건물이 한 채 묘사되어 있다. 이 전각은 반타원

일제 강점기 때 춘당지에 들어선 일본식 건물과 뒤쪽의 대온실

신은 또 강화(江華) 인민의 말을 듣사온즉, 귤나무(橘木)를 옮겨 심은 것은 본시 잘 살 수 있는 것인지의 여부를 시험하려는 것이었다는데, 고을 수령이 가을에는 집을 짓고 담을 쌓고 온돌을 만들어서 보호하고, 봄이 되면 도로 이를 파괴하여 그 폐해가 한이 없으며, 그 귤나무의 길이가 거의 10척이나 되기 때문에 집을 짓는 데 쓰는 긴 나무도 준비하기 어려워서 사람들이 몹시 곤란을 겪는다 하옵니다.
– 세종실록(1438)

장원서에서 영산홍(暎山紅) 한 분(盆)을 올리니, 전교하기를, "겨울 달에 꽃이 핀 것은 인위(人爲)에서 나온 것이고 내가 꽃을 좋아하지 않으니, 금후로는 올리지 말도록 하라." 하였다.
– 성종실록(1471)

동궐도에 그려진 창순루와 앞마당에 놓인 화분들

형의 둥근 지붕으로 창살이 없는 벽 전체가 문의 형태이다. 마치 비닐하우스의 비닐 같다. 또 실내의 온도를 높이기 위한 가온 시설인 벽장을 갖춘 매우 특이한 구조의 건물 앞쪽에는 화분들이 있다. 연구 결과 이곳은 정조 연간 겨울철 내전에 올리는 꽃을 재배하는 온실로 확인되었다. 창순루 앞에 놓인 화분들을 보고 있자니 혹 꽃잎이 떨어질새라 정성껏 보살피는 관원들의 모습이 그려진다.

다시 대온실로 가보자. 창경원 시절 대온실은 일반에 식물원으로 공개되었으나 시설이 낙후되고 많이 왜곡되어 지난 2017년 대대적인 보수를 마치고 지금은 100년 전의 원형에 가깝게 복원되었다.

관덕정

대온실에서 근대 개화기를 느껴보았다면 다시 발길을 북쪽으로 돌려보자. 산길을 따라 조금만 올라가면 관덕정觀德亭이 나온다. 관덕觀德은 '활을 쏘다'라는 뜻으로 관덕정은 창경궁 내 임금의 활터로 알려져 있다.

원래 왕실 전용 활터는 창경궁 옆 지금의 서울대학교 병원 쪽이었다. 성종은 창경궁을 창건하면서 동쪽으로 함춘원含春苑이라는 후원을 만들어 관덕, 즉 활쏘기 장소로 활용했다. 그러

왕이 여러 왕자, 종친과 더불어 활쏘기를 하고, 이어 시를 읊었다. "시원한 대 위 바람에 이슬비 절로 걷히고, 새 연꽃 향기 짙고 맑은 물결 곱게 이네. 은혜 입어 관덕을 높은 곳에서 하니, 입 다물고 기이한 일 누설치 말라."
– 연산군일기(1505)

늦가을 관덕정의 풍경

승정원에 전교하기를, "내가 듣건대 외부에서 구경하고자 하여 함춘원 담장 밖에 쳐놓은 장막을 부장(部將)이 모두 철거시켰다고 한다. 구경하는 일은 선대왕 때부터 있었던 것인데, 어찌 반드시 철거시켜야 하겠는가? 금지시키지 않는 것이 좋겠다. 궐내의 아이들도 그 담장 안에서 장막을 치고 구경할 것이니, 그렇게 알도록 하라." 하였다.

– 성종실록(1493)

나 함춘원이 궁궐 담장 밖에 위치해 임금이 거둥하기가 쉽지 않아지자 궐 안 후원 영역에 작은 정자를 지어 활터로 활용한 것이 관덕정이다. 원래 이름은 취미정翠微亭이었는데 현종 대에 들어 관덕정으로 바뀌었다.

관덕정의 묘미는 뒤쪽의 단풍이다. 늦가을 형형색색의 단풍과 어울리는 풍광이 정말 한 폭의 그림 같다.

집춘문

관덕정에서 조금 더 숲길을 따라 올라가면 창경궁의 북문에 해당하는 집춘문集春門이 나온다. 경복궁의 북문인 신무문에 비

집춘문

춘당지, 관덕정, 집춘문 그리고 월근문

임금이 새벽에 창경궁 집춘문으로부터 나가 문묘(文廟)에 이르러서 참배를 행한 뒤 명륜당(明倫堂)에 나아가 친히 문무과 인재를 뽑았다.
– 숙종실록(1705)

하면 그 크기가 너무 작아 과연 이곳으로 왕이 출입을 했을까 싶지만 집춘문은 실제 왕이 출입했던 문이다.

집춘문 건너편에는 성균관이 있어서 주로 왕이 문묘文廟(성균관 내 공자의 사당)에 제사를 지내러 가는 경우 이용했다. 지금도 집춘문 밖으로 성균관대학교의 명륜당이 있다. 명륜당은 성균관 내 유학을 가르치는 일종의 강의실이다.

북문까지 봤으니 이제 발길을 남쪽으로 돌려 정문인 홍화문 쪽으로 나가보자.

월근문

　내려오는 길에 왼쪽으로는 창경궁 관리소가 보이고, 그 옆에 월근문月覲門이 있다. 월근문은 정조가 즉위 후 새로 만든 문이다. 이 문을 통과하면 사도세자의 사당인 경모궁이 나온다.

　이 이야기는 관덕정 때 언급한 함춘원 이야기와 연관이 있다. 영조는 창경궁의 궐외 정원인 함춘원에 아들 사도세자를 위한 사당인 경모궁을 세웠다. 지금의 서울대학교 병원 자리다. 정조는 바로 이 사당을 참배하기 위해 월근문을 지은 것이다.

　그런데 월근문은 정문인 홍화문과 거리 차이가 별로 없다. 그렇다면 정문을 이용해도 되는데 굳이 왜 문을 하나 더 만들었을까?

　왕이 궐 밖으로 나가는 일은 비용이 많이 드는 국가적 행사

현재 서울대학교 병원에 남아 있는 경모궁

월근문

임금이 직접 월근문을 새로 세워 전배하는 까닭을 하교하였다. 하교하기를, "월근문을 새로 세워 이 길로 전배하는 까닭은 하나는 편리를 취한 것이고, 하나는 호위병의 수를 줄이기 위한 것이고, 하나는 경비를 덜기 위한 것이다. 특히 호위할 즈음에 혹 크게 벌이는 일이 많으니, 그 규모를 축소시켜 한결같이 편전으로 나갈 때의 예(例)를 따라 거행하는 정도로만 하라." 하였다.
– 정조실록(1780)

다. 개인적 추도에 혈세를 쓰는 것이 부담스러웠던 정조는 정문 대신 측문을 만들어 그 규모를 최소화하려 했던 것이다.

창경궁 내전 터

월근문을 뒤로하고 천천히 남쪽, 즉 홍화문 방향으로 내려가 보자. 옥류천을 따라가는 길의 오른쪽은 모두 울창한 숲이다. 하지만 동궐도를 살펴보면 이곳에는 원래 수많은 전각이 있었다. 무심코 지나치기엔 무시할 수 없는 곳이다.

우선 통화전通和殿이 있었다. 문정전처럼 복도각이 있는 전각이다. 이곳 역시 장례에 이용된 건물임을 알 수 있다.

창경궁의 통화전에서 반우(返虞, 돌아가신 분의 신주를 모시는 행위)를 행하였다.
– 순조실록(1830)

고종 연간에 간행된《궁궐지(宮闕志)》(국립고궁박물관)

—
창경궁 건극당(建極堂), 요화당
(瑤華堂) 등은 효종대왕께서 숙
안, 숙명, 숙휘, 숙정의 네 공주
와 그들 사위들을 위하여 지은
전각이다.
- 궁궐지(17~19세기)

통화전 주변은 왕실 가족들의 생활 공간이
었다. 조선시대 궁궐의 각 전각의 명칭, 위치,
연혁을 기록한《궁궐지宮闕志》에는 효종에게 7
명의 공주가 있었는데, 이 중 4명의 공주에게
건물을 지어주며 남편과 함께 살게 해주었다
고 한다. 원래 세자를 제외한 자손들은 결혼
후 궁을 나가 사가에서 살아야 하지만 이 공
주들은 궐에 남았던 것이다.

그런데 그 많았던 전각은 오간 데 없고 지금은 잔디밭과 나
무가 가득한 숲일 뿐이다. 일제 강점기가 없었다면 지금까지
남아 있을 보물들이었을 텐데 너무 아쉬울 따름이다.

동궐도에 그려진 통화전, 요화당, 건극당 등 내전 영역

지금은 숲이 되어버린 창경궁 내전 영역

왕실의 역사를 거닐다

5
경희궁

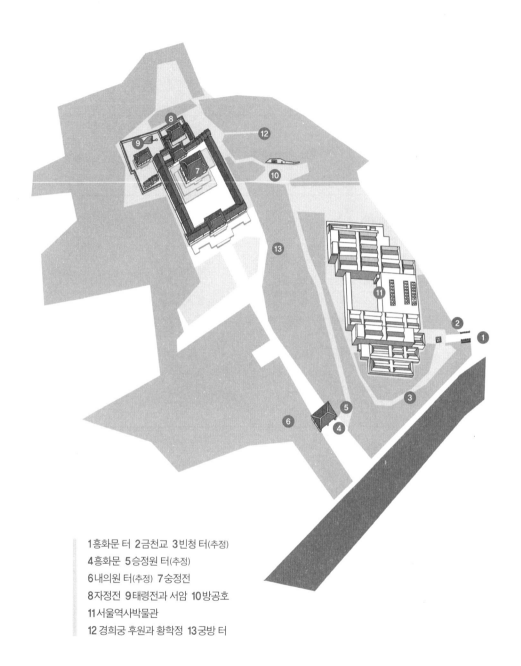

1 흥화문 터 2 금천교 3 빈청 터(추정)
4 흥화문 5 승정원 터(추정)
6 내의원 터(추정) 7 숭정전
8 자정전 9 태령전과 서암 10 방공호
11 서울역사박물관
12 경희궁 후원과 황학정 13 궁방 터

경희궁의 역사

경희궁의 창건

　경희궁의 원래 이름은 경덕궁慶德宮이다. 임진왜란으로 경복궁, 창덕궁, 창경궁이 모두 불탄 후 선조와 그의 아들 광해군은 훗날 덕수궁이 된 정릉 행궁에서 기거하며 서둘러 창덕궁과 창경궁을 중건했다. 당시 경복궁은 터가 좋지 않다는 이유로 방치되었다. 하지만 광해군은 중건된 창덕궁으로의 이어를 머뭇거렸다. 이유인즉슨 창덕궁이 훗날 단종으로 복위되는 노산군과 연산군이 옥좌에서 쫓겨난 곳이라는 것이다. 전쟁 직후 힘든 상황 속에서 완공한 궁궐인데 정작 왕이 들어가지 않겠다고 하니 대신들은 당황할 수밖에 없었다.

　이런 와중 광해군은 인왕산 아래 터가 좋다는 이야기를 듣게 되고 새로운 궁궐인 인경궁의 건립을 추진하기 시작했다. 이제 막 중건한 창덕궁, 창경궁을 두고 새로운 궁궐이라니…. 문제는 이게 다가 아니었다. 광해군의 배다른 동생인 정원군의 옛집, 지금의 종로구 새문안로에 왕의 기운이 넘친다는 이

왕이 일찍이 지관에게 몰래 묻기를 "창덕궁은 큰일을 두 번 겪었으니 내 거처하고 싶지 않다." 하였는데, 이는 노산군과 연산군이 폐위되었던 일을 가리키는 것이다. 왕이 이로 말미암아 창덕궁에 거처하지 않았는데, 군신들이 거처를 옮기기를 여러 차례 청하였으나 왕이 따르지 않았다.
– 광해군일기(1613)

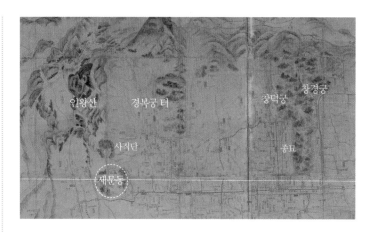

왕의 기운이 있다는 인왕산 아래 새문동이 그려진 〈도성대지도(都城大地圖)〉 (18세기)

인왕산 아래에다 인경궁을 짓고
있는데, 김일룡이 또 이궁을 새
문동에다 건립하기를 청하였다.
바로 정원군의 옛집이다. 왕이
그곳에 왕기가 있음을 듣고 드디
어 그 집을 빼앗아 신궁을 짓게
하였다. 한꺼번에 공사를 시작하
여서 제조와 낭청이 수백 명이나
되었으며, 헐어버린 민가가 수천
채나 되었다. 여러 신하들이 먼
저 한 궁궐을 지어 이어한 뒤에
차례차례 공사를 일으키기를 청
하였으나, 왕이 듣지 않았다.
– 광해군일기(1617)

왕이 전교하였다. "서별궁의 이
름을 '경덕궁'으로 정하라고 관
련 관청에 말하라."
– 광해군일기(1617)

야기를 듣고는 또 다른 궁궐을 짓기 시작한 것이다. 광해군의
궁궐에 대한 집착은 이미 도를 넘고 있었다. 민심은 떠나기 시
작했고 이는 반대 세력에게 좋은 명분을 주는 꼴이었다. 결국
그는 인조반정으로 쫓겨나는 신세가 되고 만다.

어쨌든 광해군은 이 새로운 궁궐의 이름을 경덕궁이라 명했
다. 그런데 왕의 기운이 넘친다는 새 궁궐, 경덕궁에 진짜 왕의
기운이 흐르긴 했나 보다. 훗날 반정으로 왕이 된 인조의 아버
지가 바로 집주인인 정원군이었다. 인조는 왕이 된 후 자신의
아버지인 정원군을 원종元宗으로 추존했다. 추존왕은 살아서는
임금이 아니었으나 사후死後 임금의 칭호가 붙여진 인물로 신
위神位가 종묘에 봉안된다.

광해군을 쫓아내고 왕이 된 인조는 가장 먼저 광해군이 지
은 새 궁궐, 인경궁의 전각들을 헐어 창덕궁, 창경궁으로 옮겨

버렸다. 하지만 경덕궁은 건드리지 않았다. 그러다 보니 경덕궁은 자연스럽게 창덕궁의 이궁으로서의 기능을 수행하게 되었다.

이후 약 150년의 시간이 흐른 영조 때 경덕궁의 이름은 경희궁으로 바뀐다. 이유는 경덕이 추존왕인 원종의 시호와 겹쳤기 때문이다. '시호諡號'는 임금을 비롯해 벼슬한 사람이나 학덕이 높은 선비들의 사후에 그 공덕을 칭송하여 추증한 이름이다. 참고로 묘호廟號는 죽은 왕의 신위를 모실 때 추증되는 이름을 말한다. 우리가 아는 세종대왕은 묘호가 세종世宗이고, 시호는 장헌영문예무인성명효대왕莊憲英文睿武仁聖明孝大王이다. 영조는 경덕궁의 '경덕'이 원종의 시호인 공량경덕인헌정목장효대왕恭良敬德仁憲靖穆章孝大王의 경덕과 동음이라는 이유로 궁궐의 이름을 경희궁으로 바꾼 것이다.

경희궁은 숙종과 영조 부자가 오랜 기간 생활을 하면서 조선 후기 역사의 중심에 서는 궁궐이 되었지만 다른 궁궐처럼 화마火魔로부터 자유롭지는 못했다. 순조 때 일어난 대화재로 경희궁의 많은 전각들은 소실되고 만다.

—
돈의문 안 경덕궁의 궐 이름이 원종의 시호와 같자 의논케 하여 경희궁으로 고치다.
– 영조실록(1760)

—
오시(午時, 오전 11시~오후 1시)에 경희궁에서 불이 났는데, 회상전에서부터 불이 붙기 시작하여 융복전, 집경당 등 여러 곳에 옮겨 붙어 거의 절반이나 타 버렸다. 임금이 수직한 내관과 입직한 도총부 장수는 의금부에 잡아들여 추국하고, 상직 군사는 엄중히 조사하도록 하령하였다.
– 순조실록(1829)

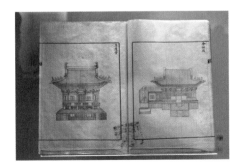

1829년 화재로 소실된 경희궁의 중건 과정을 기록한 책인
《서궐영건도감의궤(西闕營建都監儀軌)》

서궐(경희궁) 내에는 숭정전, 회
상전, 정심합, 사현합, 흥정당만
남기고 그 나머지는 모두 헐었
다. 목재를 가져오니 다수가 썩
었다. 이 가운데 좋은 것을 골라
서 경복궁의 각사의 건조에 사용
하였다.
– 경복궁영건일기(1865)

경희궁의 몰락

순조 연간의 대화재 이후 경희궁은 조금씩 제 모습을 찾아가고 있었지만 1867년 경복궁 중건 전후로 경희궁은 사실상 궁궐로서의 기능을 상실하고 만다. 그 이유는 경복궁 중건 과정에서 경희궁의 전각을 헐어 경복궁으로 가져갔기 때문이다.

당시 경복궁 중건에 관한 기록에 그 내용이 자세히 적혀 있다.

이것은 인조반정으로 불탄 창덕궁, 창경궁을 중건하면서 인경궁의 전각들을 헐어 그 자재를 사용한 것과 비슷하다고 할 수 있다. 실제로 1890년 한 외국인이 찍은 경희궁의 모습은 궁궐이라기보다는 궁궐 터에 가깝다.

1890년 외국인이 찍은 경희궁의 모습.
정전 및 주요 내전을 제외한 대부분의 전각이 헐려 사실상 터에 가깝다.

그나마 남아 있던 경희궁의 전각이 완전히 사라진 것은 1910년 일제 강점기 이후이다. 경희궁 터에는 훗날 서울고등학교가 되는 일본인 학교인 경성중학교가 들어섰고, 대부분의 영역은 민간에게 팔려나갔다. 그러다 결국 1930년대 들어 경희궁은 사실상 완전히 사라지고 만다.

광복 후에도 경희궁의 비극은 계속되었다. 1980년대 강남 개발 계획에 따라 경희궁 터에 있었던 서울고등학교가 이전하

경희궁의 토지 건물 전부를 총독
부에 인계하다.
– 순종실록(1911)

京城中學校

경희궁 숭정전

경희궁 터에 지어진 경성중학교. 뒷쪽으로 정전인 숭정전 지붕이 보인다. (1910년대)

면서 경희궁은 다시 빈터로 남았다. 그렇다면 상식적으로 발굴 조사를 통해 궁궐 복원 사업을 했어야 했다. 그러나 당시의 군부 정권은 도심 한복판의 알짜배기 땅을 모 건설사에 비싸게 팔았고, 경희궁 터에는 고층 빌딩 신축 계획이 세워졌다. 이 소식이 전해지자 궁궐 터를 민간 기업에 넘기면 안 된다는 반대의 목소리가 커졌고 또 선거가 다가오면서 정권은 악화된 여론을 잠재우기 위해 '경희궁 공원화'라는 프로젝트를 꺼내 들었다. 그리고 이미 부지를 판 건설사에게는 지금의 강변역 주변 토지를 등가교환해 주게 된다. 일이 어찌되었든 우리에게는 정말 다행이다. 결국 지금 강변역 주변의 초고층 호화 아파트는 당시 경희궁 터를 대신한 것이니 만약 경희궁 공원화가 이루어지지 않았다면 지금 경희궁 자리는 모두 아파트촌이 좌초 위기의 경희궁 복원 사업, 늦장으로 사업은 계속 연기 중…. 현재 경희궁지 복원 사업의 기본은 서울시와 종로구청이 2013년 1월 27일 문화재청에 제출한 '경희궁지 종합정비계획안'이다. 2014년 1월 문화재청이 통과시킨 이 계획안에 따르면 단기 사업의 세부 내용은 서울시립미술관 경희궁 분관을 철거하고 그 자리에 서울역사박물관 주차장을 이전하는 것이다. 중기 계획의 목표는 과거 경희궁에 포함됐던 토지를 다시 사들여 원 대지를 확보하는 것으로 서울역사박물관, 서울시교육청, 기상청, 서울복지재단에 대한 이전 계획을 각각 세워 차츰 이전해 나갈 예정이다. 마지막으로 장기 계획은 중기 계획이 끝난 이후 계속될 후속 조치를 말한다. 복원된 궁 터에 전각을 올려 경희궁의 옛 모습을 되찾아주는 것이다.
– 신동아(2016)

되었을 것이다.

1985년부터는 본격적인 경희궁 복원과 공원 조성 계획이 세워졌고, 드디어 2000년 들어 숭정전, 자정전 등 일부 전각들이 제 모습을 찾기 시작했다. 그러나 경희궁 터에 서울역사박물관, 서울시교육청 등의 공공 기관이 자리를 잡으면서 복원 사업은 사실상 제동이 걸리고 만다. 한쪽에서는 복원 사업이 진행되는데 한쪽에서는 궁궐 터에 공공 기관을 건립하다니, 아무리 생각해도 이해되지 않는 부분이다.

그나마 다행인 것은 인경궁과 달리 경희궁은 관련 기록들이 많아 충분히 복원이 가능하다는 점이다. 사실 주변의 서대문인 돈의문과 경희궁 일대의 복원 계획안은 이미 나와 있으나 관심 부족, 예산 부족 등의 이유로 사업이 사실상 멈춰진 상태다. 궁궐의 복원은 잘못된 역사에 대한 치유의 과정이다. 하루빨리 경희궁이 제 모습을 찾기를 바란다.

지금의 경희궁 터에는 서울시 관련 관공서들이 들어서 있다. (경희궁 모형, 서울역사박물관)

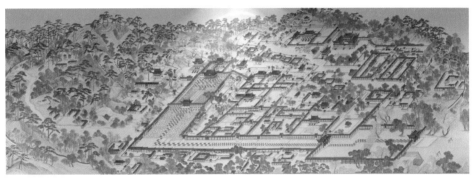

서궐도안(위)과 서궐도안을 바탕으로 한 채색도(아래)

답사 전에 서궐도

창덕궁, 창경궁을 답사할 때 필수가 된 동궐도처럼 서궐도西
闕圖 역시 사라진 경희궁을 공부하는 데 있어 매우 중요한 자료
다. 보물 제1534호로 지정된 서궐도의 정식 명칭은 〈서궐도안
西闕圖案〉이다. 여기서 '도안'이란 단어가 쓰인 이유는 동궐도처
럼 채색까지 된 완성본이 아닌 밑그림 부분만 남아 있기 때문
이다.

이 그림의 제작 시기는 정확하지 않다. 다만 영·정조 대의

기록과 1829년 대화재 이후 재건 과정을 기록한 책인《서궐영건도감의궤西闕營建都監儀軌》를 비교해 보았을 때 서궐도안은 1700년대 말 정조 연간에서 1829년 순조 연간 사이에 경희궁의 모습을 묘사한 것으로 추정할 수 있다.

특히 숙종과 영조는 경희궁에서 오랜 시간을 보낸 왕이다. 그만큼 경희궁의 규모도 컸다는 뜻이다. 이는 서궐도에 표현된 100여 개가 넘는 전각 수에서도 짐작 가능하다.

경희궁의 정문 흥화문 (1909년)

흥화문 터

경희궁은 무료로 입장할 수 있다. 그만큼 관람할 수 있는 전각의 수도 거의 없고, 심지어 궐담도 없다. 그래도 궁궐은 궁궐이니, 우선 경희궁의 정문인 흥화문興化門, 정확히는 흥화문 터를 살펴보자.

경복궁의 광화문, 창덕궁의 돈화문, 창경궁의 홍화문처럼 경희궁의 흥화문 역시 화化자 돌림이다. 그런데 다른 궁궐의 정문이 대부분 2층 구조인 것에 반해 흥화문은 단층이다. 이는 창건 당시 그 규모가 매우 작았기 때문이다. 또한 서궐도를 보면 흥화문의 위치 역시 창경궁의 홍화문처럼 남쪽이 아닌 동쪽을 임금이 흥화문에 나아가 서울의 사민(四民, 홀아비, 과부, 고아, 늙어서 자식 없는 사람) 및 걸인을 불러 모으고, 각각 차이를 두어 쌀을 내렸다. 호조 판서 정홍순이 말하기를, "걸인이 이와 같이 많지는 않을 것인데, 요즈음 간사한 짓이 점점 늘어 부당하게 받는 자가 있을 듯싶습니다." 하니, 임금이 말하기를, "모두 나의 자식이니, 비록 부당하게 받는 일이 있다 하더라도 무엇이 해로울 게 있겠는가?" 하니, 정홍순은 얼굴에 부끄러운 빛이 있었다.

– 영조실록(1770)

향하고 있다. 이는 경희궁도 창경궁처럼 동서로 형성된 지형 위에 건립되었기 때문이다.

궁궐의 정문은 임금이 백성을 만나는 정치 행위를 하는 곳이다. 경희궁에 대한 애정이 남달랐던 영조는 흥화문에서 가난한 백성에게 구휼을 자주 했다. 하지만 이런 역사를 품은 흥화문은 지금 제자리를 찾지 못하고 있다. 단지 표석만이 이곳에 흥화문이 있었다는 증거로 남아 있을 뿐이다.

서궐도안에 그려진 흥화문과 금천교

도심 고층 빌딩 사이에 쓸쓸히 놓여 있는 흥화문 터 표석

금천교

　서궐도안을 생각하며 흥화문 터를 지나면 금천교가 보인다. 다행히 경희궁 복원 과정 중 아주 일부의 유구遺構(옛날 토목 건축의 구조와 양식을 알 수 있는 실마리가 되는 자취)가 발견되었고, 원래의 위치에 별다른 건물들이 없었기 때문에 복원이 가능했다. 물론 아쉽게도 물은 흐르지 않는다.

　이곳 금천교는 광해군 연간 만들어졌다. 돌다리 제작은 보통 힘든 일이 아니다. 수백 톤의 석재를 옮기고, 다듬고, 세우는

서울역사박물관의 야외 조형물처럼 느껴지는 경희궁의 금천교

"경덕궁 금천교의 돌난간 등의 공사를 1월 보름 뒤부터 속히 시작할 것이며, 경덕궁은 거의 다 건축했으니 내년 여름이나 가을까지 물리지 말고 모두 공사를 마무리 지으라고 도감에 말하라."

– 광해군일기(1618)

일을 기계가 아닌 사람과 소의 힘을 빌려 해야 했으니 공사는 계속 더뎌졌다. 그럼에도 불구하고 광해군은 매일 재촉했다.

지금 보이는 금천교 석재의 대부분은 복원된 것이고 곳곳에 박혀 있는 어두운 색의 돌은 광해군 대의 것이다.

빈청 터

서궐도안상 금천교를 지나면 중문이 나와야 한다. 그러나 현실은 서울역사박물관이 나온다. 복원되어야 할 궁궐 터에 박물관이 버티고 있다. 심지어 대부분의 관람객들은 방금 살펴본 금천교가 서울역사박물관의 일부라 여긴다. 실제로 박물관 주변을 살펴봐도 이곳이 궁궐 터였다는 흔적은 없다.

경희궁 빈청 터 주변에 조성된 서울역사박물관 야외 전시장

서궐도안상 중문을 통과해서 서쪽으로 걸으면 궐내 행사용품을 관리하는 전설사가 나온다. 그 옆 전각은 빈청이다. 빈청은 삼정승 등의 고위 관료가 회의를 하고 정책을 결정하는 곳이다. 여기서 정책이라 함은 왕실의 사소한 행사부터 큰 국책 사업까지, 왕조의 모든 정책을 말한다. 왕의 제가가 남아 있긴 하지만 보통의 경우는 빈청의 의견

을 따랐다.

경희궁에 가장 애정이 많았던 왕은 숙종이다. 그는 경희궁에서 태어나 경희궁에서 삶을 마감한 왕이다. 이렇게 많은 시간을 경희궁에서 보낸 숙종이다 보니 이곳 빈청 역시도 매일 바쁘게 돌아갔다.

1681년 숙종의 정비인 인경왕후가 요절한 지 얼마 안 된 상황 속에서 이곳 빈청은 새 중전 간택이 적절한가에 대해 설왕설래가 오갔다. 여기서 간택揀擇이라 함은 왕실에서 혼인을 치르기 위해 후보자들을 궐내에 모아 적격자를 뽑던 행사로, 국가에서는 금혼령을 내리고 결혼 적령기에 있는 처녀를 대상으로 '처녀 단자單子'를 올리게 했다. 빈청은 이런 일도 주관하는 곳이었다. 그러나 당시 숙종의 마음은 훗날 희빈 장씨가 되는 장옥정에게 가 있었다.

대왕대비가 미리 가례를 정하는 일로 빈청에 하교하니, 좌의정, 우의정 등이 빈청에 모여 임금에게 아뢰기를, "신 등이 엎드려 대왕대비전의 전교를 받들건대, 말씀하시기를, '궁중에 중전을 맡는 사람이 없으면, 때때로 근심할 만한 일이 많을 것이니, 다시 더 상의함이 마땅할 것이다.' 하셨습니다. 허나 신 등이 삼가 하교하신 뜻을 가지고 반복해서 상의하였는데, 한편으로는 상례를 치르고 한편으로 처녀 단자를 거두어들이는 것은 진실로 미안한 바가 있습니다."
– 숙종실록(1681)

현재 서울역사박물관   금천교   홍화문

빈청

서궐도안에 그려진 빈청

흥화문

서울역사박물관 야외 전시장을 지나 새문안로를 걷다 보면 오른쪽으로 경희궁의 정문인 흥화문이 모습을 드러낸다. 원래 있어야 할 동쪽이 아닌 한참 떨어진 곳에, 게다가 담도 없이 문만 덩그러니 남았다. 그 이유는 1910년경 일제가 도로 확장 공사를 핑계로 흥화문을 이곳 남쪽 담장으로 옮겼기 때문이다.

그 뒤로 흥화문은 경성중학교 학생들이 드나드는 통용문(대문 이외에 늘 자유롭게 드나드는 문) 신세가 되었고, 1931년 결국

일제 강점기 흥화문은 남쪽으로 옮겨지게 된다.

이건을 위해 헐리는 흥화문의 모습을 담은 당시 신문기사(좌)와 남산으로 옮겨진 흥화문(우)

강제로 철거되어 남산에 이토 히로부미를 추모하는 절인 박문사博文寺의 정문이 되는 치욕을 겪고 만다.

광복 후 박문사 자리에는 신라호텔이 들어섰고 흥화문은 다시 호텔 정문이 되었다. 흥화문이 경희궁으로 돌아온 것은 50여 년 후인 1988년. 그러나 그 자리에는 이미 고층 빌딩이 들어서 있었다. 결국 흥화문은 원래의 자리인 동쪽에서 300여 미터 서쪽으로 옮겨진 지금의 위치에 놓이게 된 것이다. 너무 안타깝고 아쉽지만 언젠가는 원래의 자리로 돌아갈 흥화문을 기대해 본다.

자리 옮기는 흥화문 – 새문안 흥화문은 반 넘어 헐려졌다. 서울 장안을 굳게 지키던 서쪽 성벽의 새문(서대문)이 헐린 지 이미 이십수 년. 그 길목에 홀로 서 있어 오직 경성중학교의 뒤 통용문 노릇을 하던 경희궁 정문마저 오늘 헐리니 서대문 길거리가 늦은 가을과 한가지로 한층 더 쓸쓸해진다. 이조 오백 년을 말하던 흥화문의 이름도 이로써 우리 기억에서 멀어지려니 이 문의 가는 곳은 어디? 장충단 한 모퉁이로…. – 동아일보(1931)

엉뚱한 곳에 자리 잡은 흥화문. 심지어 담도 없이 문만 덩그러니 서 있다.

승정원 터

　서궐도안상 이곳 흥화문 주변에는 승정원과 약방 이외에도 왕의 국정 자문 기관인 홍문관(옥당), 임금의 칙령과 교시를 기록하는 예문관, 규장각 등 많은 관청이 위치해 있었다. 이 중 승정원과 약방을 살펴보자.

　승정원은 왕의 비서인 승지들이 일하는 관청이다. 승지들은 직접 어명을 받드는 사람으로, 예나 지금이나 최고 지도자와 대면하는 이들은 늘 권력의 중심에 있을 수밖에 없다. 특히 비서실은 더욱 그러하다.

　숙종 때는 붕당 정치가 유행했다. 붕당朋黨은 '같이 어울리는 친구'란 뜻으로 학문과 정치색이 같은 사람들의 집단이다. 이들이 모여 상대당을 비난하고 견제하는 행태가 너무 심각해 붕당은 여러 가지 폐단을 낳기도 했다. 동인과 서인이 갈리고 노론과 소론이 나뉘어 서로 자신들의 주장만 펴고 있는 상황 속에서 숙종은 승정원, 즉 비서들에게 붕당 정치에 끼어들지 말라는 내용의 시를 직접 써서 내리기에 이른다.

임금이 손수 시를 써서 승정원에 내리기를, "예전부터 나라를 어지럽힘은, 붕당보다 혹독한 것이 없는데, 동서가 겨우 주장을 내세우자 노소가 바로 마구 헐뜯어대어 공도는 때로 아주 없어지고, 사심이 날로 이어 붙어 있으니, 모름지기 지난 일을 경계 삼아 끝내 충성의 힘 다하여야 하리라." 하고, 이어서 하교하기를, "아! 그대 대소 신료는 내 지극한 뜻을 본받아 사사로운 마음을 아주 없애고 끝까지 화합하라. 그러면 어찌 국가의 끝없는 복이 아니겠는가?" 하였다.
– 숙종실록(1691)

내의원 터

　승정원 옆에는 약방, 즉 내의원이 있었다. 조선의 의료 기관은 크게 왕실의 내의원內醫院, 양반 계급의 진찰을 담당했던 전의원典醫院, 가난한 백성들을 무료로 치료했던 혜민서惠民署로 나뉘는데 이를 삼의원三醫院이라 불렀다. 이 중 최고는 당연히 내의원이다. 내의원의 총책임자는 도제조都提調로 삼정승 중 한 명이 맡았고, 실제 의료를 담당하는 의관들은 관직에 따라 위로는 어의부터 아래로는 의녀까지 많은 이들이 왕실 가족들의 건강을 돌보았다.

드라마 '허준'에서 주인공이 승진하는 과정은 내의원의 직계를 그대로 보여준다. 말단 의원인 허준의 칭호가 허참봉, 허봉사, 허직장, 허주부, 허첨정 순으로 바뀐다. 결국 그는 임금의 건강을 직접 돌보는 어의御醫의 자리인 당상관까지 오르게 된다. 당시 중인 신분이었던 허준에게 양반인 당상관의 벼슬을 내린 선조의 행동도 파격이었지만 이는 그만큼 허준이 선조의 마음을 얻었다는 증거이기도 하다. 드라마에서 허준은 왕실 가족의 건강뿐 아니라 마음을 치유해 주는 인물로도 나온다. 그러나 드라마는 드라마일 뿐 의원이 사람, 특히 왕의 마음과 정신을 진료하는 것은 사실상 불가능하지 않았을까? 1688년의 실록을 보면 숙종은 사적으로는 장희빈 등 부인들의 문제로, 공적으로는 붕당 정치로 마음고생이 아주 심한 상태였다.

또한 극 중에서는 허준의 스승인 유의태라는 인물이 등장한다. 허준에게 의학을 전수하는 그는 사실 허준이 죽은 뒤 약 100여 년 후인 숙종 대 사람 유이태를 모델로 한 가공의 인물이다. 경상도 지방에서 유명한 의원이었던 유이태는 어느 날 내의원의 부름을 받지만 이를 거부한다. 감히 조정의 명을 어

임금의 노여움이 폭발하여 점차로 번뇌가 심해져, 입에는 꾸짖는 말이 끊어지지 않고, 밤이면 또 잠들지 못하였다. 내의원의 문안에 답하기를, "마음이 답답하여 숨쉬기가 곤란하고 밤새도록 번뇌가 심하여 자못 수습할 수가 없다." 하니, 내의원 제조 등이 진찰을 청하였는데, 임금이 말하기를, "이것은 바로 마음의 병이니, 맥(脈)에는 병이 나타나지 않을 것인데, 어찌 구구하게 의약으로 치료하겠는가?" 하였다.
– 숙종실록(1688)

사헌부에서 논핵하기를, "영남의 의인(醫人) 유이태는 내의원에서 재촉하여 전주에 이르렀는데, 병을 핑계 대어 오지 않다가 끝내는 집으로 돌아가 거드름을 피우면서 편하기를 도모했으니, 중형에 처해야 마땅합니다." 하니, 그대로 따랐다.
– 숙종실록(1713)

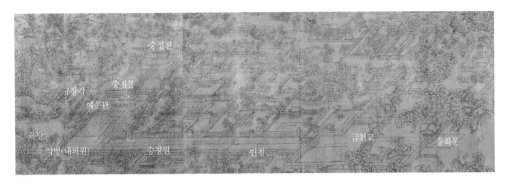

서궐도안에 그려진 경희궁 궐내각사 영역

겼으니 사헌부가 가만있을 리 없었다. 이렇듯 감히 조정의 명을 거부한 유이태는 입신양명보다는 오히려 병마에 힘들어하는 많은 백성들을 위해 평생을 바친 의원이었다고 한다.

숭정전

궐내각사 터를 지나면 경희궁의 정전인 숭정전崇政殿과 정문인 숭정문崇政門이 나온다. 그냥 봐도 꽤 높은 곳에 위치한 숭정문은 계단의 경사도 가파르다. 아무래도 지형에 맞추다 보니 높아진 것 같다.

숭정문을 통과하면 넓은 조정과 회랑 그리고 정전인 숭정전이 나타난다. 이곳 역시 창경궁의 명정전처럼 단층 구조의 정전이다. 숭정전은 1620년 광해군 연간 완공된 후 거의 250여 년 동안 창덕궁 인정전과 함께 국가의 주요 행사가 치러진 곳

숭정전

경사가 가파른 지대에 위치한 숭정문

이다.

1714년의 실록을 보면 숭정전의 잔치 장면이 나오는데 왕세자가 잔을 올리니 음악이 연주되고 꽃이 뿌려지고, 둘째인 연잉군이 잔을 올리니 무동이 춤을 춘다. 글 몇 자로도 당시의 흥겨운 상황이 구체적으로 그려진다.

이곳 숭정전은 순조 때 일어난 경희궁 대화재에서도 살아남았다. 그러나 전각들이 경복궁 중건에 사용되면서 경희궁에는 빈터가 늘어났고 숭정전 역시 더 이상 정전으로서의 기능을 하지 못했다. 심지어 이곳 숭정전의 행각들은 조선 말기에는

—
임금이 경희궁 숭정전에 나아가 진연례를 거행하였다. 왕세자가 잔을 올리니, 여민락(與民樂, 조선 시대 임금의 거둥 때나 궁중의 잔치 때에 연주하던 아악곡)이 연주되었다. 왕세자 이하 머리를 조아리고 천세를 외치니, 백관이 꽃을 뿌렸다. 연잉군이 잔을 올리니 음악과 함께 무동(舞童)이 들어와 춤을 추었다.
– 숙종실록(1714)

쌀을 보관하는 창고로 사용되기도 했다.

1870년 고종실록에 벌써 '경희궁 터'라는 말이 나온다. 즉 이미 많은 전각들이 헐린 상태라는 뜻이다. 1901년 외국인이 찍은 숭정전의 모습을 보면 이미 벽체가 사라져 마치 군대를 훈련하는 장대將臺에 가까워 보인다.

<숭정전진하전도(崇政殿進賀箋圖)> (1719년, 국립중앙박물관)

그나마 남아 있던 숭정전은 일제 강점기인 1926년 지금의 중구 필동에 있는 일본 조계사로 이전되어 정각원正覺院이란 이름의 법당이 되고 만다. 남은 숭정전 터에는 경성중학교 구내식당이 들어섰다. 광복 이후 정각원을 동국대학교가 사들이면서 숭정전은 지금의 동국대학교 내 법당이 되었다. 법당이 된 숭정전 안에는 어좌 대신 부처님이 계신다.

1980년대 경희궁 복원 사업 차원에서 숭정전을 원래 자리로 이전하고자 했으나 건물이 너무 낡아 옮길 수 없다는 결론이 났다. 지금의 숭정전 영역은 1990년대 들어 새로 복원되었다. 인근에 원형이 있음에도 복원을 해야 했다는 것이 너무 마음 아프지만 어찌 되었던 복원이 되었으니 이 역시도 언젠가는 소중한 문화재가 될 것이다.

천천히 어도를 따라 숭정전의 기단 위로 올라보자. 그러나 이곳 역시 미완의 복원이다. 복원된 조정의 박석은 마치 기계로 자른 듯 네모반듯하다. 또 숭정전 내부 천장의 용 조각도 동

영의정이 아뢰기를, "호조와 선혜청의 쌀이 그전보다 조금 넉넉하여 각 창고에 차고 넘치기 때문에 저장하기가 곤란합니다. 경희궁 터에 묵고 있는 곳에 별도로 창고를 세워 나누어 저장하게 하소서." 하니, 하교하기를, "새로 세울 것 없이 숭정전의 행각을 변통하여 저장하라." 하였다.
– **고종실록(1870)**

벽체가 사라진 숭정전(1901년)

국대학교 법당의 용 조각에 비해 날렵함과 강인함이 부족해 보인다. 물론 복원 과정에서 여러 사정들이 있었겠지만 수백 년 이상을 가야 하는 복원이라면 신중에 신중을 기해야 한다.

지금은 아무도 없는 텅 빈 숭정전이지만 잠시 조선 시대의 정전의 모습을 상상해보자. 어좌 위에는 일월오봉도 병풍이 있고 임금이 앉아 있다. 앞쪽으로는 대소 신료, 어명을 받드는 승지, 그리고 기록을 적는 사관이 착석한다. 또한 임금을 상징하는 양산, 향로, 깃발 등의 각종 장식물들과 임금을 호위하는 무사인 별운검別雲劍들이 이들 주변에 배치되었을 것이다. 이러니 어느 누가 감히 역심을 품을 수 있었겠는가. 아무리 조선 왕조가 사대부의 나라라 하지만 강력한 왕권이 권력의 균형을 이루었기 때문에 500년의 역사가 지속될 수 있었던 것이다.

숭정전은 현재 동국대학교 내 법당인 정각원으로 사용되고 있다.

새로 복원된 숭정전

복원된 숭정전 내부

자정전

—
임금이 친히 자정전에 나아가 성균관 유생에게 구술 시험을 보게 하고 수석을 차지한 최덕후에게 급제를 내렸다.
– 영조실록(1730)

—
임금이 자정전에 나아가 상참을 행하였다.
– 영조실록(1739)

숭정전 뒤로 돌아가면 편전인 자정전으로 오르는 가파른 계단이 있다. 과연 이곳을 임금이나 왕실 여인들이 오를 수 있었을까 싶을 정도로 경사가 급격하다.

자정문資政門을 통과하면 경희궁의 편전인 자정전資政殿이 나온다. 자정전에서 왕은 대신들과 상참, 즉 회의를 하거나 외부 인사를 접견했다.

산자락 바로 아래 협소한 곳에 지어진 자정전은 조선의 편전 중 규모가 제일 작다. 하지만 기단을 이중으로 함으로써 웅

경희궁의 편전 자정전

서궐도안에 그려진 자정전 앞에는 복도각이 설치되어 있다.

장함을 더했다. 서궐도안을 보면 자정전은 창덕궁의 선정전처럼 건물 앞에 복도각이 설치되어 있다. 이는 혼전이나 빈전으로 사용했다는 뜻이기도 하다.

자정전은 고종 연간 경복궁 복원 과정에서 자재 수급을 위해 헐렸고 100여 년 만인 2000년대 복원된다. 그러나 미완의 복원이다. 복도각도 없고 내부 역시 옥좌나 마루 등이 복원되지 못했다.

김창집이 말하길, "(중략) 빈소(殯所)는 어떤 곳으로 결정을 해야 하겠습니까? (중략)" 하니, 세자가 답하기를, "빈전(殯殿)의 일에 대해서는 (중략) 자정전 이외에는 다시 다른 곳이 없으니, 자정전으로 하라." 하였다.
– 숙종실록(1720)

태령전과 서암

자정전을 바라보고 왼쪽으로 돌아가면 태령전泰寧殿이 나온다. 태령전이 정확히 어떤 용도의 전각이었는지는 확실치 않다. 한때 어진을 봉안했던 곳 또는 혼전 등으로 사용되었다는 기록이 있을 뿐이다.

정조는 이곳 태령전에 할아버지 영조의 어진을 봉안했다. 그러다 태령전이 혼전으로 결정되면서 어진을 잠시 다른 곳으로 옮겼다. 혼전은 돌아가신 임금의 신위가 종묘로 가기 전 3년간

태령전

태령전 뒤의 서암(좌)과 숙종의 '서암(瑞巖)' 친필(우)

모셔지는 건물이다. 영조 역시 부왕인 숙종의 어진을 태령전에 모셨다.

    1771년 영조실록에 언급된 서암瑞巖과 영열천靈洌泉은 태령전 뒤에 있는 큰 바위와 바위 가운데 있는 작은 샘을 말한다. 원래 서암은 예로부터 왕암王巖이라 불렀다. 광해군은 왕의 바위라는

당초에 영조의 어진을 태령전에 봉안했다가 태령전을 혼전으로 정함에 따라 임시로 위선당에 봉안했다.
– 정조실록(1776)

임금이 태령전에 나가서 어진을 우러러 보았으며, 이내 숙종의 유품(어제)을 보이고 여러 신하들에게 명하여 서암 및 영열천을 가서 보도록 하였다.
– 영조실록(1771)

도심 빌딩 속 경희궁. 왼쪽부터 숭정문, 숭정전, 자정문이다.

이 왕암에 대한 이야기를 듣고 이곳에 경희궁을 지었다고 한다. 그 뒤 숙종은 이 바위의 이름을 서암으로 바꿨다. 서암瑞巖은 상서로운 바위란 뜻이다.

방공호와 서울역사박물관

태령전과 서암을 끝으로 눈으로 볼 수 있는 경희궁 답사는 끝이 났다. 하지만 서궐도안이 있으니 답사를 좀 더 진행해 보자.

숭정전 동쪽 행각으로 내려와 보면 이곳에는 경희궁의 내전인 융복전과 회상전, 집경당, 흥정당 등이 있었다. 특히 회상전과 융복전은 앞쪽으로는 월대가 있고, 경복궁의 대전인 강녕전이나 창경궁의 중궁전인 통명전처럼 용마루가 없는 전형적인 내전 형태를 띠고 있다.

내전 아래쪽에 있는 흥정당興政堂은 자정전의 보조 편전으로

일제가 경희궁의 내전 영역에 만든 방공호

임금이 말하기를, "경희궁의 융복전, 집경전, 회상전 등 여러 전에도 태묘(역대 임금과 왕비의 위패를 모시던 사당)를 옮겨 봉안할 수가 있겠는가?" 하였다. 민진원이 말하기를, "이곳은 모두 침전이므로 아마도 옮겨 봉안할 수가 없을 듯합니다." 하니, 임금이 말하기를, "그렇겠다." 하였다.
– 영조실록(1725)

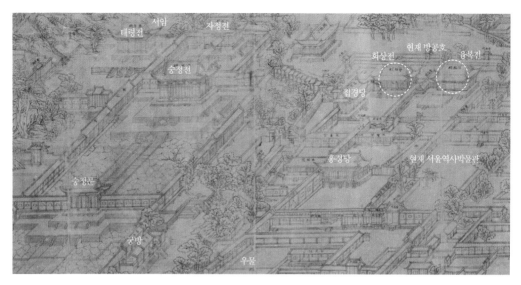

서궐도안에 그려진 내전 영역. 숭정전 동쪽에는 내전인 회상전, 융복전, 집경당과 편전 격인 흥정당 등이 있었다.

많은 왕들이 사용했던 전각이다. 아무래도 위치상 계단을 올라야 하는 자정전보다 접근성이 좋았고 자정전이 빈전 등 예식을 위해 사용되는 경우가 많았기 때문이다. 그러나 불행히도 일제 강점기인 1928년 현 용산 지역의 광운사光雲寺에 팔려갔고 지금은 존재하지 않는다.

이렇게 사라진 건물 터 위에는 주차장이 들어서 있다. 게다가 시선을 북쪽으로 돌려보면 궁궐 안에 생뚱맞은 방공호防空壕가 있다. 이곳은 1940년대 태

광운사가 된 비운의 전각 흥정당 (1920년대)

임금이 흥정당에서 야대(야간에 하는 강론)를 명하였는데 승지 윤황, 옥당의 이경증, 최유해 등과 사관 이해창 등이 입시하여 《대학연의(大學衍義)》를 강론하였다. 강론이 끝나고 임금이 명하여 술상을 내어오게 한 다음 먼저 큰 술잔으로 한 잔 마셨다.
– 인조실록(1630)

고종 연간 헐리기 전 회상전의 모습. 서궐도안과는 다르게 용마루가 있어 훗날 재건될 때 생긴 것으로 추정된다.

평양전쟁 당시 미군의 공습에 대비해 일본인들이 만들었다고 전해진다. 광복 후 방치되다시피 하던 방공호는 2000년대 들어 도시 재생 차원으로 시민들에게 개방되었다. 물론 언젠가는 경희궁의 사라진 전각들도 복원되겠지만, 이곳 방공호 역시 우리 역사의 한 부분이니 앞으로 어떻게 활용될지 자못 궁금하다.

경희궁 후원과 황학정

방공호 뒤쪽으로는 황학정黃鶴亭이 있었다. 원래 이 건물은 고종의 어명으로 세워진 사정射亭(궁술을 연습하는 정자)이었으나 일제 강점기인 1922년 경성중학교를 짓는 과정에서 지금의

전시관이 된 경희궁의 정자 황학정

사직공원인 사직단 쪽으로 옮겨졌다. 옮겨진 황학정은 현재 국궁전시관으로 사용되고 있다.

궁방 터

이제 박물관과 숭정전 사잇길로 내려가보자. 서궐도안상에는 가는 길에 내궁방內弓房이 있다. 내궁방은 궁궐 내 활을 만드는 곳이다.

궁방 터를 지나 서울역사박물관 쪽으로 나가는 길에는 복원된 우물이 있다. 이렇게 복원될 수 있는 장소가 남아 있다는 것만으로도 그저 고마울 따름이다.

—
강원 감사가 청하기를, "재해가 더욱 심한 고을의 세폐(중국 황실에 바치는 공물)와 훈련도감의 내궁방에 바치는 궁삭목(활을 만드는 나무) 등을 특별히 감해 주도록 하소서." 하니, 세자가 모두 그대로 따랐다.
– 숙종실록(1718)

서울역사박물관 내에 복원된 경희궁 우물

왕실의 역사를 거닐다

6
덕수궁

1 대한문 2 금천교 3 잔디밭과 광명문
4 함녕전 5 덕홍전 6 정관헌 7 중화문
8 중화전 9 석어당, 즉조당, 준명당
10 석조전 11 돈덕전(2021년 복원 예정)
12 선원전 터 13 중명전

덕수궁의 역사

덕수궁의 주소가 정동(貞洞)인 이유

이방원은 이성계의 정비正妃인 신의왕후의 아들로 아버지를 도와 조선 왕조를 개국한 일등 공신이었다. 누가 봐도 다음 왕위는 이방원의 것이었다. 하지만 정작 이성계는 계비繼妃인 신덕왕후의 아들에게 세자 자리를 넘겼다. 그러다 보니 계모인 신덕왕후에 대한 이방원의 감정이 좋을 리 없었다.

그런 와중에 신덕왕후가 승하하고 만다. 평상시 부부애가 좋았던 이성계는 부인을 가까이 두고 싶은 마음에 그녀의 능을 경복궁 근처인 취현방聚賢坊(현재 서울시 중구 정동의 영국대사관 인근)으로 정한다.

조정은 발칵 뒤집혔다. 조선은 도성 안에 묫자리를 쓰는 것을 국법으로 금했기 때문이다. 그러나 이성계의 고집을 꺾지는 못했다. 결국 그는 신덕왕후를 안장하고, 능 이름을 정릉貞陵이라 명했다. '

아버지가 국법을 어겨가며 조성한 정릉을 가장 못마땅하게

임금이 취현방에 거동하여 능 자리를 직접 보고 결정하였다.
– 태조실록(1396)

신덕왕후를 취현방 북녘 언덕에 장례하고 정릉이라 이름하였다.
– 태조실록(1397)

생각한 이는 아들 이방원이었다. 훗날 왕자의 난을 일으켜 왕이 된 그는 가장 먼저 계모의 능을 지금의 성북구 정릉동인 북쪽 도성 밖으로 이장시켜버렸다.

1409년 태종실록에는 의정부의 의견을 따른 것이라 하지만 사실상 왕의 명에 의해 이장된 것이라 봐야 한다. 이후 사람들은 옛 정릉이 있었던 취현방을 정릉동貞陵洞, 또는 줄여 정동貞洞이라 부르기 시작했다.

정릉 행궁 시대

그 뒤로 이곳 정동 일대에는 궁궐에서 출가한 왕실 가족들이 살기 시작했고 거기에 양반 사대부들까지 모여들며 부촌이 형성되었다. 터를 중시하는 옛사람들이 왕비의 능이 있던 곳을 싫어할 리가 없었다. 이렇게 시간이 흐르고 1592년 임진왜란이 터지고 만다. 왕은 도성을 버리고 도망쳤고 그사이 경복궁, 창덕궁, 창경궁이 모두 불타버렸다.

1년 만에 파천을 마치고 한양으로 돌아온 조선 조정은 부랴부랴 임시 궁궐을 정해야 했고, 1순위는 당연히 저택이 많은 이곳 정동 일대였다. 특히 성종의 형인 월산대군의 고택이 나름 규모가 있어서 이곳을 중심으로 주변 집들을 모아 궁궐로 사용하기 시작했다.

하지만 말이 궁궐이지 어떤 집은 대전으로, 어떤 집은 종묘로 사용하는 임시방편의 거처였다. 이 임시 궁궐을 당시 사람들은 정릉동 행궁貞陵洞行宮이라

선조실록에 기록된 정릉동 행궁 (1593년)

불렀다. 행궁은 임금이 잠시 머무르는 장소를 말한다. 이렇게 덕수궁의 역사는 시작되었다.

경운궁 시대

그 뒤 선조의 아들 광해군은 임시 궁궐인 정릉 행궁에 경운궁慶運宮이라는 정식 이름을 지어주었다. 그럴 만한 것이 정릉 행궁은 더 이상 임금이 잠시 머무르는 행궁이 아니라 근 20년 이상 왕이 정치를 한 사실상의 궁궐이었기 때문이다.

1611년 정릉 행궁은 정식 궁궐인 경운궁이 되었다. 그러나 광해군을 반정으로 쫓아낸 인조는 주요 전각을 제외하고 대부분의 경운궁 전각들을 원래의 주인에게 돌려주게 된다. 보통 쿠데타로 왕이 된 이는 전대 왕의 업적을 없애거나 격하시키는 경우가 많다. 인조 역시 이런 차원의 행동이 아니었을까 추측해본다.

이후 경운궁은 하나의 문화재 같은 영역이 되었다. 옛날 선조 임금이 살았던 곳이기도 하고 또 임진왜란을 극복한 상징과도 같은 장소이니 후대 왕들은 꾸준히 경운궁을 관리했다.

당시의 문화재였던 경운궁 즉조당에서 절을 했던 고종은 알았을까? 얼마 후 자신이 이곳 경운궁에서 살게 될 것이라는 사실을 말이다. 이로부터 2년 후 명성황후가 시해당하고 고종은 일본의 압력을 피해 경복궁에서 경운궁 옆 러시아공사관으로 피난을 떠나게 된다. 아관파천俄館播遷이다. 한 나라의 국왕이 외국 군대가 무섭다며 자국 내 다른 나라의 대사관으로 피신을

정릉동 행궁의 이름을 흥경궁(중국 당나라 때의 궁전 이름)으로 하려고 했는데, 임금이 승정원에 전교하기를, "이것은 전대의 궁호이니 적절하지 않은 것 같다. 합당한 궁호를 여러 개 써서 아뢰라." 하였다. 드디어 고쳐서 경운궁이라고 했다.
– 광해군일기(1611)

경운궁은 임진왜란 때 궁궐이 불타버리자 선조대왕께서 돌아온 뒤 임시로 정릉동의 민간 백성 집에 거처했던 곳인데, 이때에 이르러 선조대왕께서 침전으로 쓰던 두 군데를 제외하고 나머지는 모두 주인에게 되돌려 주라고 하교하였다.
– 인조실록(1623)

임금이 호조에 명하여 쌀 50석(石)과 면포 6동(同)으로 경운궁을 개수할 것을 명했다. 경운궁은 바로 선조대왕이 쓰던 옛 궁이다.
– 숙종실록(1679)

지나는 길에 경운궁에 들러 궁호를 친히 써서 걸도록 하였다.
– 영조실록(1771)

경운궁 즉조당에 나아가 전배하고 선조대왕이 수도에 환궁한 300년을 축하하는 하례를 받고 사면을 반포하다.
– 고종실록(1893)

러시아 공사관(1910년대)

임금과 왕태자는 정동의 러시아 공사관으로 이어하고 왕후와 왕태자비는 경운궁에 이어하였다.
– 고종실록(1896)

임금이 경운궁으로 환어하였다.
– 고종실록(1897)

임금이 천지에 제사를 지내어 고한 다음에 황제의 지위에 올랐다. 나라 이름을 대한으로 정하였다.
– 고종실록(1897)

떠나는 말도 안 되는 일이 일어난 것이다.

그 뒤 경복궁으로 환어遷御하라는 여론이 주가 되었지만 고종은 끝내 경복궁으로 돌아가지 않았다. 대신 미국, 영국, 러시아 공사관으로 둘러싸인 경운궁을 선택했고, 그곳에서 새로운 나라를 창업하니 바로 대한제국大韓帝國이다.

이로써 경운궁은 황제가 사는 궁궐이 되었고 이후 고종은 경운궁의 규모를 크게 확장했다. 게다가 근대 문물의 영향을 받은 시대인 만큼 경운궁 내에는 서양식 건물도 들어서게 된다. 1904년에는 대화재로 인해 많은 전각이 소실되긴 했지만 경운궁은 격동의 근대에 황궁皇宮으로서의 기능을 다 했다.

고종 황제의 어필인 경운궁 현판(1905년)

덕수궁 시대

경운궁의 이름은 또 바뀌고 만다. 1907년 대한제국의 주도권을 장악한 일제와 친일파들은 고종의 황제 자리를 강제로 아들인 순종에게 양위시키고 순종은 창덕궁에, 고종은 경운궁에 유폐하는 만행을 저질렀다. 이렇듯 자신의 의지와 무관하게 물러난 고종 황제는 태황제太皇帝가 되었다.

조선의 역사를 보면 물러난 왕은 작은 궁전을 지어 살았는데 이때 궁전의 이름에는 목숨 수壽자가 붙는 경우가 많았다. 예를 들어 태조 이성계가 아들에게 옥새를 물려주고 머물렀던 궁의 이름은 덕수궁德壽宮이고, 태종 역시 아들인 세종에게 옥새를 넘기고 상왕으로 물러나 수강궁壽康宮에서 지냈다.

고종 역시 비록 강제 퇴위되었지만 어쨌든 물러난 왕이기 때문에 신하들은 '덕수德壽'라는 호號를 올리게 되었다. 이는 태상왕太上王 태조가 거처했던 태상궁의 호인 덕수와 같다. 덕수는 '덕망 높이 오래오래 살다'라는 뜻이다.

이후 사람들은 고종을 덕수 전하라 불렀고 덕수 전하가 사는 경운궁의 이름은 자연스럽게 덕수궁이 되었다. 고종을 강제 퇴위시킨 일제는 한일병탄 이후 순종 황제의 자리마저 박탈하고 우리 황실을 '이왕가李王家'라 부르기 시작했다. 일본 천왕이 다스리는 여러 왕가王家 중 이李씨 왕가라는 뜻이다. 그러니 창덕궁의 순종 황제는 창덕궁 이왕으로, 덕수궁의 고종 황제는 덕수궁 이태왕으로 그 명칭이 격하되고 만다.

이에 대해 일부에서는 덕수德壽는 일제와 친일파가 고종을 강

태상궁의 호(號)를 세워 '덕수궁'이라 하였다.
– 정종실록(1400)

상왕전의 신궁이 이루어졌으므로, 그 궁의 이름을 '수강궁'이라 하였다.
– 세종실록(1418)

궁내부 대신 이윤용이, '태황제궁의 호를 덕수(德壽)로 의논하여 결정하였습니다.'라고 올리니, 윤허하였다.
– 순종실록(1907)

대일본 제국 황제가 명하니 "짐이 영원무궁한 큰 토대를 넓게 하고 국가의 비상한 예의를 마련하고자 하여 전 한국 황제를 책봉하여 왕으로 삼고 창덕궁 이왕이라 칭하고, 태황제를 태왕으로 삼아 덕수궁 이태왕이라 칭한다."
– 순종실록(1910)

제 퇴위시키고 붙여준 이름이기 때문에 궁궐의 이름 역시 덕
수궁이 아닌 원래의 경운궁으로 불러야 한다고 주장하기도 한
다. 국권 침탈 자체가 모두 불법으로 이루어졌기 때문이다.

공원 시대

1919년 고종 황제가 승하하기 전까지, 덕수궁은 나름 그 규
모를 유지하고 있었다. 일제와 친일파의 감시에도 불구하고
고종 황제의 대내외 활동은 계속되고 있었기 때문이다. 그러
나 고종의 승하 이후 주인을 잃은 덕수궁
은 급속도로 망가졌다. 전각들은 하나둘
팔리기 시작했고, 궁궐을 가로지르는 도로
가 만들어지는가 하면 급기야 궁궐을 공
원으로 만들어 일반에 개방하기에 이른다.
궁궐 안에 놀이터가 생기고 겨울철이면
연못은 스케이트장이 되었다. 과연 이곳이
황제의 궁이 맞나 싶을 정도로 덕수궁은
철저하게 훼철되고 말았다.

공원이 된 덕수궁. 사람들이 덕수궁 연못에서 스케이트
를 타고 있다.(1950년대)

제2의 덕수궁 시대

광복 후 덕수궁은 또 한 번 위기를 맞았다. 한국전쟁 중 서
울로 진격한 미군은 덕수궁 일대를 사정거리에 두면서 덕수궁
포격 작전에 들어간 것이다. 그나마 버티고 있던 덕수궁의 전
각이 한 줌의 잿더미가 될 수도 있는 상황이었다. 하지만 하늘

이 도왔는지 당시 미군 포병 장교였던 제임스 해밀턴(James Hamiltion Dill) 중위가 궁궐을 파괴할 수 없다며 포사격 취소 명령을 내렸고, 그 덕분에 덕수궁은 폭발 직전 살아남을 수 있었다. 생각만 해도 아찔하다. 만약 폭파되었다면 덕수궁은 경희궁처럼 터만 남은 궁궐이 되었을지도 모른다. 1996년 한국 정부는 그에게 감사패를 전달했다.

한국전쟁 당시 살아남은 덕수궁(중화전)

한국전쟁 이후 덕수궁은 소풍의 장소이자 연인들의 데이트 코스로, 궁궐보다는 오히려 공원으로 더 알려진 장소가 되었다. 다행히도 2000년에 들어 본격적인 덕수궁 복원 사업이 시작되었고, 2038년까지 주요 전각들을 되살릴 사업이 지금도 진행 중이다.

인화문 현판

헐리기 전 인화문. '인화문'이란 편액이 선명하다.

대한문

—
임금이 인화문 밖에 나가서 각
국의 공사와 영사들을 불러 만났
다.
- **고종실록**(1898)

—
이재극이 아뢰기를, "경운궁 대
안문의 수리를 길일을 택하여 공
사를 시작할 것을 아룁니다." 하
니, 황제께서 명하길, "대한문으
로 고치되 아뢴 대로 거행하라."
하였다.
- **고종실록**(1906)

경복궁의 광화문, 창덕궁의 돈화문, 창경궁의 홍화문, 경희
궁의 흥화문처럼 덕수궁의 정문도 화化자 돌림인 인화문仁化門이
었다. 인화문은 덕수궁의 남쪽 궐담에 위치했다.

그런데 남쪽에는 큰 도로가 없어 확장성이 떨어지는 반면
동쪽으로는 대로가 생기면서 오히려 동문東門의 활용도가 커졌
다. 결국 1902년 남문인 인화문은 없어지고 동문인 대안문大安
門이 정문의 역할을 했다. 이 대안문은 4년 후인 1906년 수리
과정에서 이름이 대한문大漢門으로 바뀌면서 오늘날까지 이르게
되었다.

원래 덕수궁의 동쪽 영역은 지금과 다르게 서울시청 광장
의 일부까지 포함되어 있었다. 그러나 일제 강점기에 덕수궁

인화문

대안문(대한문)

정문인 인화문보다 쓰임새가 더 많았던 동문인 대한문이 덕수궁의 정문이 되었다. (1900년대 초)

담장이 헐리고 그곳에 도로가 만들어졌다. 그러다 보니 대한
문도 뒤로 물러나야 했다. 광복 후에는 차량 통행이 많아진
태평로가 확장되면서 덕수궁의 담이 뒤로 더 물러나게 되었
는데, 문제는 문은 그대로 두고 담만 뒤로 옮겼다는 사실이다.
아래 사진처럼 대한문은 하루아침에 도로 위의 섬이 되었다.

결국 대한문은 밀려난 담장에 맞춰 뒤로 옮겨지게 된다. 그
러니까 지금의 대한문은 원래의 위치보다 무려 33미터나 안
쪽으로 밀려난 셈이다. 그래서인지 대한문 앞은 무척 비좁은

궁역이 축소됨에 따라 섬이 되어버린 대한문 (1968년)

원래 위치에서 30여 미터 물러난 지금의 대한문. 심지어 있어야 할 월대도 없다.

느낌이다. 정상적인 궁궐의 정문이라면 있어야 할 월대月臺도 없다. 그래도 다행히 최근 들어 대한문의 월대를 복원하는 공사가 시작되었다.

원래 대안문(대한문) 앞에는 월대가 설치되어 있었다. (1900년대 초)

—
일제 강점기 때 사라진 덕수궁 정문 대한문 앞 높임 마당인 월대가 다시 복원된다. 문화재청 궁능유적본부는 대한제국 황궁이었던 덕수궁 월대의 재현 설계를 시작해 내년까지 축조 공사를 마무리할 예정이라고 밝혔다. 궁능유적본부는 "대한문은 고종이 환구단이나 왕릉으로 행차할 때 드나든 통로로, 대한제국의 명운이 다하는 순간을 지켜봤다"며 "월대 재현은 일제가 훼손하고 지운 우리의 역사를 되찾는다는 점에서 의미가 있다"고 설명했다.

– MBC(2020)

금천교

　정문인 대한문을 통과해 입궐하면 다른 궁궐들처럼 금천교가 나온다. 그런데 덕수궁 정문과 금천교가 가까워도 너무 가깝다. 정문이 계속 안쪽으로 밀리다 보니 이렇게 금천교와 맞닿은 형상이 된 것이다.

　덕수궁의 금천교 역시 경희궁의 것처럼 금천은 사라지고 돌다리만 남아 있다. 원래는 다 뜯겨나가 땅속에 묻혀 있던 것을 1986년 발굴을 통해 복원한 것이니 물이 흐를 리 없다.

덕수궁의 금천교와 엉뚱한 위치에 있는 하마비

홍문관(弘文館)에 전교하기를,
"종묘에 하마비(下馬碑)를 세워
야 마땅하니, 옛 제도를 상고하
여 아뢰라." 하였다.
– 성종실록(1478)

금천교를 지나기 전 오른쪽을 보면 '대소인원개하마大小人員皆下馬'라 쓰인 비석이 있다. '지위가 높고 낮음을 막론하고 모든 사람은 이 비석 앞에서는 말에서 내려야 한다'라는 뜻이다. 이런 '하마비下馬碑'는 왕실을 향한 존경심의 표시로, 궁궐이나 왕릉, 종묘 등의 정문 앞에서는 말이나 가마에서 내려야 한다는 표석이다. 경복궁 광화문 앞 해태상도 하마비의 역할을 병행했다.

이렇듯 궁궐 밖에 있어야 할 하마비가 궁궐 안에 있다는 것은 말이 되지 않는다. 어떤 연유에서 궁궐 안까지 옮겨졌는지는 모르겠으나 하루빨리 제자리를 찾았으면 좋겠다.

잔디밭과 광명문

금천교를 건너면 드넓은 잔디밭이 나온다. 지금 궁궐 안의 잔디밭은 대부분 일제 강점기 때 조성되었다고 보면 된다. 전각이 헐린 자리에 잔디밭을 만든 것이니, 이곳 역시 잔디를 거둬내고 발굴 조사를 하면 그 흔적들이 나올 것이다. 잔디밭 옆에는 담이 없는 광명문光明門이 서 있다. 광명문은 덕수궁의 대전인 함녕전의 출입문이었다.

제자리를 찾은 광명문. 양쪽 담은 아직 복원되기 전이다.

1900년대 초의 광명문과 양쪽 행각(좌), 광명문을 통해 나가는 고종 황제의 상여(우)

1912년 실록의 내용처럼 신하의 죽음에 곡을 했던 고종 역시 7년 후 이곳 광명문을 통해 덕수궁과의 작별을 고했다. 1919년 승하한 고종의 상여가 광명문을 통해 나갔기 때문이다.

이곳 광명문 일대는 덕수궁이 공원이 되면서 대부분 헐렸으나 다행히 광명문은 살아남았다. 그러나 불행히도 1930년대 남쪽으로 옮겨져 야외 전시장으로 사용되고 만다. 심지어 얼마 전까지 광명문에는 자격루, 범종, 신기전 등이 전시되어 있었다. 다행히 지금은 복원 과정을 통해 원래의 자리로 돌아왔다. 하지만 광명문 주변의 행각이 완성돼야 비로소 문이 되는 것이니 아직은 미완이다.

얼마 전까지 전혀 다른 장소에서 야외 전시장으로 사용되던 광명문

함녕전

광명문을 통과해 또 다른 문을 지나면 고종의 침전이었던
함녕전咸寧殿이 나온다. 함녕전은 가운데에 마루가 있고 양쪽으
로 온돌이 있는 전형적인 내전 건물이다. 다른 궁궐에서도 보
았듯 왕의 침전은 신발을 벗고도 이동이 자유로울 수 있도록
부속 건물과 복도각으로 연결되어 있다. 그런데 함녕전을 보
면 오른쪽으로는 복도각이 있어 주변 행각과 연결되어 있지만
왼쪽은 단절되어 있다. 하지만 유심히 살펴보면 연결의 흔적
을 찾을 수 있다.

덕수궁의 대전인 함녕전과 복도각

함녕전 마루

함녕전과 연결된 행각에는 임금의 생활과 관련된 물품이라든지 왕의 개인 재산인 내탕금을 보관하는 창고, 또는 그와 관련된 관청 등이 있었다. 물론 지금은 텅 비어 있고 심지어 창호지도 반만 붙어 있다. 실내 환기에 도움이 되고, 관람객이 내부를 볼 수 있도록 하기 위해서다.

복도각을 통과해 건물의 측면을 보면 함녕전의 아궁이가 있다. 이곳은 1904년 덕수궁 대화재의 발원지로 알려진 곳이다. 당시 함녕전의 구들, 즉 온돌을 수리하는 과정에서 불이 났는데 하필 바람이 세게 불어 다른 전각으로 불씨가 옮겨붙으면서 대형 화재로 이어졌다. 순간의 실수가 참사로 번진 것이다.

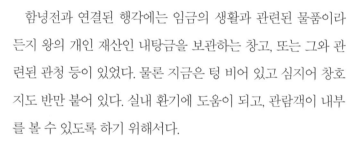

1904년 덕수궁 대화재. 화재 현장을 지켜보는 일본 군인들이 당시의 정세를 잘 보여준다.

덕홍전

이제 옆 건물인 덕홍전德弘殿을 살펴보자. 지금은 없지만 함녕전과 덕홍전 사이에는 높은 담과 출입문이 있었을 것이다. 덕홍전은 고종 연간 처음 지어졌는데 지어진 당시의 이름은 경소전敬昭殿이었다.

1896년 고종실록의 내용처럼 외국인이 궁궐 건립에 참여했다는 점이 흥미롭다. 이렇게 새로 건립된 경소전을 고종은 명성황후의 혼전으로 사용했다.

이후 혼전인 경소전의 이름은 경효전으로 바뀌었다. 실록을

경소전을 새로 지을 때의 궁내부 대신 이재순은 특별히 종1품으로 올려주고, 탁지부고문관(度支部顧問官) 브라운(J. McLeavy Brown)은 특별히 종2품 금장을 하사하였다.
– 고종실록(1896)

조령을 내리기를, "혼전은 경소전으로 하라." 하였다.
– 고종실록(1897)

덕수궁의 편전인 덕홍전. 서구식 당판문이 이색적이다.

덕홍전 내부

보면 고종은 매번 있는 주다례(낮에 혼전에서 지내는 제례)에 직접 참여하며 부인의 혼을 위로했다고 한다. 억울한 죽음을 당한 부인이 얼마나 안타깝고 그리웠겠는가.

명성황후의 제례가 끝난 후 경효전의 이름은 지금의 덕홍전으로 다시 바뀌었다. 바로 그즈음 고종이 함녕전으로 침전을 옮기면서 옆에 있던 덕홍전은 자연스럽게 황제의 집무실이 되었다.

덕홍전의 문은 조금 이색적이다. 일반적으로 전통 전각에 들어가는 창살문 대신 이곳에는 서구식 당판문唐板門이 설치되어 있다. 근대의 영향인 듯싶다. 내부를 보면 황제의 자리가 있고 바닥에는 전돌이 깔려 있다. 물론 당시에는 카펫이 깔려 있었을 것이다. 내부 곳곳에는 대한제국의 상징인 이화문양이 있고 천장에는 전기 조명이 설치되어 있다.

조령(詔令)을 내리기를, "경효전에 와보니 슬픔이 더욱 배가 된다. 태자가 친히 책보(冊寶)를 올리는 예를 행할 것이니, 짐은 친히 보고 예가 끝나기를 기다려 재전(齋殿)으로 돌아가려 한다."하였다.
– 고종실록(1900)

태왕 전하가 덕홍전에 나아가 총독 백작 데라우치를 접견하였다.
– 고종실록(1915)

정관헌

덕홍전을 돌아 뒤쪽의 화계花階로 오르면 정관헌靜觀軒이 나온다. 서양식과 조선 건축이 묘하게 조화된 정관헌은 1900년대 초 러시아 건축가 사바틴(Afanasy Ivanovich Seredin-Sabatin)

동서양의 미(美)가 절묘하게 어우러진 정관헌

정관헌 내부

정관헌에서 바라본 아름다운 풍경.
앞쪽의 소나무들이 주변의 현대식 건물을 가려줘 고풍스러운 궁궐의 풍취를 감상할 수 있다.

에 의해 건축되었다. 우리의 전통 양식인 팔작지붕 형식에 난간 역시 궁궐에서 흔히 볼 수 있는 박쥐, 사슴 문양이 새겨져 있다. 내부의 육중한 돌기둥은 자연석처럼 보이지만 실제로는 철근 콘크리트 기둥이다. 우리나라에 철근 콘크리트 기법이 처음 소개된 때가 정관헌이 만들어진 이후인 1920년대이니 아마도 덕수궁이 공원으로 개방될 때 기둥 부분이 추가로 만들어진 것으로 추정된다.

영화 '가비'의 배경이 이곳 정관헌이었다. 가비는 커피를 한자로 음차한 말로, 정관헌은 실제로 고종 황제가 커피를 즐겼던 곳으로도 유명하다. 하지만 정관헌이 처음부터 정자 역할을 했던 것은 아니다. 초기에는 선대왕의 어진을 봉안했던, 추모 공간으로 활용된 폐쇄된 형태의 전각이었다.

중화문과 중화전

정관헌을 뒤로하고 남쪽으로 내려와 정전인 중화전中和殿의 정문 중화문中和門 앞으로 가보자. 그런데 이곳 중화문도 광명문처럼 회랑이 사라지고 문만 남아 있다. 원래 정전이라 함은 회랑이나 행각이 조정을 둘러싼 형태여야 하는데 일제 강점기와 한국전쟁을 거치며 이렇게 망가진 것이다. 다행히 오른쪽으로 모서리 부분의 회랑이 남아 있는데, 회랑 안에 벤치가 놓여 있다. 어느 누가 이곳을 정전의 회랑이라 생각하겠는가!

정관헌

조령(詔勅)을 내리기를, "태조의 어진을 임시로 정관헌에 봉안하는 일은 길일을 택하여 거행하도록 담당 관청에 분부하라." 하였다.
– 고종실록(1901)

조령을 내리기를, "중화전 건축 공사가 이제 끝나게 되었으니 선포하는 절차를 조금도 늦출 수 없다. 장례원에서 택일하여 거행하게 하라." 하였다.
– 고종실록(1902)

행각이 거의 사라진 중화문

휴게 장소로 바뀐 중화전 동남쪽 행각 일부

중화문을 통해 들어가 보면 가운데의 어도와 양쪽의 품계석이 있어 이곳이 정전이란 사실을 알려주지만 사방은 뻥 뚫려 있다. 그나마 조정의 박석은 복원된 상태다.

지금의 중화전은 창경궁과 경희궁의 정전처럼 단층 형식이다. 그래도 한때는 제국의 정전이었는데 그 규모가 너무 단출한 느낌마저 든다.

사실 초기의 중화전은 단층이 아닌 2층 구조의 웅장한 규모를 자랑했다. 고종 황제는 대한제국을 건립하고 그 위상을 높이기 위해 많은 변화를 꾀했다. 그리고 그 백미가 바로 황궁의

단층 형식으로 재건된 중화전

중화전에서 진하(陳賀)를 받았
다. 정전이 중건된 경사를 축하
한 것이다. 이어 조서를 내렸다.
"듣건대 전대의 제왕들이 왕위
에 오르면 반드시 정사를 보는
정전을 마련하였다. 경복궁의 근
정전과 창덕궁의 인정전이 바로
동틀 무렵부터 정사를 보고 조근
(朝覲) 회동을 하는 곳이다. 이 경
운궁으로 말하면 우리 선조(宣
祖)께서 옛날에 일을 보신 곳이
고 인조(仁祖)께서 즉위한 곳이
다. 지난번에 우연히 화재를 당
하여 오늘날 보수할 계획을 하게
되었다. 그때 공사를 벌여 이 궁
전을 중건하였는데, 형편이 어려
운 때이므로 공사를 벌일 형편이
못 되었지만 선왕의 법을 준수함
에 있어서 어찌 부지런히 손보고
마무리 하는 것을 소홀히 했겠는
가? 봄부터 겨울까지 공사를 완
성하여 화를 복으로 바꾸었으니
경사가 실로 크다. 아, 대궐을 중
건하였으니 크나큰 위업은 무궁
하리라. 이를 천하에 반포하니
모두들 알게 하라." 하였다.
– 고종실록(1906)

정전 건립이었다.

　이렇게 웅장하게 지어진 중화전은 1904년 덕수궁 대화재
때 소실되었고, 중건하면서 지금의 단층 구조로 축소되었다.
축소된 중화전의 모습은 국력이 급격히 떨어진 당시 대한제국
의 상황을 그대로 보여주는 듯하다.

중화전

1897년 건립된 덕수궁 중화전. 화재 이전에는 웅장한 중층 형식의 정전이었다.

세월의 흔적이 고스란히 남아 있는 중화전 내부

　1906년 고종실록의 '형편이 어려운 때이므로 공사를 벌일
형편이 못 되었지만'이란 문구에 가슴이 저린다. 하지만 외형
이 축소되었어도 중화전은 분명 황궁의 정전이었다. 전통의
청색 창호는 물론 어탑, 용상 등도 모두 황제를 상징하는 노란
색으로 바뀌었고, 월대로 오르는 답도의 조각 역시 전통적인
봉황 대신 쌍용이 조각되어 있다.

석어당, 즉조당, 준명당

원래 정전에서 나올 때는 좌우 행각의 문을 이용하기 마련이지만 행각 자체가 사라진 지금의 중화전에서는 어느 방향으로든 나갈 수 있다. 중화전의 뒤쪽으로 돌아가면 단청도 칠하지 않은 2층 전각인 석어당昔御堂과 그 옆에 위치한 즉조당卽阼堂과 준명당浚眀堂을 볼 수 있다. 석어당의 한자를 풀어보면 옛날 석昔, 임금 어御, 집 당堂, 즉 옛날에 임금이 살았던 집이란 뜻이다. 여기서의 임금은 임진왜란 때 파천에서 돌아온 선조다.

석어당 뒤의 즉조당은 광해군이 조선 15대 임금으로, 또 광해군을 쫓아낸 인조가 16대 임금으로 즉위한 곳이다. 그래서 이름도 임금의 자리를 뜻하는 조阼, 자리에 나간다는 뜻의 즉卽이 합쳐진 즉조당卽阼堂이다. 원래 석어당과 즉조당은 복도각으로 연결되어 있었으나 지금은 각각의 전각으로 남아 있다.

이러한 역사가 있으니 후대 임금들에게 석어당과 즉조당은

현재 준명당과 즉조당은 복도각으로 연결되어 있고, 석어당은 독립된 전각으로 남아 있다.

화재 이전의 준명당은 독립 전각이었고, 즉조당과 석어당은 복도각으로 연결되어 있었다.

즉조당에 걸렸던 중화전 현판

중요한 의미의 전각이었다. 쉽게 말해 조선시대의 국보급 문화재였던 것이다.

석어당과 즉조당이 실제 사용하는 궁궐의 전각이 된 것은 고종이 경운궁으로 이어할 때부터였다. 고종은 경운궁에 새로운 전각을 지으면서 즉조당의 이름을 태극전太極殿으로 바꾸었고 이를 정전으로 사용하게 된다.

정전으로 사용된 태극전은 정전의 격식에 맞게 중화전으로 한 번 더 이름이 바뀐다. 그러다 지금의 정전인 중화전이 새롭게 완공됨에 따라 다시 원래의 이름인 즉조당으로 불리게 되었다. 정리하자면, 즉조당은 태극전, 중화전, 그리고 다시 즉조당으로 이름이 세 번이나 바뀐 것이다. 물론 지금 남아 있는 즉조당과 석어당 모두 1904년 대화재 때 소실되었고 다시 재건된 건물이다. 특히 고종은 불에 탄 즉조당을 많이 아쉬워했다고 한다.

즉조당 옆에는 복도각으로 연결된 준명당이 있다. 즉조당이 임시 정전 건물로 사용되었다면 준명당은 임시 편전과 침전으로 사용된 건물이었다. 화재 이전인 1901년 그려진 《진찬의궤進饌儀軌》를 보면 즉조당과 석어당이 하나의 담 안에 있고, 준명당은 별개의 공간으로 묘사되어 있다. 그러던 것이 1904년 대화재 이후 오늘날의 모습처럼 즉조당과 연결되어 재건된 것이다. 준명당의 원래 이름은 경운당이었다. 《진찬의궤》는 고종이 경운당에서 헌종의 계비인 명헌태후를 위해 행했던 잔치를 정리한 기록이다.

준명당의 아궁이에는 아직도 그을음 자국이 있다. 1919년

임금이 말하길 "즉조당으로 말하면 몇백 년 동안 전해오는 것이기 때문에 서까래 하나 바꾸거나 고치지 않았는데, 몽땅 타버렸으니 참으로 아쉽기 그지없다."
– 고종실록(1904)

경운당에 나아가 명헌태후에게 진찬을 행하였다. 황태자가 따라 나아가 예를 행하였다.
– 고종실록(1901)

(왼쪽부터) 준명당과 즉조당 그리고 석어당

고종이 승하하기 전까지 수많은 사람이 살았던 궁궐이었으니 그 흔적이 남아 있는 것은 당연한 일일 것이다. 덕수궁은 시대가 시대인 만큼 많은 사진 자료들이 남아 있다. 고종 황제는 대소 신료들과 함께 준명당에서 사진을 찍었다. 사진 속 사람들은 모두 떠났지만 준명당은 여전히 그 자리를 지키고 있다.

준명당에서의 고종 황제와 대신들(1908년경)

석조전

준명당 옆에는 마치 유럽의 궁전 같은 이색적인 서양식 건물인 석조전石造殿이 웅장하게 자리하고 있다. 석조전은 1900년부터 약 10여 년의 공사 기간을 거쳐 완공된 건축물로 영국인 하딩(J. R. Harding)과 데이비슨(H. W. Davidson)이 주도하였다.

우리 역사에서 1800년대 말은 매우 격동적인 시대였다. 서양 문물이 말 그대로 물밀듯 밀려왔고, 영국, 프랑스, 러시아 등의 서구 열강들은 소비지를 찾으려는 경쟁으로 혈안이 되어 있었다. 그러다 보니 정동과 덕수궁은 최신 기술을 경쟁하는 각축장과도 같았다. 이곳 석조전 역시 근대화와 부국강병을 꿈꾸는 대한제국 황실의 의지와 열강들의 기술 경쟁이 만들어낸 결과물이었다.

석조전의 지하는 주방과 창고로 사용되었고, 1층은 정전과 편전 격인 행사 공간으로, 2층은 내전 격인 황제와 황후의 생활 공간으로 구성되어 있다. 하지만 막상 석조전이 완공된 후 고종은 석조전보다는 주로 함녕전에서 생활했다. 사실상 황후였던 순헌황귀비 역시

준명당 옆에 있는 석조전

준공 이듬해 승하하여 석조전을 거의 사용하지 못했다. 가끔 창덕궁에 사는 아들인 순종 황제가 덕수궁으로 근알(황제를 만남)할 때 만찬 정도를 석조전에서 했다.

순종 승하 후 석조전은 일본 고관들의 여관으로 사용되거나 극장, 미술관 등으로 용도가 변경되고 만다. 광복 이후에도 석조전은 미소공동위원회 회의장으로, 박물관으로, 덕수궁 관리사무소로 사용되면서 사실상 내부는 원형을 찾을 수 없게 되

덕수궁에 나아가 근알하였다. 왕비도 따라 나아갔다. 이어 태왕전하를 모시고 석조전에 왕림하여 종척, 귀족, 기사노인(耆社老人, 조선시대 나이가 많은 문신을 예우하기 위하여 설치한 기구), 임자년생 늙은 재상을 소견하고 이어 사찬(賜饌)하였다.
– 순종실록(1913)

석조전 (1910년대 초)

미소공동위원회 회의장으로 사용되었던 석조전 (1946년)

었다. 망가진 석조전은 마치 일제에 의해 훼손된 대한제국의 역사와도 같았다.

문화재청은 2009년 석조전 내부 복원 공사를 시작했다. 궁궐 전각의 복원이지만 작업 자체는 기존과 전혀 달랐다. 가구 등의 생활용품이 모두 100년 전 외국에서 수입해 온 것이니 쉽지 않은 작업이었다. 다행히 남아 있는 자료와 고증을 통해 2014년 석조전의 내부는 제모습을 찾게 되었다.

석조전 지층에서는 대한제국의 역사와 석조전 복원기를 관

1911년 당시 석조전 1층 중앙홀

100여 년 만에 복원된 석조전 1층 중앙홀

석조전 내 황제의 침실

람할 수 있고, 1층은 중앙홀과 접견실, 식당 등 당시의 모습이 재현되어 있다. 석조전 관람의 핵심은 2층이다. 황제와 황후의 침실과 화장실 등을 둘러보면 마치 유럽에서 궁전 투어를 하는 듯하다. 석조전 테라스에서 바라보는 정원의 풍경도 이국적이다.

석조전 옆 건물은 석조전 서관西館이다. 1938년 건축된 미술관으로 특성상 창문이 최소화되어 있다. 자연광은 작품을 훼손시키기 때문이다. 이곳은 지금도 국립미술관으로 사용되고 있다.

석조전(중앙)과 미술관으로 사용되고 있는 석조전 서관(왼쪽)

돈덕전

석조전 관람을 마치고 북쪽으로 조금 더 들어가면 2020년 현재 돈덕전惇德殿 복원 공사가 한창이다. 아래 사진에서 볼 수 있듯이 돈덕전은 마치 유럽의 고성에서나 볼 법한 고깔 모양의 지붕이 인상적인 건물이었다. 원래 이곳은 석조전 건립을 기획했던 영국인 브라운(J. M. Brown)의 한옥 사무실이 있던 곳이다. 그 후 한옥이 헐리고 1902년 고종의 즉위 40주년 기념식을 위한 서양식 연회장이 지어졌는데 그곳이 바로 돈덕전이다. 돈덕전은 영국, 러시아, 미국 공사관 등이 모두 인접해 있어 외국 공사와의 접견이 가장 용이한 곳이기도 했다.

이외에도 돈덕전은 외국 귀빈이 묵는 숙소로도 활용되었는데 미국 루즈벨트 대통령의 딸이 머물렀다는 기록도 남아 있다. 그러나 을사늑약 이후 사실상 대한제국의 주권을 손에 쥔 일제는 돈덕전에 일본 경관들을 두어 고종 황제와 덕수궁을

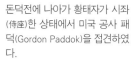

돈덕전에 나아가 황태자가 시좌(侍座)한 상태에서 미국 공사 패덕(Gordon Paddok)을 접견하였다.
– **고종실록(1905)**

돈덕전 (1900년대 초)

감시했다. 그러다 고종이 승하하고 덕수궁이 빈 궁궐이 된 어느 날 돈덕전은 헐렸고, 그 자리에는 어린이 놀이터가 들어섰다. 아마도 덕수궁 공원화 사업의 일환으로 헐린 듯 보인다.

돈덕전의 복원은 석조전의 복원처럼 왜곡된 대한제국 역사에 대한 복원이다.

돈덕전 현판

2021년 복원 예정인 돈덕전(조감도)

선원전 터

돈덕전 답사를 마치고 평성문平成門으로 나오면 마치 덕수궁 답사가 끝난 듯 보인다. 하지만 아직 아니다. 대한제국 시기 덕수궁의 영역은 지금의 정동 일대를 포함하는 엄청난 규모였다. 평성문을 나서 북쪽 길로 조금 더 걷다 보면 덕수초등학교 맞은편으로 공터가 나온다. 이곳은 원래 덕수궁 내 역대 임금의 어진을 봉안하던 선원전이 있었던 곳이다. 선원전은 궐내에서 가장 중요시 되는 전각이다. 이는 왕실의 정통성과 관계 있는 공간이기 때문이다.

고종 역시 경운궁을 황궁으로 만들면서 선원전 건립에 많은 공을 들였다. 러시아공사관에 머물렀던 아관파천 당시 고종은 이미 경복궁의 선원전에서 어진을 옮겨 경운궁의 즉조당에 봉안하고 있었는데, 공간이 너무 협소했기 때문에 지금의 덕수궁 연못 인근에 새로운 선원전을 건립하도록 명을 내렸다. 다른 어느 곳보다 선원전의 건립을 서둘렀던 고종은 전각이 완공되자마자 어진을 봉안했고 벅차오르는 감격을 느꼈다.

하지만 불행히도 어진이 옮겨지고 얼마 후 선원전이 화재에 휩싸인다. 역대 제왕들의 어진이 모두 한 줌의 재로 변해버린 것이다.

선원전의 화재에 망연자실했던 고종은 불탄 선대왕들의 어진들을 모사模寫시키고 새로운 선원전을 기존의 위치가 아닌 덕수궁 서북쪽인 지금의 터에 짓도록 하였다. 제국의 선원전

조령을 내리기를, "선원전은 오늘 공사가 끝나서 여러 어진을 이봉할 날이 가까워 왔으니 짐의 슬픈 감회와 기쁜 생각이 어찌 끝이 있겠는가?" 하였다.
– **고종실록**(1897)

경운궁의 선원전에 화재가 났다.
– **고종실록**(1900)

선원전에 나아가 배알(拜謁)하는 고종 황제

이니 그 규모는 어마어마했다.

그러나 1919년 고종 승하 후 일제는 덕수궁의 선원전 건물을 창덕궁 서북쪽 옛 대보단 자리로 옮기고 부지를 매각해 버렸다. 그 뒤로 이곳의 소유권은 조선저축은행, 경성일보사, 경기여자고등학교, 미국대사관으로 넘어갔다. 그러다 2003년에 미국대사관의 기숙사 건립을 위해 실시한 문화재 지표 조사 중에 선원전 터와 유구遺構가 확인되면서 많은 시민단체들의 노력으로 이곳 선원전 터는 다시 한국 정부의 소유가 되었다. 정말 힘들게 돌아온 우리 궁궐 터다. 문화재청은 2039년 이곳에 선원전을 복원할 예정이라고 한다. 선원전이 다시 복원되면 넓어진 영역만큼 덕수궁의 위상 또한 높아질 것이다.

중명전

선원전 터를 뒤로하고 오던 길로 돌아가면 로터리가 나오고, 오른쪽에는 정동 극장이 보인다. 극장 골목 안에는 중명전重明殿이 있다.

원래 중명전 자리에는 외국 선교사의 숙소가 있었다. 그러던 것을 1897년 경운궁을 확장하면서 매입해 궁역宮城으로 포함시켰고, 고종은 이곳에 서양식 도서관인 수옥헌漱玉軒을 지었다.

중명전

그러나 수옥헌 역시 화재로 소실되고 만다. 순조 이후로 이렇게 화재가 많았던 때가 있었나 싶다.

화재 후 수옥헌은 러시아 건축사 사바틴의 설계로 지금의 2층 벽돌 건물로 재건되었다. 그러다 1904년 대화재 때 고종이 이곳으로 거처를 옮기면서 이름이 중명전으로 바뀌었다. 이곳은 이토 히로부미와 을사오적의 친일파들이 대한제국의 외교권을 빼앗은 을사늑약乙巳勒約의 장소로도 알려진 곳이다.

한일병탄 이후 중명전의 치욕은 계속되었다. 중명전은 덕수궁 영역에서 제외되며 정동 일대의 외국인들을 위한 클럽이 되었고, 광복 후 한국전쟁 때는 북한 공산당의 기지로 활용되

수옥헌에 불이 났다. 윤정구가 아뢰기를, "이번에 수옥헌에 화재가 난 것은 천만 뜻밖의 일로 신은 놀랍고 두려움을 금할 수 없습니다. 화재의 원인을 조사하지 않을 수 없으니, 해당 수직(守直) 인원들을 모두 법부(法部)에서 철저히 엄하게 신문하여 죄를 물으심이 어떻겠습니까?" 하니, 제칙을 내리기를, "응당 궐내에서 사실을 조사해 처분할 것이다." 하였다.
– **고종실록(1901)**

1899년에 지어진 수옥헌은 단층 건물이었다.

새로 발견된 사진에서 2층 돌출 테라스를 확인할 수 있다.

었다. 그러다 다시 국가 소유의 건물이 되었고 1963년에는 고종의 아들인 영친왕 내외의 거처로 사용되기도 했다. 영친왕 서거 후에는 결국 민간에게 매각되며 과거 궁궐 전각으로서의 역사성은 거의 사라지게 되었다. 정말 많은 이야기를 품고 있는 건물이다.

이런 중명전이 사람들의 관심을 받은 것은 MBC에서 방영된 '느낌표 – 위대한 위산'이라는 프로그램 때문이었다. 방치된 옛 궁궐 전각의 모습이 방영되며 논란이 일었고, 이후 문화재청이 소유권을 가지고 대대적인 복원 작업에 들어가 2017년 드디어 일반에 개방되었다.

그러나 문화재 복원은 결코 쉬운 일이 아니다. 현존하는 자료를 바탕으로 중명전이 복원되었지만 그사이 새로운 자료가 나타난 것이다. 실제로 현재 복원된 중명전의 2층 테라스와 최근 발견된 사진 속 테라스는 조금 다른 모습이다. 아쉬움이 많이 남는 복원이긴 하나 그래도 이렇게 조금씩 우리 궁궐이 제 모습을 찾아가는 것은 고무적인 일이 아닐 수 없다.

복원된 중명전 내부의 1층은 을사늑약 및 대한제국의 외교

인물 모형으로 재현한 을사늑약의 순간(중명전 1층)

를 테마로, 2층은 고종 황제가 사신을 접견한 장소로 나뉘어 전시장으로 활용되고 있다. 그러나 중명전의 내부는 여느 박물관의 전시실과는 다르다. 실제 그 역사가 벌어졌던 현장이기 때문이다. 그래서 느껴지는 감정 역시 남다르다.

근대사료 연구자인 이순우 민족문제연구소 책임연구원은 1905년 미국에서 출간된 러일전쟁 사진집에 실린 당시 중명전의 모습을 공개했다. 사진은 1905년 혹은 그 이전에 찍은 것으로 추정되며, 당시 중명전을 배경으로 그 옆 미국 공사관 마당에 도열한 경비병들의 모습을 담고 있다. 현재 복원된 중명전은 1층 현관만 튀어나와 있고, 2층 부분은 다른 면의 테라스와 같이 돌출되지 않은 구조여서 원형과 많이 다르다. 2010년 문화재청이 구한말 사료들을 토대로 건물 벽면을 해체하고 옛 모습을 고증해 복원했으나 2층과 벽면 부위 등의 고증이 불명확하다는 지적이 계속 제기돼왔다.
– 한겨레(2016)

중명전에서의 을사늑약 체결 순간

복원된 궁궐에서 조선의 역사를 만나다

실록과 사료를 통해 더욱 자세하고 풍성해진
궁궐 속 역사 이야기

궁궐 1 왕실의 역사를 거닐다

1쇄 발행 2021년 1월 5일
2쇄 발행 2023년 2월 5일

글·사진 송용진
발행인 윤을식

편집도움 신미진 전주희 정남경 지은석
펴낸곳 도서출판 지식프레임
출판등록 2008년 1월 4일 제2016-000017호
주소 서울시 동대문구 청계천로 505, 206호
전화 (02)521-3172 | **팩스** (02)6007-1835

이메일 editor@jisikframe.com
홈페이지 http://www.jisikframe.com

ISBN 978-89-94655-91-8 (04910)
세트 978-89-94655-90-1 (04910)